Deutsche Lyrik-Parodien

Deutsche Lyrik-Parodien

aus drei Jahrhunderten

Herausgegeben von
Theodor Verweyen und
Gunther Witting

Philipp Reclam jun. Stuttgart

Für Margret und Nao

Universal-Bibliothek Nr. 7975 [4]

Gesamtherstellung: Reclam, Ditzingen. Printed in Germany 1984
ISBN 3-15-007975-6 (kart.) ISBN 3-15-027975-5 (geb.)

Inhalt

Vorwort

Ist es nicht ein zweifelhaftes, ja seltsames Unterfangen, wird sich mancher Leser fragen, dem die leibhafte Geistigkeit und geisthafte Leiblichkeit der literarisch-klinischen Studien eines Friedrich Nicolai oder Robert Neumann nicht vertraut, der der Literatur nur jene generöse Heilsarmee-Sympathie entgegenbringt, gemischt aus fachkundiger Trockenheit und würdiger Verstocktheit, allzuoft Beweggrund literarischer Moralisten, Präzeptoren und Monomanen – ist es nicht ein zweifelhaftes Unterfangen also, die superiore Strenge und Würde der Überschau, die esoterische Kaiserlich-Japan-Existenz – besonders der modernen Lyrik – für einen Augenblick, für ein Stündchen sagen wir, hintanzustellen, um einem peniblen, wenn nicht suspekten Projekte Platz zu machen, das vorsätzlich nur weltkindlich-unternehmungslustig ist?

Oh, wirre Gemüter! Seit den »Dunkelmännerbriefen«, den »Freuden des jungen Werthers«, seit »Faust 3. Teil«, »Mit fremden Federn« und »Unter falscher Flagge« ist die Parodie doch nicht nur nebenbuhlerische, neidische Taschenspielerei, leidenschaftsbleich sich ihren Anteil aus der peripheren Verelendung und Verpöbelung fischend . . .

Kraus-exakt, kindlich-greisenhaft, jean-paulinisch-deutsch ist sie eine fragmentarische Verdeutlicherin jenes inkommensurablen epidermalen und metaphysischen Glücks der Teilnahme am Plastisch-Schöpferischen, Kritisch-Intellektuellen, ohne Vexation, ohne Düpierung, sich stets auf der Grenze zwischen gegenwartsvoller Gewagtheit und geheimnisvoller Unterscheidbarkeit in den Wirkungsmitteln der Kunst bewegend. Immer noch und vielleicht gerade neuerdings, da ich über einem Werke sitze, das mich nun schon ein Leben lang begleitet, bereitet mir der Anblick dieser lässig gehobenen kleinen Dialoge, dieser wohlorganisierten Umfunktionierungen, die immer selbstbildnerisch-pädagogisch, nie seelisch beschädigend sein sollten, ein kleines erotisches Fest. Sind doch die Dichter versatilen Gemüts, dankbar, wenn sich in den Baß des Grotesk-Heroischen, in das singende Cherubsgeleit der Geigen, in das rauschhaftbeglückende Glissando der Celli mitunter der kecke Übermut der Piccolo-Flöte zu jenem Zauber hoher, heiterer und weher Lebensmusik mischt, der uns alle hebt.

Drum: Fahr hin, kleines Buch!

Thomas Mann

DANIEL WILHELM TRILLER

Der Wurmsamen. Ein Helden-Gedicht

Erster Gesang.
Welchem bald noch XXIX folgen sollen.
Nach der allerneuesten malerischen, schöpferischen,
heroischen und männlichen Dichtkunst, ohne Regeln
regelmäßig eingerichtet

HORAT.
Vesanum tetigisse timent, fugiuntque Poëtam,
Qui sapiunt: agitant pueri incautique sequuntur.

Der Wurmsamen. Erster Gesang

Von dem Wurmsamen, der itzo so reichliche Früchte schon
träget,
Daß nun die Dichtkunst der Deutschen ein anderes Wesen
beginnet,
Sing ich Miltonisch, ja über Miltonisch, begeistert.

Helft mir ihr Musen, ihr neuen, gehirneten, bessern,
Dieses Vorhaben rühmlich vollbringen, und jaget
Alles Natürliche, Kriechende ferne von dannen,
Silbenmaß, Reime, Abschnitt und andere Zierden
entweichen,
Daß ich nichts Menschliches, oder Gewöhnliches singe;
Sondern die Leser erstaunend, den Schwindel darüber
bekommen,
Daß sie vor Freuden, die Köpfe an Wänden zerstoßen.

Phöbus, der alte, der sonsten die Dichter der Deutschen
getrieben,
Welcher den Opitz, den Flemming und Günther und Canitz
erwecket,

Ward nun von Deutschen verachtet, dieweil seine Lieder
Witzig, verständlich und deutlich verfasset gewesen:
Häßliche Fehler! welche gewißlich nicht länger zu dulden;
Verse, die muß nicht ein jeder so leichtlich verstehen;
Sondern die Meinung derselben mit Angstschweiße
erraten!
Welten, Begriffe, Ideen und Abrakadabra,
Dies sind alleine die Zeichen von einer erhabenen
Dichtkunst.
Demnach erschien nun ein Seraff, aller Seraffen
Oberhaupt, in den einsiedlerisch einsamen Wüsten der
Scythen
Vormals geboren, bei Zihim und Ohim, dunkel erzogen,
Wo die Feldgeister und Kobolde hüpfen und springen,
Und die Rohrdommeln und Igel nisten und legen,
Mit Wind und Rauche, Nebel und Eise ernähret,
Weil er ein Geist ist, der nichts Natürlichs genießet.
Er ist darneben besonders gebildet und fremde gestaltet,
Wo sonst die Füße sind, da ist sein Haupt angewachsen,
Und wo das Haupt stund, dort sind hingegen die Füße:
Ihm ist die Zunge unbiegsam, erstarret und ohne
Gelenke,
Daß sie nicht schmecket, schwer redet und schwer zu
verstehen;
Ferner auch fehlen ihm gänzlich die hörsamen Ohren,
Daß er den Übel- und Wohlklang der Verse nicht höret.
Er liegt beständig und träumet von fremden Gestalten,
Und Bildern, die er selbst findet, und selbsten bewundert:
Er trägt in einer Hand eine entsetzliche Sense,
Alles, was zierlich, natürlich und reizend, ganz auszurotten,
Allen scharfsinnigen Witz und Geschmack ganz zu
verheeren;
Doch in der andern Hand trägt er den edlen Wurmsamen,
Dadurch die neue Dichtkunst der Deutschen fruchtbar zu
pflanzen.
Wo er nur hintritt, verwelken die Blumen und Kräuter,
Honig wird Wermut, Licht wird finster, und Gold zu Eisen:

»Da herrscht die Mitternacht ewig einsiedlerisch, dunkel
und Wolken*
Fließen von ihm, wie ein sinkendes Meer, unaufhörlich
herunter;
Und keine wehenden Flammen bleiben an menschenlosen
Gestade
Denn er ergrimmt und seufzet vor Wut, die traurigen Auen
Liegen vor ihm in entsetzlichem Dunkel, unbildsam und
öde,**
Ewig unbildsam, unendliche lange Gefilde voll Jammer,
Dies ist sein Wille, damit er des Chaos Tiefen
bewohnet.«***
Die Nachtigall, Lerche und alle schön-singende Vögel
Verstummen und zittern, sobald sie den Seraff nur
merken:
Doch Raben, Eulen und Käuzlein sind seine treuen
Gefährten,
Folgen ihm immer und singen harmonische Töne,
Lieblicher, als selbst die pythagorischen Sphären.

So war der Seraff, der Seraff aller Seraffen
Seltsam gebildet, fremde gestaltet, und doch bewundert
Von solchen, die auch ganz ungewöhnlich gedenken,
Und Wolken und Nebel und Rätsel mehr lieben und
loben,
Als Wahrheit und Klarheit und ungekünstelte Schönheit;
Und einen sterblichen Träumer, selbst träumend, tollkühn
vergöttern;****
Nun, schrie der Seraff, will ich den guten Geschmack erst
herstellen,
Welcher bisher noch in Deutschland so schändlich gefehlet,
Und nur die Alpen, die höflichen Alpen, bewohnet:
Malerisch, schöpferisch, Chaos und Galimathias,

* Mess[ias] 1. Gesang. p. 35 seqq.

** Mess. 2. Gesang. p. 65. 66.

*** Ebendaselbst, p. 62.

**** Mess. 2. Gesang. p. 71.

Entwickelung, Urbild, verschraubte Meander und Urnen*
Und was dergleichen mehr schöne und rare Spielwerke,
Welche von meinem neuen Wurmsamen entstehen,
Sollen hinfüro manch Helden-Gedichte zieren und
schmücken.
Höret, wie niedrig erhaben, dunkel und helle klingt dieses:
»Labyrinthisch in Schlüsse verirret und heimlich
verwirret,**
Unwirtbarer Berge Olympische donnernde Wetter,
Zerflossene Meere in lange Gebürge erhaben,
Die modernden Trümmer der Vorwelt geistreich besingen.«
Oder auch dieses: »Sie waren gleich damals beschäftigt, die
Sämgen***
Eh sie den Staub verspritzten, von einfarbrötenden Tulpen,
Abzubrechen, hernach mit dem Mehl weißfarbener
Tulpen
Jener roten verwitweten Ritz geschickt zu besämen,
Durch die künstliche Handlung, die Blumen zwiefach zu
färben,
Dennoch wußten sie nichts von dem Leben der fühllosen
Pflanzen,
Ihrem verschiednen Geburtsglied, noch ihren
hochzeitlichen Sitten.«
Ferner auch: »Bald holt er einen Schoham mit zirkelnden
Adern****
In einfassendes Trinkgeschirr ausgegraben, inwendig
Auf der bauchichten Tiefe kroch von erhabener Arbeit
Eine nachahmende Schlange; sie windet die lazurne Länge
In triumphierenden Wellen, nach einem nahen Gebüsche,
Wo sie die Folgen ihrer Verführung bemerket und siehet,
Wie das Weib sie auf ihren unzeutig zärtlichen fortpflanzt.«

* Noah. 1. Gesang. p. 16.
** In dem Mess. und Noah, hin und wieder. Denn die Menge solcher ungeheuren Zierlichkeiten ist zu groß und überhäuft. Siehe des Messias 2. Gesang. p. 66. 67. 68.
*** Noah 1. Gesang. p. 50. woselbst diese fürtrefliche Stelle ganz zu lesen.
**** Noah 1. Gesang. p. 48. gar unvergleichlich abenteuerlich.

Alsbald kam Noah, die Sündflut, der Frühling und andre
Geburten,
Welche selbst Libyen nie noch so wunderbar zeugte:
Herrnhut selbst dichtet nicht solche geilgeistliche Lieder,
Kein Kreuzluftvögelein dieser fromm Sünder-Gemeinde,
Hat unter Brüdern und Schwestern im Winkel, so seltsam
gesungen,
Noch Jakob Böhme brauchet dergleichen fremden
Schuhleisten,
Wenn er die himmlisch-Aurora licht-dunkel beschreibet.
Jeder erschrak stark über die neue Art also unmenschlich zu
dichten,
Und suchte zitternd nun Deutschland mitten in
Deutschland:
Niemals hatte man noch solche Gedichte gelesen,
Niemals hatte man noch solche Zentauren gesehen,
Niemals hatte man noch solche Gedanken gehöret:
Zese und Clajus waren so weit noch nicht gekommen,
Ob sie gleich der Dichtkunst Erz-Schreinhalter sonst
gewesen.
Alles war fremde, tollhäusisch, neu und ungewöhnlich,
Alles war wundersam, schwärmend und übernatürlich.
Dies war die Würkung des kräftigen neuen Wurmsamens,
Der ließ so herrliche Früchte in Deutschland, leider!
entstehen:
Davon ich künftighin weiter zu singen ernsthaft gedenke,
Und auch schon ausgeholt, auf der Bahn eifrig zu laufen,
Die zu dem Tempel der Ehren die mal'rischen Dichter
hinführet.
Gönnt mir indessen, ihr Musen, nun wiederum Atem zu
holen,
Kühlt mir die Hitze, welche mich heftig getrieben,
Also nach neuster Art übernatürlich zu dichten.
Schafft einen Herold, der mich posaunend, würdig erhebet,
Und in Journalen und Zeitungen meinen Wurmsamen
lobpreiset,
Als ob ich Deutschlands Homerus und Milton zu nennen:

Daß ich von neuem begeistert, in die Entzückung gerate,
Und meine dreißig Gesänge endlich noch rühmlichst
vollende,
Damit die Nachwelt mit Seufzen unsre Zeiten bewundert,
Weil wir die Dichtkunst weit höher noch prächtig getrieben,
Als die Vernunft je die sterblichen Menschen geführet;
Denn was ist Größers und Herrlichers irgendswo zu finden,
Als ganz vernunftlos, dennoch vernünftig zu schreiben?

Ende des erstens Gesangs.

CHRISTOPH OTTO FREIHERR VON SCHÖNAICH

*Ode an den Menschen, von Mich. Reineken. Kratbusch 1753**

Vorbericht

Ist es nicht Mode, daß man Freunden seine Arbeit mitteile? Wenigstens dünkt mich, es gehört zu haben. So viel weiß ich: es sei Mode, daß Freunde treulos sein, und die anvertrauten Geheimnisse je eher, je lieber landkündig machen müssen. Ich sehe also nicht, warum ich Ursache hätte, über Gewalttätigkeiten zu klagen, da man mir die landesüblichen Pflichten der Höflichkeit erzeiget. Das Schicksal meines Fuchses ist das Schicksal der Mode. Ohne die verräterische Güte des Freundes, der ihn von mir entlehnet, oder wenn man lieber will, mir geraubet hat, würde er seinen einsamen Wald nie verlassen haben.

Er hat gewiß nie für das Publikum, sondern nur für sein eignes Herz, und für sehr wenige Freunde geschrieben; hat auch nie die geringste Miene gemachet, außerhalb seinem

* Dies Stück kömmt aus Kopenhagen.

Baue seinen Namen bekannt zu machen: ja er wußte, daß der Schauplatz der Welt so wenig für ihn und seines gleichen gehöre, als jenes stolze Gebäude Salomons für einen jeden Handwerker in Jerusalem.
Ich hoffe nicht, daß der Leser die unzeitige Begierde haben werde, zu fragen: wo doch mein Fuchs in die Schule gegangen sei? Er ist von seinem Großpapa väterlich erzogen, und dieser ist eben der, welcher in Leipzig die Weltweisheit erlernte. Der Enkel hat sich etwas weiter gewagt, und die schönen Wissenschaften mit den ernsthaften vereiniget. Er empfiehlet die Erstlinge seines Fleißes der Gewogenheit des Lesers. Zur Kuhlen, im Brachmonate 1753.

Quintilianus

Omnis vitae ratio sic constat, ut, quae
probamus in aliis, facere ipsi velimus.

Ein wilder Schauer deiner Allüsternheit
Erschüttert, Mensch, mich! Stark gerührt bebt mein Herz
Und mein Gebein! Ich fühl', ich fühl' es,
Daß du auch hier, wo ich wohne, Mensch! bist.

Von deinem Antlitz schleichet, o Sichtbarer,
Dein Blick, der Seher, auf meinen schönen Balg!
Sei vor ihm niedrig, Herz! sei niedrig,
Da die Natur, dich lehrt, ihn zu fürchten!

Täuschet mein Herz mich? Oder ist's wirklich wahr,
Was itzt ein Eindruck lispelnd dem andern sagt?
Empfindung! bist du wahr? als dürft' ich
Frei mit dem Jäger, der Mensch heißt, reden!

Jägergedanken, die der Vernünftige,
Der Klug', itzt denket! wenn ihr den tierischen
Gedanken zürnet; oh, wo sollen
Sie vor euch, Menschengedanken! hinfliehn?

Flöhn sie zum Baue; siehe, so kämt ihr da!
Eilten sie bebend, tief in der tiefsten Kluft;
  Auch da, auch da, im Engbegrenzten,
    Kämt ihr, Scharfforschende! sie zu schauen!

Nähmen sie Flügel, Flügel nach Adler Art
Und flögen aufwärts, in das Unsichtbare,
  Zum stolzen Kaukasus, hinaufwärts,
    Kühn in die Wirbel der ew'gen Schneejagd:

Auch da ereilt ihr, treffliche Schützen! sie,
So flieht denn nicht mehr, seid ihr gleich tierischer!
  Flieht nicht! der Jäger heißt, der weiß es,
    Daß euch dies Flüchten wenigen Schutz bringt!

Welch ein Gedanke! welche Beruhigung,
Daß meine Zunge, Mensch! mit dir reden darf!
  Daß vor dir darf mein Mund sich öffnen,
    Töne der Tiere herabzustammeln!

Ich wag's, und rede! Mensch, doch du weißt es ja,
Schon lange weißt du, was mein Gebein verzehrt!
  Was, in mein Herz tief hingegossen,
    Meiner Empfindung ein ewigs Feu'r ist!

Sprich, siehest du nicht, meine mir lange Zeit,
Dir Augenblicke, heulend vorübergehn?
  Du weißt es, gewiß, Mensch und Jäger
    Heißest du! aber ich, Fuchs vom Fuchse!

Fuchs, und erschießlich! denn die Zerfliegende,
Gab die Natur mir, ja nur zur Zeitlichkeit!
  Schenkte ihr nur, Füchse zu schaffen,
    Starke Begierden nach Raub und Freiheit!

Ein drängend Heer! Doch Eine ward herrlicher,
Vor allen andern! Eine ward Königin

Über die andern, ihres Bildes
Letzter und trefflichster Zug, die Liebe!

Die fühlst du selber, doch als der Größere!
Es fühlen jauchzend die du so menschlich liebst,
Die hohen Menschen, deines Bildes
Letzten und trefflichsten Zug, die Liebe!

Dem ersten Fuchse, grub sie tief ins Herz!
Nach seinem Fühlen von der Vollkommenheit,
Ganz ausgeschaffen, ihm geschaffen,
Bracht' die Natur! ihm der Füchse Mutter!

Die Liebe grub sie auch in mein Herz hinein!
Nach meinem Fühlen von der Vollkommenheit,
Ganz ausgeschaffen, mir geschaffen,
Führst du Mensch weg, die mein ganzes Herz liebt!

Der meine Seele ganz sich entgegengießt!
Mit allen Seufzern, welche sie heulen kann,
Die volle Seele ganz zuströmet,
Führst du sie mir, die ich liebe, Mensch! weg.

Weg, durch dein Schießen, welches sich, fürchterlich
Hören und sehn läßt, immerhin den Tod dräut!
Fern weg, den ausgestreckten Pfoten,
Aber nicht weg, aus dem bangen Herzen!

Ach! Mensch, du weißt ja, welch ein Gedank' es war,
Als du ihn dachtest, und ihn zur Wirklichkeit
Ermordend riefst, der, daß du Seelen
Für sie geborn, auseinander trenntest!

Das weißt du, Jäger! Aber dein Schießen trennt
Die Seelen, die doch, füreinander geborn,
Dein richtig, mörderisches Schießen,
Traurig für uns, aber fürchtenswürdig!

Es gleicht mein Wesen, gegen das deine zwar,
Dem schnellen Hauche, welcher dem Sterbenden
Entfließt; mit ihm zerfloß die Seele,
Da du der Unendlichkeit nachströmest!

Lös'te des Schicksals Vater, einst bei uns auf
Was Labyrinth ist; dann wär' kein Schießen mehr!
Ach! dann, beim fräß'gen Wiedersehen,
Kämen die Seelen wieder zusammen!

Gedanken! den zwar, alleine der Mensch hofft!
Doch wert, den bängsten Schmerz zu besänftigen!
Dich denkt mein Geist, in deiner Größe;
Aber mein Balg fühlt zu sehr das Leben,

Das ich hier lebe! Gleich dem ew'gen Tode,
Dehnt, was mein Hauch war, fürchterlich mir sich aus!
Ich seh', ich sehe meine Schmerzen,
Grenzenlos, dunkel, vor mir verbreitet!

Mach, Mensch, dies Leben, mach es, zum leichten Hauch!
Oder gib die, so die Natur mir erschuf!
Ach, gib sie mir, wo sie zu geben!
Gib sie, dem bebenden, bangen Fuchse!

Dem süßen Schauer, der ihr entgegenwallt!
Dem stillen Stammeln der, die zwar sterblich ist,
Doch, sprachlos ihr Gefühl zu sagen,
Kaum noch, in Tränen hin, bang zerfließet!

Gib sie den Pfoten, die ich voll Unschuld oft
In meiner Kindheit, zu deinem Hause hub,
Wenn ich, voll Wachsamkeit, ganz schlaflos,
Dir, deine jungen Hühner, bewachte!

Mit einem einz'gen Schusse, nimmst du, Mensch! ja
Dem Wurm, dem Stunden sind wie Jahrhunderte,
Sein kurzes Glück! dem Wurm, der Fuchs heißt,
Jahre lebt, raubt, geschunden und Staub wird.

Von ihr geliebet, will ich die Moosen schön
Und kostbar nennen! Will ich ihr trefflich Bild,
  Mit unverwandten Augen anschaun,
    Und nur das Glück, nur das Freude nennen,

Was sie mir zuwinkt! Auch euch, ihr Waldungen!
Auch euch, oh, die ihr höher und stärker seid,
  Als unser Kratbusch, will ich reiner,
    Unbekannt, dir Mensch! bemerket, ehren!

Von ihr geliebet, will ich dir feuriger
Entgegenjauchzen! will ich voll Dankbarkeit,
  Mit schlängelnd freundlicher Standarte,
    Vernünftiger Mensch, vor dir hertraben!

Dann, wann sie, mit mir, deinen erhabnen Ruhm
Zu Holze weinet, bebend, mit schwimmendem
  Entzücktem Auge; will ich mit ihr
    Allzeit das glückliche Leben fühlen!

Das Lob des Menschen, trunken in ihrem Arm,
Von reiner Wollust, will ich erhabenen
  Enkeln, die gleich uns, lieben, gleich uns,
    Füchse sind, glücklichen Enkeln, bellen!

JOHANN WOLFGANG VON GOETHE

An den Kuchenbäcker Händel

O Händel, dessen Ruhm vom *Süd zum Norden* reicht,
Vernimm den *Päan*, der zu deinen Ohren steigt!
Du bäckst, was *Gallier* und *Briten* emsig suchen,
Mit *schöpfrischem Genie*, *originelle* Kuchen.

Des Kaffees *Ozean*, der sich vor dir ergießt,
Ist süßer als der Saft, der vom *Hymettus* fließt.
Dein Haus, ein *Monument*, wie wir den Künsten lohnen,
Umhangen mit *Trophän*, erzählt den *Nationen*:
Auch ohne *Diadem* fand Händel hier sein Glück,
Und raubte dem *Kothurn* gar manch Achtgroschenstück.
Glänzt deine *Urn* dereinst in majestät'schem *Pompe*,
Dann weint der *Patriot* an deiner *Katakombe*.
Doch leb! dein *Torus* sei von edler Brut ein *Nest*,
Steh hoch wie der *Olymp*, wie der *Parnassus* fest!
Kein *Phalanx* Griechenlands mit römischen *Ballisten*
Vermög *Germanien* und Händeln zu verwüsten.
Dein *Wohl* ist unser *Stolz*, dein *Leiden* unser *Schmerz*,
Und Händels *Tempel* ist der *Musensöhne Herz*.

JOHANN HEINRICH VOSS

An einen Meerschaumkopf

v
– – – *v v* –, – *v v* – *v* –
v
– – – *v v* –, – *v v* – *v* –
v *v*
– – – *v v* – –
v
– – – *v v* – *v* –

Sohn vom Schaume des Meers, lieblich gebräunter Kopf,
Mit der Pflanze gefüllt, welche Tabago nährt;
Dieses Band sei geweiht dir,
Das mit rosigen Wellen spielt,

Auf jungfräulicher Brust schneeigen Glanz einmal
Sanft zu röten. Umsonst! weil der bewunderte
    Festschmuck dir am gehöhlten
        Ebenholze verdient zu wehn.

Du, des Freundes Geschenk, tröstest die Einsamkeit
Unmutschauernder Herbstabende; du verströmst,
    Gleich dem pythischen Dreifuß,
        Oftmals Dampf der Begeisterung.

Nach Jahrhunderten wird, Herrlicher, dein gedacht;
Denn ich singe das Rohr, samt dem Medusenhaupt,
    Dem aus silbernem Rachen
        Balsamduftender Rauch entwallt.

LUDWIG CHRISTOPH HEINRICH HÖLTY

Petrarchische Bettlerode

Wenn mit leisen Hutfilzsöckchen
Meine braune Trutschel geht,
Und ihr rotes Büffelröckchen
Um die dicken Schinken weht;
Über Zäune, Steg' und Brücken,
Jeden ausgeschlagnen Tag,
Humpl' ich dann auf beiden Krücken
Ihr mit Sack und Packe nach.

Wär' ich nur ein Dorn der Hecke,
Welche schlau ihr Röckchen ritzt!
Nur ein Tröpfchen von dem Drecke,
Der an ihre Wade spritzt!

Wär' ich nur das Fledermäuschen,
Das um ihre Mütze schwirrt!
Nur das kleine Silberläuschen,
Das von Ohr zu Ohr ihr irrt!

Wüßt' ich hübsche Liebesstückchen,
Lustig, wie des Kuckucks Schall,
Ach, dann hörte mich mein Fiekchen
Abends an des Amtmanns Stall!
Schmauchten mich nur ihre Lippen
Als ein Paffchen Krolltoback!
Oder drückt' an ihre Rippen
Sie mich als den Dudelsack!

Könnt' ich als ein Kamm ihr dienen,
Wenn sie hinterm Zaun sich kämmt!
Könnt' ich an dem Teiche grünen,
Wo sie ihre Glieder schwemmt!
Wär' ich doch auf Veltens Diele,
Schatz, für dich ein Bündel Stroh!
Nagt' ich, ach, mit süßem Spiele
Dir dein Leder als ein Floh!

Würde doch von Niklas' Mutter
Durch den alten Teufelstext
Und ein Stücklein Hexenbutter
Dir ein Traum von mir gehext!
Schmunzelnd in dem Schlafe drücke
Fest mein Bild mit einem Schmatz!
Morgen trabst bei meiner Krücke
Du einher und bist mein Schatz!

FRIEDRICH NICOLAI

Eyn new Lyd von ey'm Meydleyn

Ich weysz mir 'n Meydleyn hipsch vnndt feyn.
  Hut du dich!
Ich weysz mir 'n Meydleyn hipsch vnndt feyn
Esz kan wol falsch vnndt frewndlich seyn
  Hut du dich! Hut du dich!
Vertraw jr nicht, sie narret dich.

Sie hat zwey Eugleyn di sind brawn,
  Hut du dich!
Sie hat zwey Eugleyn di sind brawn,
Sie werd'n dich vberzwerch anschaunn.
  Hut du dich! Hut du dich!
Vertraw jr nicht, sie narret dich.

Sie hat eyn liecht goldfarbnes Haar,
  Hut du dich!
Sie hat eyn liecht goldfarbnes Haar,
Vnndt wz sie red't dz ist nicht war.
  Hut du dich! Hut du dich!
Vertraw jr nicht, sie narret dich.

Sie hat zwey prüstleyn, di sind weysz
  Hut du dich!
Sie hat zwey prüstleyn, di sind weysz,
Sie legt s' hervor nach allem Fleysz,
  Hut du dich! Hut du dich!
Vertraw jr nicht, sie narret dich.

Sie gibt d'r 'n Cräntzleyn feyn gemacht,
  Hut du dich!
Sie gibt dir 'n Cräntzleyn feyn gemacht,

Fur eynen Narr'n wirst du geacht!
  Hut du dich! Hut du dich!
Vertraw jr nicht, sie narret dich.

Eyn Lyd vom Freyen

Wilt du nychts vom Freyen horenn?
Wünschest dyr dafür den Tod?
Lasz dych nicht, meyn Kynd, betorenn,
Setz dych willig nycht ynn Noth.
Weiszt noch nycht, esz sey eyn Peyn,
Alt, vnndt doch noch Jungkfraw seyn.

Lyeben vnndt gelyebet werden,
Ist dz beste an der Welt,
Ist wz noch diesz Hausz der Erden
Frey fur fruem Fall erhelt.
Wer nycht lyeben wil vnndt kann,
Wotzu taugt er vmb vnndt ann?

Wye dj Epfell sammt den Zweygen,
Vor dem Gartenherren, sich
Vmb die Herbstzeyt nyeder beugen,
Vnndt fast sprechen: Pflücke mich,
Wye ym Weynmond reyfer Weyn,
Träufft, vnndt wil gelesen seyn.

Wye di volle Ros' ymm Lentzen,
Sanfft sych neigt nach deyner Hand,
Wil, deyn' Lockleyn tzu bekrentzen,
Von dyr werden angewandt,
Wye ym Augst, die reyfe Saat
Gern den muntern Schnitter hat.

Also reyfen deyne Gaben,
Vnndt trygt mych das Auge nycht,

Mochten eynen Freyer haben,
Wz deyn Mund dawider sprycht,
Deyne Anmut, deyne Zyr,
Suchet eynen Bräutgam dyr.

Komm tzu myr, meyn Obst vnndt Trawbe,
Ros' vnndt Saat erfrewe mych,
Komm nach dyeser Fruchte Raube,
Seenet meyne Seele sich.
Dz Obst settigt meynen Synn,
Ob ych sonst gleych Obst-schew binn.

Eyn Lyd vom feynen Lyebe

Meyn feynes Lyeb verliesz myt myr,
Ych solt ynn djsem Garten
Eyn wenig jrer wartenn,
So sytz ych vnndt verschmachte schyer.
Wo bleybst du doch meyn süszes Lebenn!
Seum nycht meyn Sonnenscheyn,
Mit Epfeln wart' ych dyn,
Vnndt Trawben von den besten Reben.

Hye, wo der Bawm vns Schatten gibt,
Dj Wynde ljblich weenn,
Vnndt meynen Kummer seenn
Sol seyn, wz myr vnndt dyr gelybt;
Ych habe Grasz hyher getragenn,
Vnndt weysz von keyner Ru.
Esz mangelt nychts, alsz du,
Lasz mych nycht vber Vntrew klagenn!

Ach Mutter! haltet jr sy an,
So wil ych euch beschweerenn,
Bey meyner Glut, vnndt Zeren,

Bey allem, wz euch lyb seyn kann,
Bey jren sittsamen Geberden,
Bey jrem reynen Blut,
Vnndt tugendhaften Mut,
Bey allem wz euch ljb uff Erden.

Bysz dz jr laszt meyn Trost vnndt Lycht.
Ych aber wyl yndeszen
Nur 're Zjr ermeszenn,
Dj meyn verliebtes Hertz zerbrycht.
Betrengt mych aber meyn Verlangen
So wird nach langer Not,
Ann djsem Ort, der Tod
Mych einst ann jrer statt vmbfangenn.

ABRAHAM GOTTHELF KÄSTNER

Anakreontische Ode

Ich kann kein *Haller* werden
Und in erhabnen Liedern
Von hoher Weisheit singen;
Ich kann nicht, muntres Scherzen
Mit Wissenschaft zu zieren,
Nach *Hagedorns* Exempel,
Viel lesen und viel denken;
Ich kann mit *Schlegels* Fleiße,
Mit *Schlegels* großem Geiste
Kein Trauerspiel erfinden;
Ich kann nicht Fabeln machen,
Wie *Gellert* zärtlich fühlen,
Wie *Gellert* edel denken;
Ich kann nicht, kühn wie *Klopstock*,

In prächt'gen neuen Tönen
Die Mädchen ernsten Tiefsinn,
Die Stutzer Andacht lehren.
Viel minder wie die Zyrcher
Patriarchaden schaffen;
Auch kann ich nicht wie *Lessing*
Von Tieren, Pflanzen, Steinen,
Von Türken und Gespenstern,
Selbst Weisen zum Ergötzen,
Sind sie nur keine Alten,
Sind sie nur keine Türken,
Sind sie nur keine Steine,
Anakreontisch scherzen.

Was Henker soll ich machen,
Daß ich ein Dichter werde?
Gedankenleere Prose,
In ungereimten Zeilen,
In Dreiquerfingerzeilen,
Von Mädchen und von Weine,
Von Weine und von Mädchen,
Von Trinken und von Küssen,
Von Küssen und von Trinken,
Und wieder Wein und Mädchen,
Und wieder Kuß und Trinken,
Und lauter Wein und Mädchen
Und lauter Kuß und Trinken,
Und nichts als Wein und Mädchen
Und nichts als Kuß und Trinken,
Und immer so gekindert,
Will ich halbschlafend schreiben.
Das heißen unsere Zeiten
Anakreontisch dichten.

PETER WILHELM HENSLER

Rezept zu einem anakreonischen Liede

Nehmet Wein und Liebe,
Nehmet Lieb' und Wein,
Mischet etwas süße Triebe,
Etwas Rebenblut hinein;
Noch ein Teilchen Rosenwangen,
Lockig Haar und Äugelein
Voll von zärtlichem Verlangen,
Etwas Dampf von Chierwein,
Auch nach Notdurft volle Becher,
Rührt es wohl mit Pfeil und Köcher,
Siebt's durch Amors Augentuch,
Bis die Dosis stark genug.
Backet es mit Liebesflammen
Fein in einen Teig zusammen,
Machet Männerchen daraus,
Von Gestalt wie Amoretten,
Wohlversehn mit Blumenketten,
Und dem schönsten Rosenstrauß.
Dann die allerliebsten Herrchen
Nur nach Leipzig hingesandt!
Mit den Äpfeln, mit den Lerchen,
Überschwemmen dann die Närrchen
Unser deutsches Vaterland.

CHRISTIAN FRIEDRICH TIMME

An den Mond

Trauter, lieber, freundlicher Mond!
König und Herrscher der Nacht, liebliche Lampe des Himmels!
Tröster der Klagenden, und der Traurigen Freund!
Schau voll Mitleid herab! Sieh in den glänzenden Tränen
meines weinenden Auges dein Bild! –
Hör die Seufzer der stöhnenden Brust!
Fühl das Schlagen des Herzens, das der Jammer durchwühlet,
Sieh' mein Auge von blutigen Tränen getrübt
die ich am schwärzesten Tage meines Lebens geweinet
Da ich dem zwiefachen Schmerz unterlag! – !
Riepel! ach Riepel! du Trauter! um dich
stöhnt mein Herz die Seufzer, weint mein Auge die Tränen. –
Du mein ehrlicher, freundlicher, zärtlicher Freund!
hingerichtet durch mich – ach könntest du hören die Klagen,
Riepel! ach Riepel! du Trauter! um dich! – ! –

Ach so schändlich gemordet bist du
liebes niedliches Kätzchen! Bestes deines Geschlechtes! –
Ach durch mich, durch mich gemordet bist du! – !
Warst so lieb, so freundlich, noch in der Stunde des Todes –
und ich Böswicht mordete dich! – ! – !

Heiliger, keuscher, freundlicher Mond!
lächle mir nicht mehr. Ach verbirg dein heiliges Antlitz
vor dem blutigen Katzenmörder, vor mir! – !
oder wenn du mich ansiehst: o so erscheine mir blutig,
daß des Gemordeten Bild mich erschreckt! – ! – !

Und du, hingeschiedener Freund!
huldiger Bilder und Schöpfer meiner Wonnegefühle!

Ach warum verlor ich Armer auch dich? – ?
Muß nun von niemand getröstet, einsam klagen und weinen? – ?
Ach warum schiedest du, Bester! von mir? – ? – ?

Ach ich Armer! wer weint nun mit mir? –
Ach! wer hilft den Freund und den Riepel mir klagen? – ?
Daß der eine mir schied? – der andre mir starb? – ? –

Ach sie sind verschwunden für mich nun die Freuden des Lebens!
Duft ist dahin! – Und Riepel nicht mehr! – ! – ! –

Heiliger, keuscher, freundlicher Mond!
Blume des Himmels! ach hilf du mir klagen – und tröste mich wieder,

wenn ein kalter Bube mich spottet und höhnt; – ! – –
Wenn mir zu schwer wird der Kummer. – – Ach hilf du selber mir klagen:
Duft ist geschieden! – ! – Und Riepel nicht mehr! – ! – ! – !

FÜRCHTEGOTT CHRISTIAN FULDA

Prolog

Was mich der Satyr gelehrt, was mir manch Stündchen vertrieben,
Send' ich eilig und froh unter die Presse nun hin.

Die verschiedene Bestimmung

Millionen sorgen dafür, daß Verschen entstehen;
  Aber wenige nur sorgen für Werke der Kunst.

Die neumodigen Distichen

Īn Wĕimăr ūnd īn Jēnā mācht măn Hĕxāmĕtĕr wīe dēr;
  Ābĕr dĭe Pēntămĕtēr sīnd dŏch nŏch ēxzĕllĕntēr.

MATTHIAS CLAUDIUS

Das Distichon

(Nach S. 67)

Im Hexameter zieht der ästhetische Dudelsack Wind ein;
  Im Pentameter drauf läßt er ihn wieder heraus.

AUGUST WILHELM SCHLEGEL

Schillers Lob der Frauen

Parodie

Ehret die Frauen! Sie stricken die Strümpfe,
Wollig und warm, zu durchwaten die Sümpfe,
Flicken zerrissene Pantalons aus;

Kochen dem Manne die kräftigen Suppen,
Putzen den Kindern die niedlichen Puppen,
Halten mit mäßigem Wochengeld Haus.

Doch der Mann, der tölpelhafte
Find't am Zarten nicht Geschmack.
Zum gegornen Gerstensafte
Raucht er immerfort Tabak;
Brummt, wie Bären an der Kette,
Knufft die Kinder spat und fruh;
Und dem Weibchen, nachts im Bette,
Kehrt er gleich den Rücken zu. usw.

JOHANN HEINRICH VOSS

Bußlied eines Romantikers

Alles, was mit Qual und Zoren
Wir gedudelt, geht verloren;
Hat's auch kein Prophet beschworen.

Welch ein Grau'n wird sein und Zagen,
Prüft der Richter ernst mit Fragen
Kleine so wie große Klagen!

Hinposaunt mit Schreckentone,
Gehen wir zum Richterthrone,
Wer mit Geist gereimt, und ohne.

Auch mich Armen wird man sehen
Mit den Sündern auferstehen,
Zur Verantwortung zu gehen.

Manches Büchlein wird entfalten,
Wie wir, feind den hohen Alten,
Hier modern-romantisch lallten.

Ohn' Erbarmen wird gerichtet,
Was wir, gleich als wär's gedichtet,
Firlefanzisch aufgeschichtet.

Ach, was werd' ich Armer sagen,
Wann der Kunst Geweihte klagen,
Und wir Süd-Kunstmacher zagen?

Gnade, ruf' ich, Herr, mir Knaben!
Frei ja gabst du deine Gaben;
Konntest du mich auch nicht laben?

Tatst du (woll' es, Herr, erwägen!)
Je ein Wunder meinetwegen,
Mein Gemüt mit Kraft zu pflegen?

Trotz dem Angstschweiß meines Strebens,
Nachzuäffen Geist des Lebens;
Alle Mühe war vergebens!

Richter der gerechten Rache,
Nachsicht üb' in meiner Sache,
Wenn ich, wie ich kann, es mache.

Scham und Reue muß ich dulden;
Tief erröt' ich ob den Schulden,
Wie ein Kreuzer unter Gulden.

Hab' ich reimend mich verschrieen,
Du, der Schächern selbst verziehen,
Laß es gehn für Melodieen!

Achte nicht mein Schrei'n so teuer,
Daß ich darum, o du Treuer,
Brennen sollt' in ew'gem Feuer.

Zu den Schafen laß mich kommen,
Von den stößigen, nicht frommen,
Bundesböcken ausgenommen.

Wird auch Feuer ohne Schonung
Meinen Reimen zur Belohnung,
Nimm doch mich in deine Wohnung.

Herz, zerknirscht im tiefsten Grunde,
Ruf' Ade dem Schwärmerbunde,
Daß ich zu Vernunft gesunde!

Wer gesündigt hat mit Zoren,
Muß dort ewig, ewig schmoren.
Aber mich, trotz meinen Schulden,
Nimm ins Paradies mit Hulden.
Gib mir Armen ew'ge Ruh,
Sei es auch – mit Kotzebu!

Klingsonate

I. *Grave*

  Mit
Prall-
Hall
Sprüht
  Süd-
Tral-
Lal-
Lied.
  Kling-
Klang
Singt;
  Sing-
Sang
Klingt.

II. *Scherzando*

Aus Moor-
Gewimmel
Und Schimmel
Hervor
Dringt, Chor,
Dein Bimmel-
Getümmel
Ins Ohr.
O höre
Mein kleines
Sonett.
Auf Ehre!
Klingt deines
so nett?

III. *Maestoso*

Was singelt ihr und klingelt im Sonetto,
Als hätt' im Flug' euch grade von Toskana
Geführt zur heimatlichen Tramontana
Ein kindlich Englein, zart wie Amoretto?
Auf, Klingler, hört von mir ein andres detto!
Klangvoll entsteigt mir echtem Sohn von Mana
Geläut der pomphaft hallenden Kampana,
Das summend wallt zum Elfenminuetto!
Mein Haupt, des Singers! krönt mir Ros' und Lilie
Des Rhythmos und des Wohlklangs holde Charis,
Achtlos, o Kindlein, eures Larifaris!
Euch kühl' ein Kranz hellgrüner Petersilie!
Von schwülem Anhauch ward euch das Gemüt heiß,
Und fiebert, ach! in unheilbarem Südschweiß!

JENS IMMANUEL BAGGESEN

Zweifel, Glaube und Zuversicht

An ***
Sonett

Kann ihren Ahn die Enkelin *gebähren*?
Kann Körperlicht entstehn aus *Geistesdunkel*?
Kann Kuhmist je sich wandeln in *Karfunkel*?
Kann das Vergangn' als Zukunft ewig *währen*?

Du fragst – und siehst du nicht den Nektar *gähren*
Aus der Endivie, Honig aus der *Runkel*,
Und Engelschwangre Jungfraun an der *Kunkel*
Aus Spargelköpfen und aus Weizen-*Ähren*?

Dank sei der alten Schöpfung neuen *Tiefe*,
Auch gottlos kannst du göttlich ewig *glauben*,
Und, voll Verzweiflung, immer fröhlich *hoffen*;

Wenn auch der Schöpfer selig selbst ent*schliefe*,
Unhörbar wird der Klang erfreun die *Tauben*;
Denn des Karfunkels Tor steht ewig *offen*.
Faust Danwaller

JOSEPH VON EICHENDORFF

Ach, von dem weichen Pfühle

Ach, von dem weichen Pfühle,
Was treibt dich irr umher?
Bei meinem Saitenspiele
Schlafe, was willst du mehr?

Bei meinem Saitenspiele
Heben dich allzusehr
Die ewigen Gefühle;
Schlafe, was willst du mehr?

Die ewigen Gefühle,
Schnupfen und Husten schwer,
Ziehn durch die nächt'ge Kühle;
Schlafe, was willst du mehr?

Ziehn durch die nächt'ge Kühle
Mir den Verliebten her,
Hoch auf schwindlige Pfühle;
Schlafe, was willst du mehr?

Hoch auf schwindligem Pfühle
Zähle der Sterne Heer;
Und so dir das mißfiele:
Schlafe, was willst du mehr?

FRIEDRICH GOTTLOB WETZEL

Bittersüßes Schwanenlied

Wie so geistig zum Zerblasen
  Ist doch meine Poesie!
Nacht und Nebel! Ein paar Phrasen!
  Mondschein und Melancholie!
Grau in Grau macht wenig Mühe,
  Drum sind Nachtstück' meine Lust,
Schwarz bei Nacht sind alle Kühe,
  Wie ich schon als Kind gewußt.

Freilich Abende zu schildern
  Komm' ich nicht so wohlfeil los,
Silber, Gold, zu allen Bildern,
  Wenn auch Katzensilber bloß!
Doch bei allem was ich dichte,
  Denk' ich an die Sterblichkeit,
Und, beseh' ich mir's beim Lichte,
  Scheint mir's wirklich hohe Zeit.

Ach was Rom und Belvedere!
  So ein Kirchhof macht mehr Not,
Und ich zieh' mir draus die Lehre:
  Wer gestorben, der ist tot!
Mausetot, die Jung und Alten!
  Wie herzbrechend mal' ich das!
Wer kann da das Wasser halten,
  Mach' ich doch mich selber naß!

Aber auch Ruinen rühren!
  Und gewiß, wär' am Ruin
Noch etwas zu ruinieren,
  Täten's meine Elegien!
Denk' ich nun: so geht's uns allen,
  Müssen all' ins Loch hinein,
A propos, darüber fallen
  Mir die Kinderjahre ein.

Ach die hübschen Kinderspielchen,
  Wer spielt sie mit mir noch, wer?
Und wer setzt mich noch aufs Stühlchen,
  Kömmt mir's an von ohngefähr?
Ball und Oper, all den Plunder
  Gäb' ich für solch Stühlchen hin!
Damals! damals! – und jetzunder!
  Miserabel wie ich bin!

Was half mir die Alpenreise?
  Ach, die Mus' erfror im Schnee,

Sie erstarrt' im ew'gen Eise,
Und ersoff im Genfersee!
Ich selbst war fast umgekommen,
Ja das bißchen Spiritus
Was ich etwa mitgenommen
Fror und kam mir aus dem Fluß.

Ach ich armer Tropf! was helfen
All die Urn' und Gräber mir?
Alle Geister, Gnomen, Elfen?
Ganze Fuder Mondschein hier?
Tränenweiden und Zypressen?
Alles Jammerholz der Welt?
Leider bin ich schon vergessen,
Eh' das Totenglöckchen schellt.

Mag ich tuschen, mag ich färben,
Heißt's ein ewig Einerlei,
Auch, daß alle Menschen sterben,
Scheint nur wenigen mehr neu,
Ja mein ewig Lamentieren,
Stets die alte Melodie,
Die Ruinen ruinieren
Vollends alle Poesie!

Nun so weiß ich, was ich mache:
Fort, fort, nach Elysium!
Schwimmt doch schon in Lethes Bache
All mein ganzes bißchen Ruhm!
O wie gut, wer nichts zu denken,
Und nichts zu vergessen hat,
Er darf sich in Lethe senken,
Und verliert nichts bei dem Bad!

AUGUST WILHELM SCHLEGEL

Des vers un peu plus longs que les Alexandrins

Deine Sanskritpoesiemetriknachahmungen
Sind voll von goldfunkelnagelneublanken Benamungen.
Du überflügelst in wortschwallphrasendurchschlängelt-
monostrophischen Oden
Die Weilandheiligenrömischenreichsdeutschernationsperio-
den.
Deine mit Dank erkanntwerdenwollenden Bemühungen
sind höchlich zu rühmen:
So muß man die Himavatgangesvindhyaphilologiedornpfade
beblümen.

GOTTFRIED GÜNTHER RÖLLER

Der Kaffee

In der Walze Form gebrochen
Liegt die Trommel da von Blech.
Jetzo will ich Kaffee kochen,
Mägde, lauf' mir keine weg.
Tummeln müßt ihr euch,
Faules Wetterzeug!
Soll der Trank für zarte Gäste;
Doch die Köchin tut das beste.
Wenn sich Hand und Fuß muß rühren,
Darf die Zunge auch nicht ruhn.
Was der Trank herbei soll führen,
Wollen wir im voraus tun.
So laßt uns jetzt mit Fleiß betrachten,

Was durch ein schwaches Weib entspringt.
Die schlechte Frau muß man verachten,
Die nicht bered't, was sie vollbringt.
Das ist's ja, was die Weiber zieret,
Und dazu haben sie den Mund,
Daß, wie die Hand im Topfe rühret,
Sich auch die Zunge regt im Schlund.

Nehmt die Frucht vom Kaffeebaume,
Aber grünlich laßt sie sein,
In des Bleches hohlem Raume
Schließt die Wunderkörner ein.
Machet Feuer drum,
Dreht die Welle um,
Daß der Kaffee sich im Kreise
Färbe nach der rechten Weise.
Was zwischen diesen schwarzen Mauern
Die Hand mit Feuers Hülfe braut,
Darauf wird manche Dame lauern,
Die jetzt am letzten Bissen kaut.
Beleben wird es nach dem Essen
Die Seelen, die bei Tisch geruht.
Vom Stillsten wird es Witz erpressen,
Und Fischen geben warmes Blut.
Was harmlos oft ein armer Junge,
Was still ein Mädchen oft vollbringt,
Der Kaffee trägt es auf die Zunge,
Die es erbaulich weiter klingt.
Knistern hör' ich schon die Bohnen.
Wohl, es wirkt des Feuers Macht.
Euer Drehn wird sich belohnen.
Daß nichts anbrennt, gebet acht.
Bringt des Wassers Quell,
Setzt's zum Feuer schnell,
Daß der Zwist der Elemente
Sich im Munde friedlich ende.

Denn in der Tassen Feierklange
Versöhnt sich jedes schöne Kind.
Er bindet oft mit süßem Zwange,
Die sonst die ärgsten Feinde sind.
Noch friert es still im ganzen Kreise,
Und jede strickt und flüstert leise:
»Der Kaffee kommt«; es sinkt das Schweigen,
Und alle Thermometer steigen,
Die Stunden fliehen pfeilgeschwind.
Vom Herzen reißt sich schnell die Rede;
Sie stürmt ins Zimmer frei hinaus.
Zur Rednerin erhebt sich jede;
Zum Parlamente wird das Haus.
Und herrlich in der Anmut Prangen,
Wie ein Gebild aus Himmels Höhn,
Sehn sie mit züchtigem Verlangen
Die Hausfrau an den Schenktisch gehn.
Da faßt ein namenloses Sehnen
Der Frauen Herz, die Lippe glüht,
Vorher erstarrt durch langes Gähnen,
Und faltet sich mit Appetit.
Das Auge folgt der Wirtin Schritten,
Und ist durch ihre Wahl beglückt.
Um schwarz und weiß läßt sie sich bitten,
Und jede schlürft, und keine strickt.
O zartes Bild der reinsten Freude,
Der Kaffeestunde süße Zeit!
Geschlossen sind die Augen beide,
Es schwelgt das Herz in Seligkeit.
O gäb' es auf dem Erdenrunde
Nur diese einz'ge schwarze Stunde!
  Ob sich nun die Bohnen bräunen?
  Macht den Deckel auf geschwind.
  Sehn wir schwitzend sie erscheinen,
  Sie zum Mahlen fertig sind.
    Jetzo, Hanne, fort,
    Bring die Mühle dort.

Mahle du die braunen Kohlen,
Christel mag die Sahne holen.
Denn wo das Schwarze kömmt zum Weißen,
Wo Herr und Dame sich umkreisen,
Da herrscht der Zunge mächt'ger Zwang.
Drum prüfe, wer ein Kleid bestellte,
Ob Farb' und Schnitt die Wahl vergelte.
Der Ball ist kurz – der Spott ist lang,
Lieblich sich im Spiegel suchend,
Formt sich jegliches Gesicht,
Wenn der ungeduld'gen Jugend
Nah am Ball ein Tag verkriecht.
Wie mit allen hübschen Späßen,
Geht es auch mit Tanz und Spiel.
Kaum ein zwanzig Ekossaisen,
Ach! so ist der Ball am Ziel.
Die Stunde vergeht,
Die Wirkung muß bleiben.
Wer Blicke versteht,
Lernt Briefchen schreiben.
Der Mann muß hinein
In die faltigen Kleider,
Zur Seite den Schneider,
Muß glätten und binden,
Sich polstern und ründen,
Muß brennen und keuchen,
Dem Amor zu gleichen.
Da strömet herbei die geliehene Fülle;
Zur Zwiebel verkehrt sich die magere Spille;
Die Räume wachsen, es dehnt sich das Kleid.
Indessen putzt sich
Die hoffende Jungfrau,
Die Heldin des Balles,
Und faltet und sticket,
Und ziehet und drücket,
Und holt sich die Rosen
Der Wangen im Kasten,

Und windet zum Neste
Die Locken aufs Beste,
Und scheut nicht die Qual,
Und schnüret sich schmal;
Und steigt in den Nebel des engen Gewandes,
Und mindert den Neid des gefälligen Randes,
Und lehret die Seufzer in Wellen sich heben,
Und läßt sich das Tuch und den Strickbeutel geben,
Und ist des duftenden Führers gewärtig,
Und ist nun fertig.
  Und die Mutter mit schlauem Blick,
Ihrer Jugend sich stolz erinnernd,
Wünscht im stillen der Tochter Glück.
Sieht des Kleides wenige Falten,
Und die Arme mit Anmut gehalten,
Und des Wuchses verwundete Bogen,
Und des Busens bewegte Wogen,
Denket, indem sie schweigt:
Wie sie sich heut nur zeigt,
Strecket ein Männerheer
Ungesäumt das Gewehr.
Doch mit des Putzes flücht'gen Mächten
Ist kein sichrer Bund zu flechten,
Und der Freier späht nach Gold.
  Wohl! der Aufguß kann beginnen.
  Im Filtriersack ruht das Mehl.
  Laßt die heiße Welle rinnen,
  Aber gießet ja nicht fehl.
    Himmelelement!
    Hin zur Sahne rennt!
  Seht ihr nicht die Haube oben?
  Hört ihr's nicht im Topfe toben?
So mild wie Milch erscheint der Welt
Das Mädchen, wenn sie Netze stellt.
Die Seligkeit des Himmels hier
Versprechen Männer sich mit ihr.
Doch Marter wird die Seligkeit,

Wenn sie der Haube nun sich freut,
Wenn nun, versorgt mit einem Mann,
Sie eintritt in des Weibes Bahn.
Wehe, wenn sie, wie besessen,
Rasend ohne Widerstand,
Ihren Gatten droht zu fressen,
Den Pantoffel in der Hand;
Denn kein Weib wird den vergessen,
Nur nicht immer wird's bekannt.
Von der Lippe
Quillt das Leben,
Fließt es eben:
Von der Lippe, wie ein Mord,
Fährt das Wort.
Hört ihr's, wie die Türe sprang?
Das ist Zank!
Rot wie Blut
Ist die Wange.
Das ist nicht des Mädchens Glut.
Seht, wie bange
Alles flieht,
Wo sie sprüht.
Knirschend mit den schönen Zähnen,
Sträubt sie sich gleich gift'gen Hähnen.
Aus den Augen strömen Tränen.
Wie die Stein' aus Ätnas Schlunde,
Stürzen Flüch' aus ihrem Munde.
Türen krachen, Fenster klirren,
Mägde lauschen, Kinder irren,
Hunde heulen,
Wie die Eulen,
Und die Nachbarn stehn am Hause,
Laben sich am Ohrenschmause.
Alles von dem Zank der Lieben
Vorgetrieben,
Naht in Wogen.
Rasend kommt der Spitz geflogen,

Der die Katze bellend sucht.
Speiend in gewandter Flucht
Klettert, schnell wie ein Gedanke,
Sie hinauf am hohen Schranke;
Ruhig leckt sie sich da oben,
Und besieht der Dinge Lauf.
Sieh, da blickt der Mann hinauf,
Und er muß die Katze loben;
Denket: Gut!
Nimmt den Hut,
Weicht der mächt'gen Weiberlunge,
Und bewundert ihre Zunge,
Läßt den Spitz und Liebchen toben,
Und entfliehet aus der Stube,
Wie aus einer Mördergrube.
Wütend ist sie fortgegangen,
Aber wehe!
Rückkehr droht des Feindes Nähe:
Und er geht,
Und er schleicht
Auf den Zehen
Ungesehen,
Und den Hof hat er erreicht.
Sieh, da bleibt er sinnend stehen.
Wie laut auch Liebchens Donner rollt,
Ein süßer Trost ist ihm geblieben.
Nach jenem Hause blickt er drüben,
Und sieh, die Freundin winkt ihm hold.
  Mit der Flut hinabgeschwommen
  Sind des Kaffees Geister nun;
  Und den Leib, dem sie genommen,
  Seht ihr kraftlos oben ruhn.
    Dünget mit dem Satz
    Einen Blumenplatz.
  Doch den Geist der braunen Fluten
  Stärket an des Feuers Gluten.

An eines Unbeständ'gen Lose
Knüpft oft die Treue ihr Geschick,
Knüpft eine Gattin oft ihr Glück,
Und ungeschätzt verblüht die Rose.
Wohl treueren Geschöpfen geben
Wir dann im sanften Herzen Raum.
Ach! lange währt der Falschheit Leben,
Der Treue ward ein kurzer Traum.

Langsam nach dem Garten hin
Wankt des Hauses Herrscherin.
Eine Schachtel trägt sie unterm Arme,
Und die Wangen sind gebleicht vom Harme,
Ach! der Möppe ist's, der Teure!
Ach! es ist der teure Schoßhund,
Den der Schatten schwarzer Meister
Wegführt in das Reich der Geister,
Und aus dem geliebten Arm
Raubte, noch von Küssen warm.
Den sie an die treue Brust
Oft gedrückt mit Mutterlust.
Ach! des Hauses zarte Bande
Sind gelöst auf immerdar;
Denn er wohnt im Schattenlande,
Der des Hauses Seele war.
Denn es fehlt sein treues Schmeicheln,
Seine Zunge leckt nicht mehr.
An verwaister Stätte heucheln
Werden Männer liebeleer.

Fertig ist der Kaffee selber,
Doch noch andres gibt's zu tun.
Läppscht hernach, ihr rohen Kälber:
Wollt ihr nah am Ziele ruhn?
Schlagt den Zucker klein,
Wascht die Tassen rein;

Wenn ihr's Silber nicht polieret,
Werd' ich dort beräsonnieret.

Lauschend sendet ihre Blicke
Beim Besuche manche Frau:
Mustert einzeln alle Stücke:
Wacht mit fünf geübten Sinnen:
Lobt der Sauce Kunst, und läßt sich zweimal geben,
Und es jagen
Ums Rezept sich tausend Fragen.
Und wie gut
Spricht die Wirtin!
Wie geschmackvoll
Geht das Weibchen!
Wie das Häubchen
Herrlich steht!
Doch, indem sie alles preiset,
Zeigt sie, daß ihr nichts entgeht.

Und die kluge Hausfrau lenket
Immer neu den Gang der Rede;
Denn die Last der Unterhaltung
Ist auf sie allein geworfen.
Und das Ärgernis mit Mägden,
Und der Butter höh're Preise,
Die uns drohn,
Wechseln in des Sprechens Kreise
Mit dem Kaffeefeind Napoleon.

Gastereien! Herrliche Erfindung!
Die Getrenntes mit Gewalt zusammen bindet,
Die sich auf den Magen gründet,
Die nach allen Zwecken greifet,
Schulden zahlt, und Schulden häufet,
Die des Reichen hohe Sitte
Selbst herabträgt in die Hütte,
Und die Sorge, die uns kränket,

Im geborgten Wein ertränket.
Tausend fleiß'ge Hände plagen,
Helfen sich im muntern Bund,
Und im ungesunden Magen
Wird der Künste Gipfel kund.
Mägde rühren sich und Köche
In dem Schutze des Geschmacks.
Hasen ruhn auf heißem Bleche,
Und im Kessel kocht der Lachs.
Wehe, wer sich Tabaksfeuer
Hier zu holen sich erfrecht!
Er bezahlt den Frevel teuer,
Und die Schürze braucht ihr Recht.

Holder Friede! kehre wieder!
Söhne Küch' und Laden wieder aus;
Daß das schmachtende Europa
Künftig Runkelbrühe,
Eichelwasser, Erbsenlauge,
Möhren- und Zichorienpfütze,
Von dem Kaffeetisch entfernt,
Und in Surrogaten
Nicht des Echten Wert verlernt.

Gieße nun den Topf aus, Hanne,
Seinen Zweck hat er erreicht,
In die blank geputzte Kanne,
Der dein länglich Bild entsteigt.
Bring den Löffel dann,
Daß ich kosten kann.
Was den Gästen gut soll schmecken,
Muß die Köchin erst belecken.

Das Weib darf wohl zuweilen naschen,
Mit weiser Zung' und ungesehn.
Doch schrecklich wird es überraschen,
Wenn Katzen über Töpfe gehn.

Blind rennend mit des Schwärmers Toben
Entfliehen sie euch schnell, und doch,
Als wär' ein Riegel vorgeschoben,
Verfehlen sie der Türe Loch.
Ein Dämon treibt sie durch die Töpfe;
Es brechen Schüsseln, Teller, Näpfe;
Und erst, wenn sie euch recht gekränkt,
Sind sie zum Teufel, eh' ihr's denkt.
Weh, wenn allein und eingeschlossen
Sich hier ein solches Biest verhielt!
Wenn es von allem still genossen,
Verdirbt es, was es euch nicht stiehlt.
Da zerret an dem schönen Braten
Die ungeschickte Leckerei.
Sie fürchtet nicht sich zu verraten,
Und folget dem Gelüste frei.
Die Frau hört's in der Küche fallen,
Sie lauscht, sie hält sich länger nicht;
Sie kommt, und sieht, und in den Krallen
Des Unholds schwebt ihr Hauptgericht.
Da brechen aus den Augen Tränen,
Und innen woget Wut und Schmerz;
Denn an des Rackers Tigerzähnen
Klebt ihre Hoffnung, klebt ihr Herz.
Das Tier ist fort, es rast der Besen
Auf jeden Nahen mit Geschrei;
Denn jemand ist doch schuld gewesen,
Und alle Flüche strömen frei.
Es knallt wohl, wenn Raketen schwärmen,
Es schreckt uns, wenn das Pulver kracht,
Jedoch der lärmendste der Lärmen
Der steht in – dieses Weibes Macht.
Weh, wenn in diesen Augenblicken
Der Mann sein sanftes Weibchen sieht!
Es läuft ihm eiskalt übern Rücken:
Er fühlt die Eh' in jedem Glied.

Prächtig ist der Trank gelungen.
Rein und edel im Geschmack,
Schmeichelt er den feinsten Zungen,
Sei's mit Sahne oder Rack.
Auch die Kanne lehrt
Ihres Inhalts Wert,
Und der Tassen blanke Glocken
Müssen Ohr und Auge locken.

Jetzo gebet euch,
Ihr Mägde, gebet mir die Hände.
Zwar trennen uns verschiedne Stände,
Doch hier sind alle Frauen gleich.
Der Kaffee, hört's, erteilt euch Schwesternrechte
An jedes Herz vom sanfteren Geschlechte.
Er mache unsre Freiheit kund;
Ihr weiche jeder Männerbund.
Ein jedes Weib der weiten Erde
Sei unsers Kaffeeordens Glied,
Und wie vom Wein der Mann, so werde
Die Frau vom Kaffeegeist durchglüht!
Er bleibe Frauen eine Welle,
Die an des Wortes Nachen schlägt,
Wenn es die Tat von dunkler Quelle
Zu des Gerichtes Weltmeer trägt!
Fürs Kleinste lehr' er breite Reden!
Selbst naß und ohne Festigkeit,
Leih' er der Sprache einer jeden
Des Welttons zähe Trockenheit!
Und wie das Bittre mit dem Süßen
Er uns vereint in Tassen zeigt,
So lehr' er, wie man an Sottisen
Der milden Rede Honig streicht!

Jetzo, auf gemalter Scheibe,
Tragt den edlen Kaffee fort;

Daß er bald im stummen Weibe
Wecke das entschlafne Wort.
  Alles harret bang
  Auf der Tassen Klang.
Sieh, da klirren sie und geben
Das Signal zum neuen Leben.

ANONYM

Die Nachtseite der Wissenschaft

Wenn in des Abends letztem Scheine
Dir *eine weibliche Gestalt*
Am Rasensitz im Erlenhaine
Mit Wink und Gruß vorüberwallt,
Dann greif nur zu, das ist kein Geist,
Dein Mädchen ist es; glaub es dreist.

Bist Du zur Stunde der Gespenster
Von Deiner Einsamkeit geniert,
Und fühlst Du dann beim offnen Fenster
Dich lind und günstig angerührt,
Und wankt der Kerze flatternd Licht,
Das ist – *ein Wind*, o zweifle nicht!

Wenn Du bei Mondschein auf der Lauer
Dich draußen liebend hingestellt,
Und drüben auf des Kirchhofs Mauer
Was Weißes Dir ins Auge fällt;
Lauf nicht davon, besieh's genau! –
Es ist *ein Hemd von Bakels Frau.*

Wenn in des Bettes Federgrube
Du hörst, daß – *fremd und schauervoll,*

Auf Deinem Flügel in der Stube,
Wo niemand ist, ein Lied erscholl;
Dann schlummre ruhig! *eine Maus*
Hielt auf den Tasten ihren Schmaus.

ANONYM

Der deutsche Knabe

Travestie

Neun Jahr schon, Vater, bin ich alt,
Gib eine Pfeife mir!
Satt bin ich nun die Rute bald,
Entwachsen bin ich ihr.

Ich habe fürder keine Ruh',
Zu eng wird mir das Haus.
Ich blas', o Vater, stark wie du,
Den blauen Dampf hinaus.

In meiner Kindheit war schon früh
Die Pfeife ja mein Spiel;
Dir angeraucht zu bringen sie,
War stets mein höchstes Ziel.

Durch manchen kräft'gen Männerfluch
Erwarb ich schon dein Lob,
Und über meine Jahre klug,
Kam ich den Größten grob.

Erst jüngst trank ich ein Schnapsglas leer;
Da sagtest du im Spaß:
»Ei, der infame Junge, der!«
O wüßtest du noch was!

Doch wozu schweigen? Hör' es drum!
Mein Mädchen hab' ich schon.
Hier knie ich; bringe mich nicht um!
Um Segen fleht dein Sohn.

O gib, – neun Jahr, schon bin ich alt –
Die Pfeif' und 's Mädchen mir.
Groß ist der Leidenschaft Gewalt –
Gib, sonst entlauf' ich dir. –

ANONYM

Der sinkende Trinkbruder

Bruder, du sinkst!
Bruder, du sinkst!
Sink in Frieden, Bruder!
Still und ruhig folgst du der großen Natur;
Suchst du den Mittelpunkt der Erde mit deinem Kopfe;
Wehmut lächelt dein schwimmendes Auge.
Erwählst du auch richtig die Straße zum Zentrum,
Lang ist der Radius, hart ist der Boden.
Immer tiefer,
Immer schwerer,
Immer sel'ger und entschiedener
Fällst du, der Stuhl dir nach.
Bruder, du sinkst!
Bruder, du sinkst!
Sink in Frieden, Bruder!
Es malet des Wirtes
Geschäftige Kreide;
Es räuchert die dampfende Pfeife dir nach;
Winde verkündigend beben voran;

Siegreich zurück folgt Bacchus in Wogen;
Weit auf tut sich der Lippen Tor.
    Sink in Frieden;
    Schnarch in Ruhe!
Die Grille flötet dir Schlummergesang. –
    Bruder, du sinkst!
    Bruder, du sinkst!
    Sink in Frieden, Bruder!
Schön sinkt sich's nach durchschnapstem Tag,
Schön an den Busen der Mutter
Erde nach rühmlichem Tagewerk.
Du hast dein Pensum rühmlich vollendet.
  Du hast mit Minuten gewuchert,
  Hast Flaschen gefordert und Flaschen geleert;
  Des Morgens Schwäche gestärket,
  Das trockne Frühstück befeuchtet,
  Den Ernst des Mittags erheitert,
  Des Abends Länge verkürzt,
  Hast Flaschen bezahlt und Flaschen geborgt,
  Geschlagen und Schläge geerntet,
  Kritisiert und mutig die Dummheit
  Der Fürsten und Kabinetter enthüllt.
    Schnarche sanft
    Nach dem rühmlichen Tagwerk;
    Erwache mutvoll
    Nach betäubendem Schlafe!
    Erwach, ein junger Bacchante,
    Erwach zu neuen Taten!
Dein harrt ein stechendes Kopfweh;
Dein harrt der Chirurgus mit Pflastern;
Dein harren Frau und Prügel;
Dein harren die hungrigen Kinder;
Dein harrt die Strafe des Amtmanns;
Dein harrt ein beleidigter Nachbar;
Dein harrt der Folgen gewöhnlichste,
Zu bezahlen und zu werden bezahlt,

Der Lose allerbefremdendstes,
Zu büßen und doch vergessen zu haben, wofür.
Sink in Frieden!
Schnarch in Ruhe!
Erwach in der besten Laune, Bruder!

KARL MÜCHLER

An den Verfasser des umstehenden Gedichts

Niemals wohl närrischer
und dabei herrischer
Phöbus sich wiese,
als da erneuert ward,
als da geleiert ward
das Paradiese.

Dieses beladet wohl,
überall schadet wohl
alberne Reimsucht:
und der versagete
kläglich gewagete
Griff nach der Goldfrucht.

Alles verderbet ihr,
denn ihr vererbet hier
törigen Dünkel;
kühnlich zwar zeigt er sich,
doch bald verkreucht er sich
schmächlich im Winkel.

Wie im gedrängem Heer,
stehn um Euch eng umher

läppische Affen;
hören ohn' Überdruß,
Narrheit im Überfluß,
staunen und gaffen.

Wankend im Schweberaum,
glaubst du den Lorbeerbaum
Phöbus' zu warten;
doch es ist dürres Reis,
hörst du der Musen Geheiß:
»'raus aus dem Garten!«

Fort, weil er offen ist,
und noch zu hoffen ist,
wirst dich bekehren;
denn solche Poesie,
wie sie sich wiese nie,
mag niemand hören.

ANONYM

Würde der Schneider

Ehret die Schneider, sie nähen und schaffen,
Himmlische Kleider für irdische Laffen,
Flechten der Mode beglückendes Band.
Decken die Mängel mit Werg und mit Watte
Wo die Natur nur Äsopenform hatte;
Schaffen Apolle mit kundiger Hand.

Ewig in des Leders Schranken
Tummelt Schuster seine Kraft
Ledern werden die Gedanken
Und das Herz zum Stiefelschaft.

Hastig greift er nach dem Riemen,
Wenn der Junge schlecht gepicht;
Rastlos bohrt er mit dem Pfriemen,
Bis der Pechdraht Nähte flicht.

Aber mit zaub'risch schaffender Nadel
Schmücket der Schneider die Fürsten, den Adel
Hat er uns Stutzer so göttlich wattiert.
Wer unterscheidet die Magd und die Zofe
Oft von der glänzenden Dame am Hofe,
Wenn das Genie sie des Schneiders drapiert?

Feindlich ist des Fleischers Streben
Mit zermalmender Gewalt
Geht er Ochsen an das Leben,
Macht er Schöps' und Schweine kalt.
Was er schuf, verzehrt man wieder,
Nimmer ruht der Wurstgenuß;
Daß er, bis die Sonne nieder,
Ewig Därme füllen muß.

Aber zufrieden mit stillerer Größe,
Nähet der Schneider die Taschen und Schöße,
Bögelt sie sorgsam mit liebendem Fleiß.
Frei sich gebärdend mit Schere und Elle,
Werfend eroberte Stücken zur Hölle,
Fürchtet er nimmer sie werde ihm heiß.

Streng und stark den Hammer schwingend
Kennt des Grobschmieds kalte Brust.
Stahl und Eisen stolz bezwingend,
Nur des Schlagens rohe Lust.
Winket Ruhe andern labend,
Ist ihm Hämmern nur ein Schmaus;
Drum bläut er zum Feierabend
Noch der Frau den Rücken aus.

Aber, wie leise vom Zephyr erschüttert
Schnell die äolische Harfe erzittert,
Fürchtet der Schneider den häuslichen Brand;
Zärtlich geängstet von zornigen Mienen,
Suchet er knieend das Weibchen zu sühnen
Und der Pantoffel – entsinkt ihrer Hand.

In des Wehrstands Herrschgebiete
Gilt der Stärke trotzig Recht;
Mit der Knute lehrt der Skythe,
Daß der Pole nur sein Knecht.
In dem Exerzier-Getümmel
Schwingt den Stock der Korporal
Und kuranzt den Bauernlümmel
Wie den Stutzer, ohne Wahl.

Aber mit Sanftmut hoch über dem Tadel,
Führen die Schneider den Szepter der Nadel,
Einen versöhnend was platzend getrennt;
Wissen die Stücken, die ewig nicht passen,
Wieder in liebliche Formen zu fassen,
Daß man das Alte im Neuen nicht kennt.

In des Tischlers Handwerkstätte
Ist der Leim Autorität;
Und er leimt so früh als späte,
Leimt die Kunden und das Brett.
Bis er Sprung und Mackel berge,
Hat er weder Rast noch Ruh;
Selbst den Riß zersprengter Särge
Klebet er mit Leime zu!

Aber der Schneider, der Formen Gebieter,
Nähert das Ird'sche dem Göttlichen wieder,
Mit des Geniees allmächt'ger Gewalt.
Das Ideal nur im Auge, das hehre
Ist der Triumph seiner Nadel und Schere,
Des Incroyables verklärte Gestalt!

FRIEDRICH THEODOR VISCHER

Leben und Tod des Joseph Brehm, gewesten Helfers zu Reutlingen,

am 18. Juli 1829

Der ich von des Datpheus Leben
Und wie sich sein Mord begeben,
  Wie man dann ihn abgetan,
  Ein Gedicht gemachet hat,

Ich, der alte Schartenmayer,
Komme abermalen heuer,
  Herzusagen eine G'schicht,
  Wo mir fast das Herz abbricht.

So weit ist es jetzt gekommen,
Daß den Kopf man abgenommen
  Einem aus der Geistlichkeit;
  Dies ist keine Kleinigkeit.

Immer noch tut es mir grieseln,
Wie ich sah sein Blut hinrieseln;
  Dieses hat mich sehr erschöpft,
  Daß man einen Helfer köpft.

Vor und dann ich tu' erzählen,
Wie man ihn beraubt der Seelen,
  Sage ich dem Publiko,
  Wer und was und wie und wo.

An dem fünften Januare,
Grad vor neunundreißig Jahren
  Kam zu Neustadt an der Lind
  Joseph Brehm zur Welt als Kind.

Wie ein Knab' er war geworden,
Kam er in die Schule dorten,
  Gut hat er sich aufgeführt,
  Konjugiert und dekliniert.

Nachdem er das Fest gefeiert,
Wo den Taufbund man erneuert,
  Kam er ins Gymnasium
  In Stuttgart und war nicht dumm.

Denn es hat sich bald getroffen,
Wie man in der Klass' gestochen,
  Daß mein Brehm der fünfte war
  In der ganzen Knabenschar.

In dem Jahr nach Anno elfe,
Wo es achtzehnhundertzwölfe,
  Kam er hin nach Tübingen
  Zu gelehrten Übingen.

Da er wollt' auf dieser Erden
Künftighin ein Pfarrer werden,
  Tat man ihn im Stifte ein,
  Wo die Theologen sein.

Alsda war er gar nicht träge,
Fleißig saß er im Kollege,
  Las viel in dem Testament
  Und was sonst so Bücher sind.

Wie ein Beck an seiner Mulde
Fand man ihn stets an dem Pulte
  Mit der Feder in der Hand,
  Tint', Papier und Silbersand.

Doch es hat sich bald gezeiget,
Daß sein Herz zum Stolz sich neiget,

War kein guter Kamerad,
Widerwärtig fruh und spat.

Der zwar geht auf bösen Wegen,
Der sich auf den Trunk tut legen,
Und der Satan kommt verschmitzt,
Wenn man einen Rausch besitzt.

Doch dem Guten ist's zu gonnen,
Wenn am Abend sinkt die Sonnen,
Daß er in sich kehrt und denkt,
Wo man einen guten trinkt.

Doch zu Haus in seiner Ecken
Aß der Brehm kaum einen Wecken.
Nein, o Brehm, es tut nicht gut:
Schnöder Geiz und Übermut!

Da das Studium fertig ware,
Ist er worden ein Vikare,
Plochingen, Neuneck, Freudenstadt
Sind die Ort', wo man ihn hatt'.

Endlich auch in Zuffenhausen
Tat er als Vikare hausen,
Bis er nach dem Examen
Helfer ward in Reutlingen.

Wie du da bist aufgezogen,
Fuhrest durch des Tores Bogen,
Sahest nun die Häuser drin,
Kam dir da wohl in den Sinn,

Daß du einst heraus wirst fahren,
Brehm, auf einem Schinderkarren?
Schartenmayers Zähre rinnt;
O du Zeit, wie hat sich's g'wendt!

Gut nun hat er sich betragen,
Niemand hatte was zu klagen,
  Als er fing zu amten an,
  Und er schien ein frommer Mann.

Endlich erst nach vielen Jahren
Hat man nach und nach erfahren,
  Daß der Brehm ein Geizhals sei,
  Diene auch der Heuchelei.

Als er hatte geheiratet,
Hat es gar nicht lang gebattet;
  Trieb durch Geiz sein Weib von sich;
  Helfer, das war liederlich!

Weil's nicht gehen wollt' in Frieden,
Ward er dann von ihr geschieden,
  Alsdann hat der Helfersmann
  Eine Magd sich eingetan.

Mehr und mehr nach diesen Schritten
Hat der Teufel ihn geritten
  Und man sah, o Wüstenei!
  Daß das Weibsbild schwanger sei.

Zwar sie taten es verhehlen;
Doch es konnte gar nicht fehlen,
  Daß die Magd ein Kind gebar
  Im August vor einem Jahr.

Brehm nun hätte diese Sachen
Alle können anders machen,
  Wenden ab den bösen Schein;
  Geiz schlug ihm die Augen ein.

Geld, das ging ihm übers Leben,
Keinen Kreuzer Geld ausgeben

Wollte der verstockte Mann –
Jetzo ruckt der Teufel an.

Und das Würmlein kaum geboren,
Nimmt der Helfer an den Ohren,
Trägt es auf die Bühne fort
Schnell an einen finstern Ort.

Läßt es liegen siebzehn Stunden,
Hat ihm auch das Maul verbunden,
Da es dennoch ward nicht stumm,
Dreht er ihm den Kragen um.

Doch 's ist nichts zu fein gesponnen,
Endlich kommt es an die Sonnen,
Und die kluge Polizei
Merkt bald, was dahinter sei.

Plötzlich nahm man ihn gefangen,
Und es ist kein Jahr vergangen,
Sprach das peinliche Gericht:
Brehm, den Kopf behältst du nicht! –

Zwischen Reutel- und Bezingen
Horch, da tut die Axt erklingen;
Was soll's geben, lieber Gott?
Dort erricht't man ein Schafott.

Als der nächste Tag gekommen,
Tut's wie Bienenschwärme summen,
Und es kommt zu diesem Ding
Eine große Menschenmeng'.

Wer soll da die Tränen heben?
Ach! so mußt du's denn erleben,
Reutlingen und Geistlichkeit,
Dieses große Herzeleid.

Alles ist bereits versammelt,
Kopf an Kopf, fest eingerammelt,
Laute Seufzer höret man,
Jetzo kommt der Helfer an.

Hinter den Schanndarmenscharen
Kommt ein Fuhrwerk angefahren;
Drin der Brehm im weißen Kleid,
Zwei auch von der Geistlichkeit.

Hinter ihm zwei Schindersknechte,
Die am Strick ihn heben rechte,
Dies sah aus so schauderig,
Alles ward ganz mauderig.

Jetzo steigt er ab vom Karren,
Nimmt Abschied von beiden Pfarren,
Und es macht von allem Haar
Ihm ein Mann den Nacken bar.

Ach, jetzt kommt er schon gestiegen
Zum Schafott herauf die Stiegen,
Tränen fließen um und um
Von dem armen Publikum.

Seht, von Knechten halb geschoben
Schaut man ihn bereits dort oben;
Bleich sind alle Leut im Ring,
Selbsten fast der Henkerling.

O mein Gott, welch ein Gefühle!
Schaut, er sitzt schon auf dem Stühle,
Und zum Hieb – o Todesgraus! –
Zieht den Frack der Richter aus,

Nimmt alsdann sein Schwert da dranden,
Hebt und schwingt es hoch in Handen,

Haut es dann mit Blitzesschein
Grad in seine Ank hinein.

Laut hört man es knarveln, schallen,
Und der Kopf ist rab gefallen;
O verehrtes Publikum,
Bring doch keine Kinder um!

ADELBERT VON CHAMISSO

Der arme Sünder

Fragment

Zu Grüneberg in der längsten Nacht,
In später Geisterstunde,
Erbrauset mit Schneegestöber der Sturm,
Die Eule kreischet im alten Turm,
Und ängstlich winseln die Hunde.

Im untern Dorf in des Schulzen Haus
Vermehret ein Traum das Grauen;
Die Frau schreit auf: »Mein Kind! mein Kind!
Auf, Vater, auf! Zum Förster geschwind,
Nach unserm Sohne zu schauen!« –

»Was sollte dem Burschen geschehen sein?
Verscheuche mit Beten die Träume.
Zum Förster ist's weit, der Pfad ist verschneit,
Schlaf ein! schlaf ein! 's ist Schlafenszeit,
Es sind ja Träume nur Schäume.« –

»Unsägliches muß ihm geschehen sein,
O Vater, bedenke das Ende!

Er saß im Bette verstört und bleich
Und rang, dem armen Sünder gleich,
   Verzweiflungsvoll die Hände.«

Es grauset dem Vater bei solchem Wort,
   Da will er den Gang doch wagen,
Er kleidet sich an, er eilet hinaus
Durch Nacht und Sturm nach dem Jägerhaus,
   Nach seinem Kinde zu fragen.

Die Nacht ist schaurig und finster und kalt,
   Von Angst das Herz ihm beklommen,
Am alten Turm da kreischt es und pfeift,
Ihn höhnt der Sturm, der den Wald durchstreift,
   Als heult' er: »Zu späte gekommen!«

Kaum atmend erreicht er das Haus und beginnt
   An Türen und Fenster zu schlagen:
»Wach auf, du Förster! und öffne mir bald!
Ist hier mein Jürgen, oder im Wald?
   Was hat sich zugetragen?«

Der läßt ihn ein, er fragt ihn aus,
   Es will ihn seltsam bedunken:
»Dein Jürgen schläft. Gesund und rot
Hat gestern er noch zum Abendbrot
   Gegessen wie zwei und getrunken.« –

»Ich will ihn sehn! ich muß ihn sehn!«
   Den Förster rührt der Jammer.
Er treppenhinauf mit dem Alten steigt,
Er öffnet die Türe, die da sich zeigt,
   Er leuchtet in die Kammer.

Und, was sie sehen –! es sträubt sich ihr Haar
   Zu Berge, sie stehen versteinet.

Der sitzt im Bette verstört und bleich
Und ringt, dem armen Sünder gleich,
Die Hände verzweifelnd und weinet.

»Was ist geschehn?« – »Nichts! nichts! hinweg!« –
»Oh, sprich! was hast du begangen?« –
»Ich kann's nicht sagen!« – »Entdeck es uns nur,
Wir schwören dir hier den heiligsten Schwur,
Du sollst Vergebung erlangen.« –

»Oh, wie ihr doch zudringlich seid!
Und wollt ihr's und müßt ihr es wissen,
Ich hab – ich weiß nicht, wie es kam,
Ich hab – es überfällt mich die Scham,
Ich hab ins – – – –
desunt quaedam in manuscripto

EGINHARDT

Des Pachters Tochter von Schöpsenhain

Im Holzstall des Pachters von Schöpsenhain
Da spukt es allnächtlich um Zwölfe,
Da flüstert und stöhnt's so ängstiglich;
Da zerret, da reißet und sträubet es sich,
Wie Schöpse sich gegen die Wölfe.

Es blinkt ein Flämmchen im Stalle dort,
Das flimmert und flammert so traurig.
Da ist ein Plätzchen, da duldet's kein Scheit,
Da schleudert's die Bündel vom Reisholz so weit,
Da seufzt es, und ächzet so schaurig.

Des Pachters Tochter von Schöpsenhain
Sollt' einst viel Reichtum erben.
Sie war nicht mehr jung, war schief und war klein,
Doch strömten viel Freier nach Schöpsenhain,
Um sie sich als Braut zu erwerben.

Von drüben her, von drüben herab,
Dort jenseits des Baches vom Hügel,
Dort drohet ein Schlößchen dem Sturz in das Tal,
Die Mauern gestützet mit Klammer und Pfahl,
Verschuldet vom Grund bis zum Ziegel.

Da trieb es der Junker vom Wolfenstein
In Saus und in Braus und in Freude,
Noch lieh ihm der Jude auf Acker und Schloß,
Dem Mädchen gefiel er auf schnaubendem Roß,
Im erborgten Jägergeschmeide. –

Er schrieb ihr ein Briefchen auf Seidenpapier
Umrändelt mit goldenen Kanten.
Er schickt' ihr sein Bildnis, gar lachend, gar hold,
Versteckt in ein Herzchen von Nürnberger Gold,
Und ein Ringlein von böhm'schen Demanten. –

»Laß du ihn nur reiten, und fahren und gehn,
Den Pöbel, im lüsternen Mute!
Lisettchen, dir ist wohl was Bess'res beschert;
Ich achte des stattlichsten Ritters dich wert,
Aus ältestem, heiligstem Blute.

Ich hab' ein süß Wörtchen zu kosen mit dir;
Das werd' ich dir heut' noch vertrauen
Drauf hätt' ich gern freundlich erwünschten Bescheid.
Heut' Nachmittag komm' ich mit großem Geleit;
Sei mutig, und laß dir nicht grauen!

Heut' Nachmittag horch auf den Hörnerklang –
Er schallet in Wälder und Garten! –

Ein stattlicher Junker wird werben die Braut,
Drauf töne dein Jawort vernehmlich und laut!
Du wirst mich schon freundlich erwarten!«

Er kam, begleitet von zahlreichem Troß,
Er kam um die Nachmittagsstunde.
Er trat, umgürtet mit Hüfthorn und Wehr,
So glänzend, wie Sterne am Himmel, einher,
Und grüßt' sie mit lächelndem Munde.

Er schlug an die Sporen, war sorgsam bemüht
Die Locken in Ordnung zu rücken;
Und als er die Vatermörder befühlt,
Und sich mit der Gerte vorm Mund herumspielt,
Schwamm Lieschen – ach, ganz in Entzücken. –

Er wußte die Liebe gar traulich und süß
Im Herzen Lisettens zu wecken! –
Ach! alternde Mädchen sind willig und zahm,
Und wenn von den Lenzen der dreißigste kam,
Dann bricht sich ihr Starrkopf mit Schrecken.

Er schwur sich bei Allem, was heilig und hehr
Aus *Liebe* zu ihrem Getreuen.
Und als sie sich zierte und wegwärts sich bog,
Da sprach er: »Auf Ehre! ich halte dich hoch!
Es wird dich als Freifrau nicht reuen!«

Er führt' sie zur Kirche, der Vater allein
Warnt fruchtlos die eitle Lisette.
Sie flehet ihr mütterlich Erbe ihm ab –
Zum Schloß fliegt der Brautzug im sausenden Trab,
Und schwelgt bis zum Tag beim Bankette.

Und als nun vom Maurer und Zimmermann
Das Schlößchen dem Einsturz entrissen,

Da wurden die Kisten, von Golde so schwer,
Da wurden die strotzenden Beutel so leer,
Und manches mußt' Lieschen noch missen.

Und als nun der Schuster, der Weinlieferant,
Der Schmied und der Wagner, der Schneider,
Kurz – A bis zum Z seine Rechnungen zeigt',
Da ward der gewichtige Schmuckkasten leicht,
Da wanderten Perlen und Kleider.

Und als der Jude zur Messe zog,
Besucht' er, zu Wolfensteins Schrecken,
Das Schlößchen. Der Junker, im wüsten Sinn,
Führt schnell in das Zimmer der Freifrau ihn hin,
Doch kann sie den Posten nicht decken.

Der Junker, ein roher, barbarischer Mann,
Schalt laut auf die arme Lisette:
»Gefiel dir mein Name, mein adliger Rang,
So schaffe nun Geld auch, und zaudre nicht lang',
Sonst stoß' ich von Haus' dich und Bette.«

Er schlang ihr fliegendes Haar um die Faust,
Er hieb sie mit knotigen Riemen.
Er hieb – da heulte sie schrecklich und laut –
Er hieb ihr die gelb pergamentene Haut
Voll schwellender blutiger Striemen.

Er stieß sie hinaus in stockfinsterer Nacht,
Bei schaurigem Regen und Winden.
Sie stolpert an dornigen Felsen herab,
Nach Schöpsenhain eilt sie im zappelnden Trab,
Dem Vater ihr Leid zu verkünden.

»O weh! wozu hat mich der Hochmut gemacht!
Zum ärmsten, verspotteten Weibe!

Mein Erbteil erpreßt' er mit Schimpfen und Hohn,
Und sieh hier den einzigen, schrecklichen Lohn
An meinem zerschlagenen Leibe!«

Sie warf sich ihm bitterlich schluchzend ans Herz
Und stöhnte im schrecklichen Jammer:
Da plötzlich, betrat die Frau Stiefmama –
Die jüngst ihr geschenket der dumme Papa –
Die seufzerertönende Kammer.

»Du Närrin«, begann sie, »das ist dir schon recht!« –
Sie faßt' sie dabei an der Krause –
»Dein mütterlich Erbteil erhieltst du von hier,
Die ferneren Spenden verbitte ich mir,
Und du packst dich fort aus dem Hause!«

»Ach, laßt mich hier weilen, mich pflegen und ruhn,
Zum Schloss' kann zurück ich nicht kehren.
Es ist ja als Gattin des Vaters euch Pflicht!
Verstoßet das Kind aus dem Hause doch nicht,
Ich will euch als Mutter verehren!«

»Ha, Närrin, das habe ich nimmer gemeint!
Wie werd' in das Haus ich dich nehmen?
Dem Junker entlaufen! das wäre mir recht!
Ich müßte mich wahrlich vor Magd und vor Knecht
Tagtäglich der Stieftochter schämen.

Nein, Närrin, ich schalte im Haus', wie ich will;
Vorbei ist dein hiesiges Treiben!
Doch wenn es dir jährlich ein-, zweimal gefällt,
So spar' ich für Kaffee und Kuchen kein Geld,
Sonst – mußt du vom Halse mir bleiben!« –

»Daß Gott dich! du herrschsüchtig schändliches Weib,
Belohne mit eh'lichem Hader! –

Entehret es dich, mich zu dulden im Haus',
Warum sucht'st du g'rade den Papa dir aus?
Er ist ja und bleibt doch mein Vater!

So schaff' dir denn eigene Kinder ins Haus! –
Das Blättchen soll schrecklich sich wenden!
So möge des Lieblingssohns lockerer Sinn,
Und die Tochter, als Marketenderin,
Die hohe Familie schänden!

Dann fühle! Barbarin, dann fühle wie's tut,
An Ehr, und an Glück zu verzweifeln!
Dann schling um den knöchernen Hals dir den Strick!
Dann spring in den Mühlteich, dann brich das Genick!
Dann, Teufel, dann fahre zu Teufeln!«

Sie packte die Mutter am fliegenden Zopf,
Und zog sie im Wüten von hinnen,
Den kämpfenden Weibern entfielen die Schuh,
Die Mützen, die Kämme, die Locken dazu,
Beim schrecklichen, wilden Beginnen.

»Wohin nun, o Himmel, o Hölle, wohin?
Wohin mit dem Weibe mich wenden?« –
Sie rannte, verzweifelnd an Notdurft und Glück,
Und zerrt sie zum Garten des Vaters zurück,
Um dort ihr das Leben zu enden.

Es zog nun der Kampf sich der fechtenden Frau'n
Zum Holzstall des Pachters hinüber,
Die Mama stürzt nieder auf Stock und auf Scheit,
Das klatschte erbärmlich, das schallte so weit,
Und Lieschen, die kniete darüber.

Sie wand ihr ein tüchtiges Seil um den Hals,
Da half ihr kein Zucken, kein Drängen;

Und als der Knoten geschürzet war,
Erhob sie die Mama beim Seil und beim Haar,
Und tät' sie ganz meisterhaft hängen.

Erst als sie vollendet die gräßliche Tat,
Mußt' ach! ihr Wahnsinn sich enden.
Da fand sie's nun schauderhaft, was sie getan,
Sie starrte die Mama, die schaukelnde, an,
Die drohete noch mit den Händen.

Sie kratzte bedächtig sich hinter dem Ohr –
Die Rettung wollt' nicht mehr gelingen –
»Da bleibe du hängen an Balken und Strick,
Nicht störest du fortan der Stieftochter Glück!
Mich sollen die Wellen verschlingen!« –

Das ist im Holzstall das Flämmchen dort,
Das flimmert und flammert so traurig.
Das ist das Plätzchen, da duldet's kein Scheit,
Da schleudert's die Bündel vom Reisholz so weit,
Da seufzt es, und ächzet so schaurig.

Tief hinter dem Garten, im Mühlenteich,
Beim rollenden Rade tief unten,
Blickt starr und verstört eine Mütze hervor,
Sie ist's, die Lisette im Kampfe verlor,
Und die sie noch wiedergefunden.

Allnächtlich herauf von dem Mühlenteich,
Allnächtlich herauf vom Gestade,
Huscht bleich und wolkig Lisettens Gesicht,
Will löschen das Flämmchen, und kann es doch nicht,
Und birgt sich dann unter dem Rade.

Nähe der lieben Frau

Ich denke Dein, wenn aus den Wolken oben
  Der Donner kracht!
Oft hast du's ja, mit Schelten und mit Toben,
  Ihm nachgemacht.
Ich sehe dich, wenn unser Weiberspittel
  Spazieren geht,
Wenn um die Säbelbeine flott der Kittel
  Im Weste weht.
Ich höre dich, wenn heisre Raben krächzen,
  Beim Flug' zur Rast;
Wenn unsere dicken Nudelgänse ächzen,
  Zerplatzend fast.
Ich bin bei dir, ertönt auch in der Schenke
  Manch lust'ges Wort;
Ich kehre bang' nach Hause dann, und denke:
  Ach wär' sie fort!

Nähe des Gatten

Ich denke dein, wenn abends in den Räumen
  Des Klubs du bist;
Wenn dann nach schüchterm Zögern, und nach Säumen,
  Mich Bruno küßt.
Ich sehe dich, Gespenstern gleich, erscheinen,
  An Brunos Brust –
Soll ich in deinem breiten Bette weinen?
  Hier sel'ge Lust.
Ich höre dich, wenn Brunos leis's Geflüster
  Von Liebe spricht:
Wenn er der Sehnsucht dann im trauten Düster
  Hold Kränze flicht.
Ich fürchte dich, du seist auch noch so ferne,
  Du bist mir nah.

Mein Bruno scheidet mit dem Morgensterne,
  Dann bist du da!

ARNOLD RUGE

Hochgeehrter Herr Hofrat!
Dieser unmittelbaren Lyrik,
Das verzeihn Sie gütigst, weiß ich,
Mit dem besten Willen,
Sowohl in alter als in neuer Poesie
Nichts zur Seite zu stellen,
Als etwa diesen
Schwachen Versuch einer freien Nachbildung.

HEINRICH HEINE

Unterwelt

I

Blieb ich doch ein Junggeselle! –
Seufzet Pluto tausendmal –
Jetzt in meiner Ehstandsqual,
Merk' ich, früher ohne Weib
War die Hölle keine Hölle.

Blieb ich doch ein Junggeselle!
Seit ich Proserpinen hab'
Wünsch' ich täglich mich ins Grab!
Wenn sie keift, so hör' ich kaum
Meines Cerberus Gebelle.

Stets vergeblich, stets nach Frieden
Ring' ich. Hier im Schattenreich
Kein Verdammter ist mir gleich!
Ich beneide Sisyphus
Und die edlen Danaiden.

II

Auf goldenem Stuhl, im Reiche der Schatten,
Zur Seite des königlichen Gatten,
Sitzt Proserpine
Mit finstrer Miene,
Und im Herzen seufzet sie traurig:

Ich lechze nach Rosen, nach Sangesergüssen
Der Nachtigall, nach Sonnenküssen –
Und hier unter bleichen
Lemuren und Leichen
Mein junges Leben vertraur' ich!

Bin festgeschmiedet am Ehejoche,
In diesem verwünschten Rattenloche!
Und des Nachts die Gespenster,
Sie schaun mir ins Fenster,
Und der Styx, er murmelt so schaurig!

Heut' hab' ich den Charon zu Tische geladen –
Glatzköpfig ist er und ohne Waden –
Auch die Totenrichter,
Langweil'ge Gesichter –
In solcher Gesellschaft versaur' ich.

III

Während solcherlei Beschwerde
In der Unterwelt sich häuft,
Jammert Ceres auf der Erde.
Die verrückte Göttin läuft,

Ohne Haube, ohne Kragen,
Schlotterbusig durch das Land,
Deklamierend jene Klagen,
Die euch allen wohlbekannt:

»Ist der holde Lenz erschienen?
Hat die Erde sich verjüngt?
Die besonnten Hügel grünen,
Und des Eises Rinde springt.
Aus der Ströme blauem Spiegel
Lacht der unbewölkte Zeus,
Milder wehen Zephyrs Flügel,
Augen treibt das junge Reis.
In dem Hain erwachen Lieder,
Und die Oreade spricht:
Deine Blumen kehren wieder,
Deine Tochter kehret nicht.

Ach wie lang' ist's, daß ich walle
Suchend durch der Erde Flur!
Titan, deine Strahlen alle
Sandt' ich nach der teuren Spur!
Keiner hat mir noch verkündet
Von dem lieben Angesicht,
Und der Tag, der alles findet,
Die Verlorne fand er nicht.
Hast du, Zeus, sie mir entrissen?
Hat, von ihrem Reiz gerührt,
Zu des Orkus schwarzen Flüssen
Pluto sie hinabgeführt?

Wer wird nach dem düstern Strande
Meines Grames Bote sein?
Ewig stößt der Kahn vom Lande,
Doch nur Schatten nimmt er ein.
Jedem sel'gen Aug' verschlossen
Bleibt das nächtliche Gefild',

Und solang der Styx geflossen,
Trug er kein lebendig Bild.
Nieder führen tausend Steige,
Keiner führt zum Tag zurück;
Ihre Träne bringt kein Zeuge
Vor der bangen Mutter Blick.«

IV

Meine Schwiegermutter Ceres!
Laß die Klagen, laß die Bitten!
Dein Verlangen, ich gewähr' es –
Habe selbst so viel gelitten!

Tröste dich, wir wollen ehrlich
Den Besitz der Tochter teilen,
Und sechs Monden soll sie jährlich
Auf der Oberwelt verweilen.

Hilft dir dort an Sommertagen
Bei den Ackerbaugeschäften;
Einen Strohhut wird sie tragen,
Wird auch Blumen daran heften.

Schwärmen wird sie, wenn den Himmel
Überzieht die Abendröte,
Und am Bach ein Bauerlümmel
Zärtlich bläst die Hirtenflöte.

Wird sich freu'n mit Gret' und Hänschen
Bei des Erntefestes Reigen;
Unter Schöpsen, unter Gänschen,
Wird sie sich als Löwin zeigen.

Süße Ruh'! Ich kann verschnaufen
Hier im Orkus unterdessen!
Punsch mit Lethe will ich saufen,
Um die Gattin zu vergessen.

V

»Zuweilen dünkt es mich, als trübe
Geheime Sehnsucht deinen Blick –
Ich kenn' es wohl, dein Mißgeschick:
Verfehltes Leben, verfehlte Liebe!

Du nickst so traurig! Wiedergeben
Kann ich dir nicht die Jugendzeit –
Unheilbar ist dein Herzeleid:
Verfehlte Liebe, verfehltes Leben!«

RUDOLF RODT

Ein verlorener Gesang aus Amaranth[*]

Motto: Ein Schneider hat dich gemacht.
Lear

Herr Walther wallt im Walde,
  Mit Hermelin verbrämt,
Sein Hüfthorn schallte balde
  So süß und so verschämt.
Am Seidensamtbarette,
  Die goldene Trottel rankt,
Und überm Amulette
  Die Reiherfeder schwankt.

Es schlägt in reiche Falten
  Der Purpurmantel sich,
Den zwei Agraffen halten
  So trutzig ritterlich;

[* Mitgeteilt von einem Freunde des guten Geschmacks.]

Beperlt, besteint, bebändert,
  Schaut er sich sinnend an,
Wer hat dich so verändert,
  Du deutscher Rittersmann?

Er *schweigt* und beugt sich nieder
  Und richtet dann sich auf,
Und beugt sich tiefer wieder,
  Die Hand *gen* Schwertesknauf!
Die sanfte Locke schmieget
  Sich kindlich um sein Ohr,
Und eine Träne *bieget*
  Sich aus der Wimper vor.

Und aus der Ferne nahen,
  Auf stolzem blankem Roß,
Die feuchten Augen sahen
  Gismund' mit keckem Troß.
»Gib mir mein Koller wieder,
  Gib mir mein stählern Hemd!«
So ruft er treu und bieder,
  So spricht er stolzzergrämt.

»Wenn meine Ahnen wüßten,
  Wie ich verweichlicht bin,
Sie knirschten: einem *Christen*
  Kommt solcher Tand zu Sinn?«
Und vor der Herrin Füßen
  Wirft Ketten er und Tracht,
Die blauen Augen fließen –
  Gismund'? Gismunde lacht:

»Was faselst du von Christen,
  Bist du noch so borniert?
Von des Gefühls Gelüsten
  Noch nicht emanzipiert!

Schau um dich, Herr der Erde,
Die perlt im *Lenzes*schmuck,
Es schmückt sich jede Gerte –
Du liebest Schmutzes Druck?«

Herr Walther schielt der Schönen
Ins feuersprühnde Aug' –
Ihn überläuft ein Sehnen,
Dem Sprosser gleich im Strauch.
Er zittert mit der Linken
Auf ihr Pilaster-Knie,
Die Augen täten ihm sinken,
Er wußte selbst nicht wie.

Doch plötzlich fährt er rückwärts,
Und seufzt zum Himmel auf,
Dann wieder kleidungsstückwärts,
Das lag im Gras zu Hauf.
Und den bebuschten Lippen
Entfährt ein scharfes Wort,
Und gen die Männerrippen
Kocht ihm das Herz sofort.

»Was nützet dir dein Prunken
Im sprühnden Goldeslicht?
Was alle Demant-Funken,
Hast du die Demut nicht?
Du möchtest nur genießen,
Zu aller Buße träg,
Jetzt hab' ich's dir *bewiesen*:
Du gehst den falschen Weg!

O steig' vom eiteln Rosse
Und wandle ins Gemach,
Entsage diesem Schlosse
Voll übermüt'ger Schmach;

O sitze hin zur Spindel –
Es ist nur um die Zucht –
Verflucht sei aller Schwindel
Und aller Stolz verflucht!

Brich ab das Jagdvergnügen,
Das dich so wild zerstreut,
Laß uns ins Kloster biegen
Und einmal *büßen* heut.
Zwar hab' ich nichts dagegen,
Daß man sich freut der Jagd,
Doch ist mir dran gelegen –
O sei mir treue Magd!«

Er zieht ihr von dem Finger
Den strahlenreichsten Ring,
Den Lilienhaut-Umschlinger,
An dem ihr Auge hing –
Er schleudert ihn hinunter
In Seees Grund und sagt:
»Hier roste, schnöder Plunter,
Du sei mir treue *Magd*!«

Und hellauf zuckt ein Lachen
Durchs welsche Angesicht,
Sie spornet den Wallachen
Und weilet länger nicht.
Als wie ein Blitz geschwinde
Hin schießt sie durchs Gehölz,
Es bauschen sich die Winde
In der Schabrake Pelz.

Herr Walther starrt der Stolzen
Mit stummem Vorwurf nach,
Und der Verachtung Bolzen
Dem Aug' entjagen jach.

Er hat kein Wort gesprochen,
  Entwallet still zu Tal,
Er ist ins *Knie* gebrochen,
  Und weinet *noch* einmal.

Da steht ihm gegenüber
  Und winkt mit weißer Hand,
Und hauchet schnell vorüber
  Die süße Amaranth'.
Was mocht' er wohl da denken?
  Was floh sie stumm davon?
Mit Wehmut ihn zu tränken
  Entschwand die Vision.

Wohl sieht er stille stehen
  Beisammen Blumen zwei,
Die eine kaum zu sehen,
  Die andre prunkend frei.
Er wallt noch eine Miglie,
  Bis er frohlockend spricht:
Kennst du die Sumpfeslilie,
  Und das Vergißmeinnicht?

Was wallt er durch die Buchen
  Vorbei am Weiherstrand?
Er scheint etwas zu suchen,
  Gefaltet Stirn und Hand.
Er *biegt* in eine Grotte –
  Dort leuchtet Jesu Christ –
Und danket seinem Gotte,
  Daß er kein Atheist.

Die tiefsten der Gedanken(!)
  Durchzücken ihn wie Lied,
Und Hochgefühle ranken
  Wie Eppich ins Gemüt.

Was er mit sich gesprochen,
  Das ist so geisteshehr,
Was seine Pulse pochen,
  Das läßt sich *sagen* schwer.

Da zupft's ihn an der Kuppel
  Des treuen Ahnenschwerts,
Und frägt mit kaltem Skrupel,
  Ob durstig auch sein Herz?
Es war der Edelpage
  Mit der Genossen Schar,
Die zur Heremitage
  Still hergeschlichen war.

Der hält die schwere Platte
  Voll köstlichen Konfekts,
Der reicht, geschliffen matte,
  Den Kelch und nickt: wie schmeckt's?
Der Maitrank, Limonade,
  Der Glühwein, der Sorbet,
Der prahlt mit praller Wade,
  Dem sitzt's so knapp und nett.

Der nippt verstohlnerweise,
  Der spielt mit dem Geschmeid,
Der zieht im Sande Kreise
  Mit Fußes Leichtigkeit.
Der äugelt mit der Schale
  Von schillerndem Kristall,
Der schwenket Glutpokale
  Und trotzet ihrem Fall!

[Der stemmt sich in die Hüfte,
  Der schnippet mit der Hand,
Der lächelt in die Lüfte,
  Der schielt ins Atlasband,

Der wirft sich vor, der neiget
  Des Kopfes Lockenstaat,
Der plaudert, der, der schweiget,
  Der schimmert im Brokat.]

Herr Walther stiert und blicket
  Augschweifend in der Rund';
Hat diese hergeschicket
  Zum Hohne mir Gismund'?
Mit nerv'ger deutscher Rechte
  Zertrümmt er das *Geschirr*
Und scheucht die feinen Knechte
  Mit drohndem Schwertgeklirr.

Die fliehn und kichern freche,
  Er aber bricht ins Knie,
Und heiße Zährenbäche
  Enteilen ihm wie nie.
Den Ellenbogen stützt er
  Auf *Beichtesstuhles* Kant',
Und in Gedanken schnitzt er
  Ins Schnitzwerk Amaranth'.

Was hört' er draußen schallen
  Waldvögelein so trüb?
Weh euch, ihr eitlen Hallen,
  Weh deinem stolzen Lieb!
O daß sie immer grünte,
  Die Minne frommer Zeit,
Die, fern du aller Sünde,
  Trugst vor der Waldesmaid!

Wo Berg und See sich schmiegen
  Mit Sehnsucht ineinand,
Dort ließest jüngst du liegen
  Auf heißem Schoß die Hand?

Gismundens Liebesheucheln,
  Es wußte, großer Gott!
Dir Gluten abzuschmeicheln
  Zu deinem eignen Spott?

Herr Walther biegt die Stirne
  An einer Eiche Stamm,
Über die Alpenfirne
  Sehnt er sich lobesam;
In ihren Eisenpanzer
  Sehnt sich die biedre Brust,
Damit als Mann, als ganzer,
  Er würde sich bewußt(!).

Er träumt von Waldesdüften
  Und heil'ger Einsamkeit,
Efeudurchrankten Klüften,
  Wildrosig überschneit.
Und eine Harfe schweben
  Sieht er und geisterhaft
In leisen Klang verbeben:
  In Wehmut Leidenschaft.

Hoch überm Schwarzeswalde,
  Tiefgolden, emailliert,
Entschwebte sie und hallte,
  Von Waldesduft berührt;
Und Hüfthorn, Orgel, Flöte,
  Sie schwebten all heran,
Die heilige Drommete,
  Posaune laut voran.

Und Harfen über Harfen,
  Violin und Violon,
Wie gaben sie so scharfen,
  Erschütternd hehren Ton!

Es wallt die Tonkohorte
  Wie Donner des Gerichts,
Und saget mehr als Worte –
  Hier sagten Worte Nichts.

Der Mittwoch,

eine Dröstliche Hülsenblüte

Posaunen hauchen wilden Geisterlaut,
  Dazwischen hürchelt banges Orgelstöhnen,
Leis wuchert bst! der Andacht Ginsterkraut –
  Da steh ich in dem Dom – umringt von Schönen.
Sie dort, die Blonde unter Kerzgeflimmer!
Ein einsam gramgeboren Frauenzimmer,
  Sie zupft, ha! mit dem Finger, prickt und pocht
  An der Laterne quirlendem Gedocht.

Und drüben an der schmerlegrausen Säul'
  Hohlhüstelnd ragt die schwimmelnde Matrone,
Der Blick des Auges schwärmt dahin, ein Pfeil,
  Aufschwirrend durch des Lebens Nachtschablone.
Hi! Still! na! oh, ich bin verloren,
Zerrückt, zerknistert, glutig angeschmoren,
  Was ist das, die Laterne spritzt und kocht –
  Auch sie zupft, zirpft am eignen Lebensdocht.

Und Käuzchenschrei ruschelt mit Geierpfiff
  Wirr durch der Halle wimmerfahlen Brodem –
Verfallenes Gemäuer, eingestürztes Schiff,
  Glockengebraus, Gespensterschwadenodem . . .
Und Mitternacht! Dann plötzlich Lichtgefunkel
Da wälzet aus des Dienstags Trümmerdunkel,
  Der *Mittwoch* frühlichtflimmernd sich empor,
  Und säuselt Schauerluft ins linke Ohr.

Hahu! regnet es nicht? Saugt nicht den Dust
  Des molchgesäugten giftiggelben Schwadens
Natur? zückt greiser Blitz in wunde Brust,
  Verzweifelnd an dem Glücke des Entladens?
Scheu flattert auf der Troß der Quazaquelen,
Die Lampe schüttert lächelnd im Verschwelen,
  Die Damen knicken um, der Dolde gleich,
  Der Bräutigam entrispelt dem Bereich.

Hui! ich erwach'! Des Traumes Vampir flieht,
  Und schon an der Gardine zupfen Strahlen
Der Morgensonne, bst! Frohlock, Gemüt!
  Die Lerchen zitschern weg die lecken Qualen.
Des Kummers feuchte Moderkatakombe
Stürzt donnernd ein, und nur die müß'ge Rhombe
  Der glitzerhaften Qualerinnerung
  Schlirrt noch einmal – und du bliebst jung?

Kling klax! Johann! Die schwarzen Schimmel vor!
  Spann an! wir fahren heut noch durch die Heide,
Dort, wo die Krähe duckt, die Kröt' im Moor,
  Dort soll versausen meiner Seele Freude.
Lang ist der Tag – drum gleich der Wetterwolke
Ausbrechen laß die Bracken bis zum Kolke!
  Wie geigt die Grill, wie brodelt's im Gestumpf!
  Sehr mangelt mir der Sitz . . . hinaus zum Sumpf!

FRIEDRICH EDUARD MOLL

Rüdersdorfer Kalkbergs-Elegie

Schweigend in der Abenddämmrung Schleier,
Einsam an dem Kalkstein künftiger Gemäuer,
Schleicht, umblüht von ihres Reizes Jugendfeuer,

Die Frau Bürstenbindermeister *Quosegeyer*;
Blumen schlummern und das Lied der Haine stirbt,
Nur daß hier ein Eremit, ein treuer,
Ein verborgnes kleines Heupferd zirpt.
Friede sinkt aus unbewölkten Lüften,
Langsam zieht durch nebeldüstre Triften
Dort die Rüdersdorfer Knappschaft aus den Klüften
Jener Berge – und ein Wandrer eilt der Ruh'
Seines Aufenthalts im Wirtshaus zu.
Hier auf dieser kalkdurchdrungnen Höhe
Unter Trümmern der Vergangenheit –
Denn der Kalk sind nur Gebeine alter Zeit –
Denkt die Quosegeyer an der Ehe Wehe,
Weil ihr Herz sich einem Ritter längst geweiht.
Und sie sinnt ob ihres Manns Gebrechlichkeit,
Einsam klagend, daß sie soll in jungen Tagen
Diese Bürde morschen Ehekreuzes tragen,
Da ein Jüngling jetzt um ihre Liebe fleht,
Der im Glanze ritterlicher Majestät
Ihrem Herzen zu Gebote steht.
Da vernimmt sie, wie die Erle traulich flüstert,
Tritte nahen und der Kalkstein knistert,
Sporen an den Stiefeln, in den Augen Tränen,
Naht der Schönste aller Schönen
Und der Edelste von Deutschlands Söhnen,
Dessen Herz, der Wiedersehnsbegierde voll,
Seinem heißen Minnekampf entgegenschwoll.
»Madam Quosegeyer!« spricht der junge Krieger,
Der, umgürtet mit dem Heldenschwert,
Dort im Tal geschwungen sich vom Pferd –
»Madam Quosegeyer! Nur als Sieger
Bin ich meiner Väter Namen wert.«
Und des edlen Jünglings Auge sprühte
Liebesflammen; seine Wange glühte
Gleich dem aufgeblühten Rosenhain
In der Abendröte Purpurschein,
Und Entzücken rollt ihm durch den Puls

Und er reicht ihr ein Bonbon von Schulz.
»Eine Donnerwolke!« spricht der Ritter,
»Braus' ich einst hinein zur Schlacht!
Wie der Blitz den Wald im Ungewitter,
So zersplittre ich des Feindes Macht! –
Mild wie Bäche, die durch Blumen wallen,
Bei dem Liebessang der Nachtigallen
Kehr' ich dann in Ihre Hallen
Mit des Wiedersehens Wonnentränenblick
Sieggekrönt in Ihren Arm zurück.«

»Edler!« fleht sie – »Heldenkühner Ritter!
Reden Sie doch nicht vom Schlachtenungewitter!
Denn der Vorwelt Schauer mehren sich
In den kalkgewordenen Gebeinen;
Eilen wir aus diesen wüsten Steinen,
Edler Ritter – mir wird schwiemelich!«
Und sie flogen wie ein Spiel der Lüfte,
Denn es stand im Gasthof ja ihr Mahl bereit,
Wo ein Entenbraten schon die Düfte
Seines milden Weihrauchs ausgestreut.
Da erscheint – Herr *Gottfried Quosegeyer*,
Und erblicket sie und ihren Freier.
Bange Ahnung, wo das teure Weib geblieben,
Hat den edlen Gottfried hergetrieben,
Hastig, wie im wilden Rutscher,
Mit Kalesche, Pferd und Kutscher.
»Wehe!« ruft sie, und es sinken ihre Glieder,
Und sie stürzt vor ihrem Gottfried nieder.
Mit des Zornes Blick durchbohret er den Ritter,
Spricht: »Det Schätzken wäre wohl nicht bitter?«
Und er nimmt sie, trägt sie still hinaus
Und kutschiert mit ihr nach Haus.
Doch der Ritter spricht: »c'est bon!« und lacht,
Steigt aufs Roß und reitet in die Schlacht.

Alles, was mit Sehnsucht und Entzücken
Hier im Staub ein liebend Herz erfüllt,
Schwindet gleich des Herbstes Sonnenblicken,
Wenn der Sturm den Horizont umhüllt.
Selbst verborgner Liebe Götterglück
Ließ am Kalkberg keine Spur zurück.
Unbekannt blieb jenes Kavaliers Geschick,
Doch es lebt noch und bewacht mit Argusblick
Seinen Eheschatz, ihm ewig wert und teuer,
Bürstenbindermeister Gottfried Quosegeyer.

THEODOR FONTANE

James Monmouth

Ich heiße James Monmouth und bin der Sohn
Karl Stuarts und Lucy Walters,
Ich wurde geköpft vor Jahren schon,
Das war so Mode vor alters.

Meine Mutter liebte Vatern sehr,
Und sie küßten sich unter 'ner Buche,
Sie sahn sich oft und dann nicht mehr
Und stehn nicht im Kirchenbuche.

Und das ist mein Pech, Potzsapperment,
Daß sie nie die Ringe gewechselt,
So hieß ich zeitlebens ein »Prätendent«,
Bis den Kopf sie mir abgedrechselt.

Ich hab' es bezahlt mit meinem Blut'
Und fühle noch das Messer, –
Und die Moral, die lautet: *Ja, Lieb' ist gut,*
Doch die Ehe, die ist besser.

HEINRICH HEINE

Der tugendhafte Hund

Ein Pudel, der mit gutem Fug
Den schönen Namen Brutus trug,
War viel berühmt im ganzen Land
Ob seiner Tugend und seinem Verstand.
Er war ein Muster der Sittlichkeit,
Der Langmut und Bescheidenheit.
Man hörte ihn loben, man hörte ihn preisen
Als einen vierfüßigen Nathan den Weisen.
Er war ein wahres Hundejuwel!
So ehrlich und treu! eine schöne Seel'!
Auch schenkte sein Herr in allen Stücken
Ihm volles Vertrauen, er konnte ihn schicken
Sogar zum Fleischer. Der edle Hund
Trug dann einen Hängekorb im Mund,
Worin der Metzger das schön gehackte
Rindfleisch, Schaffleisch, auch Schweinefleisch packte. –
Wie lieblich und lockend das Fett gerochen,
Der Brutus berührte keinen Knochen,
Und ruhig und sicher, mit stoischer Würde,
Trug er nach Hause die kostbare Bürde.

Doch unter den Hunden wird gefunden
Auch eine Menge von Lumpenhunden –
Wie unter uns, – gemeine Köter,
Tagdiebe, Neidharde, Schwerenöter,
Die ohne Sinn für sittliche Freuden
Im Sinnenrausch ihr Leben vergeuden!
Verschworen hatten sich solche Racker
Gegen den Brutus, der treu und wacker,
Mit seinem Korb im Maule, nicht
Gewichen von dem Pfad der Pflicht. –

Und eines Tages, als er kam
Vom Fleischer und seinen Rückweg nahm
Nach Hause, da ward er plötzlich von allen
Verschwornen Bestien überfallen;
Da ward ihm der Korb mit dem Fleisch entrissen,
Da fielen zu Boden die leckersten Bissen,
Und fraßbegierig über die Beute
Warf sich die ganze hungrige Meute. –
Brutus sah anfangs dem Schauspiel zu
Mit philosophischer Seelenruh';
Doch als er sah, daß solchermaßen
Sämtliche Hunde schmausten und fraßen,
Da nahm auch er an der Mahlzeit teil
Und speiste selbst eine Schöpsenkeul'.

Moral

Auch du, mein Brutus, auch du, du frißt?
So ruft wehmütig der Moralist.
Ja, böses Beispiel kann verführen;
Und, ach! gleich allen Säugetieren,
Nicht ganz und gar vollkommen ist
Der tugendhafte Hund – er frißt!

VON MIRIS

Die Geschichte vom braven Friedrich

Der Friederich, der Friederich,
Der war ein Freund von jedem Viech,
Er pflegt' die Spinnen in dem Haus,
Und schonte selbst die kleinste Laus.

Er schlug nicht eine Fliege tot,
Gab selbst den Mäusen Zuckerbrot;
Und wie er lieb und freundlich gar
Mit seiner Schwester Gretchen war!
Am Brunnen stand ein großer Hund,
Trank Wasser dort mit seinem Mund,
Da nahte ihm sehr freundlich sich
Der herzensgute Friederich;
Und streichelt ihn, das freut ihn sehr,
Gab ihm ein Brot und dann noch mehr.
Da schleckt der Hund die Hand ihm ab,
Die ihm so gut zu fressen gab,
Und folgt dem braven Friederich,
Der freute drob von Herzen sich.
Ein treuer Freund von dieser Stund'
Blieb ihm fortan der gute Hund.
Und als es Friedrich nützlich schien,
Um teures Geld verkauft er ihn
An einen reichen, braven Mann,
Der auch die Hunde leiden kann.

FRIEDRICH THEODOR VISCHER

Gesang unsichtbarer guter Geister

Glücklich erstanden!
Selig derjenige,
Der die Helenige,
Mehr krinolinische
Als heroinische,
Nicht sehr natürliche,
Wächsern figürliche,
Klassisch beschwatzende,

Mannsgeist befratzende,
Dann die euphorische,
Hüpfend emporische,
Auf und ab purzliche,
Springende, sturzliche,
Naseweis knabische,
Gummiarabische,
Sturmdrangpoetische,
Wilde, phrenetische,
Lordische, britische,
Launische, wittische,
Zweifelzerbissene,
Weltschmerzzerissene,
Willen kastrierende,
Dasein negierende
Prüfung bestanden!

Chorus mysticus

Das Abgeschmackteste,
Hier ward es geschmeckt,
Das Allervertrackteste,
Hier war es bezweckt;
Das Unverzeihliche,
Hier sei es verziehn;
Das ewig Langweilige
Zieht uns dahin!

FRITZ MAUTHNER

Friedrich Bodenstedt

Mirza-Schaffy

Ihr klöppelt geschäftig Verse wie Spitzen,
Drob lächeln die Dichter von ewigen Sitzen.

1

Nie ist Teig von einer Köchin ohne Mehl genudelt worden.
Doch sind leider öfters Verse ohne Seel' gesprudelt worden.
Deutsche Sprache, willst nur Wahrheit, willst kein
Klingklang-Wischiwaschi,
Dennoch bist du zum Rubaî und zum Ghasêl gehudelt
worden.

2

Wie kannst du eine so kluge Stirne haben –
O sag mir's an, süß blinkendes Mädchen! –
Und doch so dummes Zeug im Hirne haben?

Wie kannst du eine so helle Stirne haben, –
O sag mir's an, früh trinkendes Mädchen! –
Und doch so lieb die Nachtgestirne haben?

Wie kannst du eine so reine Stirne haben, –
O sag mir's an, kühn winkendes Mädchen! –
Und Augen wie eine lose Dirne haben?

Wie kannst du eine so schöne Stirne haben, –
O sag mir's an, müd' sinkendes Mädchen! –
Und eine Nase wie eine Birne haben?

3

Wird man als Rosenöl dir zu Handel und Kauf einen
wäss'rigen Saft antragen,
Wirst du sicher beim Richter, daß man die Fälschung straft,
antragen.

Ich aber schmiere den wäss'rigen Saft den Deutschen an als Rosenöl,
Denn ich lernte früh schon mit schicklicher Wahl den orientalischen Kaftan tragen.

4

Ich glaub' nicht an Gott und seine Allmächtigkeit,
Denn es gibt auf Erden keine Gerechtigkeit.
Und daß der west-östliche Diwan *vor* Mirza-Schaffy
Geschrieben worden: *das* ist Niederträchtigkeit.

5

Ein arger Feind der persischen Priester ist er,
Ein kühner Jäger persischer Biester ist er,
Ein starker Gegner der Parsen-Minister ist er:
Zu Hause nur ein trister Philister ist er.

6

Höchster Wahrheit tiefste Keimung
Liegt in dem Gedanken nicht,
Liegt allein in Klang und Reimung.
Hör drum was der Weise spricht:
Schöne Weiber, Tiger, beide
Wohnten traut vermischt im Penschab.
Dorther stammt zu seinem Leide
Nach dem Bibelwort der Mensch ab.

7

Sie leben nur von Liebe und von Besoffensein?
Wär's wahr, – ich fürchte, sie würden nicht so offen sein.

8

Sei nicht zu klug, doch wird ein Gedänkchen beliebt sein.
Sei nicht gemein, doch wird ein Gestänkchen beliebt sein.
Sei wie Mirza-Schaffy! So wird dein Buch
Bei jung und alt als Weihnachtsgeschenkchen beliebt sein.

9

Was der Schmetterling für ein verrücktes Vieh ist,
Daß er unpraktisch von Blüte zu Blüte schwebt.
Was die dicke Raupe doch für ein Genie ist,
Daß sie mit bescheid'nerem Gemüte lebt.

»Mager bleibet ewig, wer nicht gänzlich aufißt,
Was Natur für ihn in reicher Güte webt!«
Sagt die Raupe, die so lang ihr Lebenslauf ist,
Auf dem Zweig, für den allein sie glühte, klebt.

Wie der dumme Schmetterling der Dichter auch ist,
Dessen eitles Herz nach Ruhm und Mythe strebt,
Nicht besorgt für seinen lieben, runden Bauch ist,
Kurz und arm, nachdem sein Geist versprühte, lebt.

Zum Dichten muß man nie begeistert sein.
Ein guter Reim will nur gekleistert sein.
's ist ein Beruf, darf nur erkoren werden:
Zum Dichten muß man nicht geboren werden.

Aus dem Nachlasse des Mirza-Schaffy

Aus einem Toren formte mich die Zeit
Zum Weisen von dem Wirbel bis zur Sohle um.
Ihr findet Weis're nimmer weit und breit,
Sucht ihr von einem zu dem andern Pole um.
Drum sag' ich euch – und mit Bedächtigkeit –
Ein nützlich Ding ist das Petroleum.

ANONYM

Den Adler laß verschwenden
An Erben, Lamm und Frau
Das Salböl aus den Händen
Des toten alten Pfau . . .

Du willst das nicht begreifen?
Nun wohl, so hör mich an:
Auf schäbiges Salböl pfeifen
Ein jeder Erbe kann;
Die alte Frau, die kränkt's nicht,
Denn die ist tot und still,
Und schließlich kann man salben
Und ölen, wen man will!

EDWIN BORMANN

Goethe-Quintessenz

(Allen zitatenbedürftigen Gemütern gewidmet)

Ihr naht euch wieder? In die Ecke, Besen!
Luft! Luft! Clavigo! Meine Ruh' ist hin.
Der König rief: Ich bin ein Mensch gewesen;
Das Ewig-Weibliche, das war mein Sinn.
Ein deutscher Mann mag keinen Franzen leiden,
Der andre hört von allem nur das Nein.
Ich weiß nicht, nur die Lumpe sind bescheiden,
Ein Werdender wird immer dankbar sein.

Mir graut's vor dir, der Kasus macht mich lachen,
Und Marmorbilder stehn und sehn mich an;
Wer fertig ist, dem ist nichts recht zu machen,
Der Morgen kam, kühl bis ans Herz hinan.
Prophete rechts – mein Herz was soll das geben?
Du sprichst ein großes Wort gelassen aus;
Das Wasser rauscht ins volle Menschenleben,
Ich denke dein, so oft er trank daraus.

Wenn ihr's nicht fühlt, ihr werdet's nicht erjagen:
Der Page lief, man sieht doch wo und wie.
Was hör' ich draußen? Fräulein, darf ich's wagen?
Grau, teurer Freund, ist alle Theorie.
Heißt mich nicht reden, schwankende Gestalten!
Man merkt die Absicht, dunkler Ehrenmann!
Durch Feld und Wald laßt mir herein den Alten;
Ich kenne dich, du siehst mich lächelnd an.

Er sah ihn stürzen, himmlisches Behagen!
Der Knabe kam und ward nicht mehr gesehn.
Die Sonne sinkt, du mußt es dreimal sagen –
Dies ist die Art, mit Hexen umzugehn.
Der Geist der Medizin ist leicht zu fassen,
Von Zeit zu Zeit seh' ich den Alten gern . . .
Es muß sich dabei doch was denken lassen?!
Ergo bibambus! ist des Pudels Kern.

HANNS VON GUMPPENBERG

Abendlied

Mein Schifflein ruht im Hafen
Zu schauernder Abendstund',
Ein Posthorn tönt verschlafen

Aus kühlem Buchengrund;
Es rauschen so prächtig die Wälder,
Da wird mir die Seele so weit –
Die Muttergottes kommt über die Felder
Im glitzernden Sternenkleid.

nach Joseph Frhr. von Eichendorff

Schwerer Unglücksfall

Urahne, Großmutter, Mutter und Kind
Sitzen nebeneinander vorm Ururspind
Auf dem Urstuhl, Großmutterstuhl, Mutterstuhl,
Stühlchen.

Das Kind spricht: »Ich lob' mir mein Kinderspielchen.«
Die Mutter: »Ich bin so voll Mutterglück.«
Großmutter: »Den Großmutterstrumpf ich strick'.«
Urahne: »Mir ist so urahnungsvoll –«

Da stürzt das Spind mit Donnergeroll!
Erschlagen sind vom Ururspind
Urahne, Großmutter, Mutter und Kind.

nach Gustav Schwab

Ballade

Das ist der alte, traurige Traum,
Wir sitzen unter der Linde,
Dein kahles Köpfchen faßt es kaum,
Daß ich so hold dich finde.

Und leise seufzt dein wurmiger Mund:
Ich bin doch schon angemodert –

O sage mir, warum jetzund
  Dein krankes Herz noch lodert?

Es haben von meinen Wangen bereits
  Zwei hungrige Ratten gefressen:
Und du, du willst mich deinerseits
  Noch immer nicht vergessen?

O sag' mir, bleicher Heinerich,
  Ich bin doch im Grab gelegen,
Und doch noch immer liebst du mich –
  Ich frage dich: weswegen?

Und ich entgegne dir gequält:
  Mir fehlen zum Buch der Lieder
Noch sieben Nummern wohlgezählt –
  Drum lieb' ich dich schon wieder.

nach Heinrich Heine

König Donalds Zunge

König Donald, schau' nicht immer voran,
  Schau' um dich links und rechts –
Schon sank dein letzter Panzermann
  Im Föhnsturm des Gefechts!

König Donald schaut nicht hin noch her,
  Und jetzt wär's all' zu spät:
König Helge mit gezücktem Speer
  Als Sieger vor ihm steht.

Da wallte Donalds Nordmannssinn –
  Er bat nicht für sein Los,
Er bäumte hochauf das Löwenkinn
  Und bleckte die Zunge bloß!

Wohl lag er schnell vom rächenden Stich
  Durchstoßen und hingestreckt,
Doch ob ihm der Athem des Lebens entwich:
  Seine Zunge, die blieb gebleckt!

Wohl eilte heran König Helges Sohn
  Und schlug mit Zornesblick:
Doch der Heldenzunge Todeshohn
  Wich keinen Zoll zurück.

Wohl sprangen herzu die Mannen all'
  Mit tobendem Lärmen und Schrei'n –
Trotz Fingerdruck und Fäusteprall
  Die Zunge, die wollt' nicht hinein.

Und als man den Sarg im Siegeszug
  Hinführte durchs festliche Tor,
Hing blauschwarz zwischen dem Bleigefug'
  Die trotzige Zunge hervor.

Wie braust der Jubel so donnernd laut!
  König Helgen nicht laut genung:
Er reitet finsteren Blicks, und schaut
  auf König Donalds Zung'.

nach Moritz Graf Strachwitz

letzter besuch

ob noch ein trost entquille jetzt uns beiden
ich hofft es wohl ich kam zum lampenmahle
doch da ich heißer dürste tief im leiden
dich trinken will entziehst du mir die schale

ich berge schweigend mich im beigemache
die unentschloßnen qualen zu verschonen

denn einsam fahle liebe, törig schwache
sie kann nicht meine träume mehr bewohnen

und glimmt noch jetzt durch leere nacht der zunder
in bitternis dich an mir festzulegen
so will ich deines grams geheimes wunder
mit sanftem saft mit meinen tränen pflegen

nach stefan george

LUDWIG THOMA

Ludwig I. Eine Märzerinnerung

Lola, auf den Knien vor dir liegend,
Lebend in den höchsten Wonnen hin
Und mein Haupt an deine Reize schmiegend,
War ich selig, Andalusierin!

Teutsche Kraft in alten Gliedern fühlend
Und besiegend die Bedenklichkeit,
Niemals die Begierde gänzlich kühlend,
Hab' ich meine Reste dir geweiht.

Aber wütend, mein Idol bespeiend,
Glaubete mein Volk sich heldenhaft;
Immer Lümmel nur gewesen seiend,
Spottet' es der Liebe Zauberkraft.

Das Gebet

Die Rehlein beten zur Nacht,
hab acht!

Halb neun!

Halb zehn!

Halb elf!

Halb zwölf!

Zwölf!

Die Rehlein beten zur Nacht,
hab acht!
Sie falten die kleinen Zehlein,
die Rehlein.

Reh: Cervus capreolus L., aus der Familie der Hirsche, 1,25 m lang, bis 30 kg schwer, in Europa bis 58° nördlicher Breite, auch in Asien. Vgl. Dombrowski (1876), Eulefeld (1896).

Fisches Nachtgesang

—
◡ ◡
— — —
◡ ◡ ◡ ◡
— — —
◡ ◡ ◡ ◡
— — —
◡ ◡ ◡ ◡
— — —
◡ ◡ ◡ ◡
— — —
◡ ◡
—

Fisches Nachtgesang: das tiefste deutsche Gedicht.

LUDWIG RUBINER / FRIEDRICH EISENLOHR / LIVINGSTONE HAHN

Gold

FRED wird in einem braunen Tabakballen
Vom Hafen auf die Zollstation getragen.
Dort schläft er, bis die Schiffsuhr zwölf geschlagen.
Erwacht und schleicht sich in die Lagerhallen.

Am Gold-Depot, wo trunkne Wächter lallen,
Läßt er den kleinen Mörtelfresser nagen,
Bis wie beim Kartenhaus die Mauern fallen.
Dann lädt er Gold in einen Grünkohlwagen.

Als Bauer fährt er sächselnd durch den Zoll.
Doch dort verraten ihn zwei blanke Barren.
Berittne jagen den Gemüsekarren.

Fred sinnt verwirrt, wie er sich retten soll.
Da sitzt DER FREUND in hoher Eberesche
Und schießt ihm pfeiferauchend eine Bresche.

Die Texasbahn

Auf Mitteltexas dämmert letzte Helle.
FRED, der die Bahnzeit nach den Sternen schätzt,
Entfernt die Schrauben aus der Schienenschwelle.
Schon kommt erdonnernd roter Schein gehetzt.

Der Zug, der in die losen Schienen fetzt,
Springt hoch wie die getroffene Gazelle.
Fred trägt aus Leichenhaufen unverletzt
Miss Madderson. An einer nahen Quelle

Schlummert sie sorglos wie ein kleines Kind.
Blaß liegt der Mond. Der Kürbisklopfer flötet,
Bis daß der Tag durch die Agaven rinnt.

Und sie wacht auf und nestelt an den Haaren:
»Hast du auch meinen Vater gut getötet? –
Dann laß uns, bitte, nach Venedig fahren!«

MYNONA

In alte Schläuche taugt kein neuer Wein,
Der Dichter dichte, wie zum Beispiel Whitman;
Die Seele immer neu schafft ihre Rhythmen,
Wer heut' Sonette macht, ist nur ein Schwein.

Daher auch hüt' ich mich davor, allein
Ich bin darob beruhigt, denn ich glitt, wenn
Ich's auch wollte, nicht in diesen Ritt, denn
Grad zur Sonettform sag' ich immer: nein!

Ich hopse, wie die Muskeln mir's diktieren,
Will nicht in fremde Form gezwungen sein
Und fühle mich ganz frei in meiner – *meiner*!

Pfui Teufel, sollt' ich je Sonette schmieren:
Ich will ich selbst in meinen Lungen sein
Und niemals atmen in Petrarkas seiner.

HANS HEINRICH VON TWARDOWSKI

Nach Hugo v. Hofmannsthal

Monolog eines jungen Mannes von vierzig Jahren

Das sind die Tage, über denen allen
Flamingoblaues Dämmern liegt.
– – Und hören sehr perverse Orgeln schallen
Und Traueraffen aus den Bäumen fallen
Und sind sehr satt.
Und sind sehr matt und alt.
Und tragen uns mit kränklichen Gebärden
Und wissen, daß wir waren, was wir werden.
Und es ist gut.
Und schreiben öfter matte Operntexte.
Und zählen still vom ersten bis ins sechste.
Und sagen: »Wien«.
Und sind noch immer wie vor zwanzig Jahren.
Und wissen, daß wir werden, was wir waren.
Und wedeln sanft.
Und wandeln in der guten Abendröte.
Und spielen gern und sehr den alten Goethe.
Und sind sehr fein.
Und schreiben edle Auf- und Niedersätze.
Und stellen uns auf sehr belebte Plätze.
Und denken nichts.
Und haben einen sehr gepflegten Stil.
Und nicken mit dem Kopfe ganz und viel.
Und wirken sehr ornamental.
Und sind in dieser Welt wie in der Fremde.
Und tragen in der Nacht ein seidnes Hemde.
Und werden nächstens wohl katholisch werden.

Nach August Stramm

Die Schlacht

Munde stöhnen
ächzen kreiseln
winseln weinen
wispern hispern
lispern kispern
knispern knispern
klappen pappen
schnappen happen
in das
um ihn
in das
um ihn
in das
um ihn um ihn um ihn
in das
um ihn
in das
von ihm
in das
für ihn vor ihm von ihm
in das
für ihn
in das
von ihm
in das
von ihm von ihm von ihm
in die Nacht.
Schmerzen glohsen
glotzen glühen
gleisen gleißen
reißen reißen
reißen reißen

quälen funken
blinken histen
blisten blisten
schnellen schwellen
quellen quellen
in das
um ihn
in das
um ihn
in das
um ihn um ihn um ihn
in den Tod.
Schreie gellen
sinken fließen
enden enden
enden enden
steigen jauchzen
jubeln singen
in das
Leben leben leben
in das
Werden Werden Werden
in den Tag
in den Tag
in den Tag
Leben glüht der Tag.

HANS REIMANN

Die Lorelei

(Ein wirklich schönes Lied für den Loreleierkasten)

Ich weiß nicht, was es bedeuten soll,
Daß ich so geknickt bin.
Ein Märchen aus uralten Tagen,
Das geht mir wie ein Mühlrad im Kopf herum.

Den Fischer in seinem kleinen Kahne
Ergreift ein ganz wildes Weh;
Er sieht die Felsenriffe nicht,
Weil er zur Lorelei hinaufschauen muß.

Ich glaube, die Wellen verschlingen
Den Schiffer mitsamt seinem Kahne.
Und das hat mit ihrem Gesange
Selbstverständlich die Lorelei bewerkstelligt.

Klirr Hah Rubinenes

Nach Johannes R. Becher

Klirr hah rubinenes Gewölk urschimmernd.
Malm hin. O. Platz gell birst ras toll krepier!
: Mein Name pritzelt Dynamit. Ha. Hämmernd :
So fetz ob Gaurisankar-Warzen mir :

: Steiß kreischendst, Du, quer Wattebüscheln : Feuer.
Berg schwingt. Vesuvst! O Leichenschändungst wo!
: Auftrieb gefault : Ja . . . Dichtest ungeheuerst.
O Eiter steil! Kometen : krachend Tod : . . .

Du Huren-Rüssel: Spritzend schmeißend Sturm:
† Zertürmst zerschmolzest deutlichst mir bewußtest §
Hah Bresche Du. Bewickeltst. Höchst enormst.
Superlativischst schmetttierndst Nabelschnurstest . . .

KURT SCHWITTERS

Nächte

Innige Nächte
Gluten Qual
Zittert Glut Wonne
Schmerzhaft umeint
Siedend nächtigt Brunst
Peitscht Feuer Blitz
Zuckend Schwüle
O, wenn ich das Fischlein baden könnte!
Zagt ein Innen
Zittert enteint
Giert schwül
Herb
Du
Duft der Braut
Rosen gleißen im Garten
Schlank stachelt Fisch in der Peitscheluft
Wunden Knie
Wogen Brandung Wonne
Wenn das Fischlein fliegen könnte
Ich umwoge
Innenjauchzt
Peitscht still Inbrunst
Überquillt schrill
Kniet Tau auf dem Fischlein

Es schlüpft seine Beinchen
Weiße Beinchen hat das Fischlein
Weiße Augen hat der Tod
Fest peitscht innig Nacht
Ich
Zerwoge
Bleicht müde
Blaut Qual Sonne

JOACHIM RINGELNATZ

Volkslied

Wenn ich zwei Vöglein wär,
Und auch vier Flügel hätt,
Flög die eine Hälfte zu dir.
Und die andere, die ging auch zu Bett,
Aber hier zu Haus bei mir.

Wenn ich einen Flügel hätt
Und gar kein Vöglein wär,
Verkaufte ich ihn dir
Und kaufte mir dafür ein Klavier.

Wenn ich kein Flügel wär
(Linker Flügel beim Militär)
Und auch keinen Vogel hätt,
Flög ich zu dir.
Da's aber nicht kann sein,
Bleib ich im eignen Bett
Allein zu zwein.

ERICH WEINERT

Einheitsvolkslied

Stimmt an mit hellem, hohem Klang!
Nun muß sich alles wenden.
Wer nicht liebt Wein, Weib und Gesang
Mit Herzen, Mund und Händen.

Das Wandern ist des Müllers Lust.
Was blasen die Trompeten?
Wir treten mutig Brust an Brust
Zum Beten, ja zum Beten.

Stolz weht die Flagge schwarzweißrot
An uns und allen Dingen.
Wir sterben gern den Heldentod.
Es muß uns doch gelingen.

Ich schieß den Hirsch im wilden Furst.
Wie brennt mein Eingeweide!
Ein frischer Trunk, ein deutscher Durst
Im Wald und auf der Heide.

Ich steh allein auf weiter Flur.
O Täler weit, o Höhen!
Drum Brüder, reicht die Hand zum Schwur!
Sie blieb von selber stehen.

Ein freies Leben führen wir.
Ich trage, wo ich gehe,
Ein treues, deutsches Herz bei mir.
Was kommt dort von der Höhe?

Die Lerche schmettert himmelan.
Es geht von Mund zu Munde.
Der Kaiser ist ein lieber Mann
In einem kühlen Grunde.

KLABUND

Deutsches Volkslied

Es braust ein Ruf wie Donnerhall,
Daß ich so traurig bin.
Und Friede, Friede überall,
Das kommt mir nicht aus dem Sinn.

Kaiser Rotbart im Kyffhäuser saß
An der Wand entlang, an der Wand.
Wer nie sein Brot mit Tränen aß,
Bist du, mein Bayerland!

Wer reitet so spät durch Nacht und Wind?
Ich rate dir gut, mein Sohn!
Urahne, Großmutter, Mutter und Kind
Vom Roßbachbataillon.

O selig, o selig, ein Kind noch zu sein,
Von der Wiege bis zur Bahr'!
Mariechen saß auf einem Stein,
Sie kämmte ihr goldenes Haar.

Sie kämmt's mit goldnem Kamme,
Wie Zieten aus dem Busch.
Sonne, du klagende Flamme:
Husch! Husch!

Der liebe Gott geht durch den Wald,
Von der Etsch bis an den Belt,
Daß lustig es zum Himmel schallt:
Fahr wohl, du schöne Welt!

Der schnellste Reiter ist der Tod,
Mit Juppheidi und Juppheida.
Stolz weht die Flagge Schwarzweißrot.
Hurra, Germania!

ANONYM

Das Seidenhöslein

(Chanson nach Goethe)

Sah ein Knab' ein Höslein wehn,
– Höslein unterm Kleide!
War so weiß und blütenschön,
Knisterte beim Gehn und Drehn,
War von feinster Seide!
Höslein, Höslein, Höslein weiß!
Höslein unterm Kleide!

Und der Knabe lief hinzu –
– Höslein unterm Kleide!
Höslein machte leis': Frou frou!
Sei nur nicht zu schüchtern, du,
Denn ich bin von Seide!
Höslein, Höslein, Höslein weiß!
Höslein unterm Kleide!

Und dem Knaben ward so bang,
– Höslein unterm Kleide!
Höslein wehrte sich nicht lang,
Rauschte, flüsterte *und – sank*!
Seligkeit und Freude!
Höslein, Höslein, Höslein weiß!
Höslein unterm Kleide!

Und der Knab' nahm sie zur Frau!
– Höslein unterm Kleide!
Doch nach Wochen – *schau,*
schau, schau –
Trug die holde Ehefrau,
Dem Gemahl zu Leide:
Höslein, Höschen, Hosen grau!!
Barchent und nicht Seide – – !!

BERTOLT BRECHT

Großer Dankchoral

1
Lobet die Nacht und die Finsternis, die euch umfangen!
Kommet zuhauf
Schaut in den Himmel hinauf:
Schon ist der Tag euch vergangen.

2
Lobet das Gras und die Tiere, die neben euch leben und sterben!
Sehet, wie ihr
Lebet das Gras und das Tier
Und es muß auch mit euch sterben.

3
Lobet den Baum, der aus Aas aufwächst jauchzend zum Himmel!
Lobet das Aas
Lobet den Baum, der es fraß
Aber auch lobet den Himmel.

4
Lobet von Herzen das schlechte Gedächtnis des Himmels!
Und daß er nicht
Weiß euren Nam' noch Gesicht
Niemand weiß, daß ihr noch da seid.

5
Lobet die Kälte, die Finsternis und das Verderben!
Schauet hinan:
Es kommet nicht auf euch an
Und ihr könnt unbesorgt sterben.

ROBERT NEUMANN

Schleim

Nach Gottfried Benn

Hausse in chaotisch Verschwitzten,
bluffende Mimikry,
großer Run der Gewitzten
auf die Popoesie.
Ruchlos vom Kopf zu den Zehen,
lachhaft und sodomit –
aber bei Lichte besehen
bleibt es das alte Lied.

Denn gonorrhoische Kränke
macht noch kein Weltgericht.
Jeder hält seine Gestänke
gerne für ein Gedicht.
Fraß, Suff, Gifte und Gase –
ihrer Bemühungen Ziel
paßt vor den Ausgang der Blase! –
Aber erectil –?!

Impotente Zersprenger
mittels Gehirnprinzip –
Heimlich bleiben sie Sänger
über die Lerchen lieb.
Sentimental oder witzig,
öffentlich oder geheim,
heißt er Teut oder Itzig –
Schleim bleibt Schleim!

An den Prinzen von Theben

Nach Else Lasker-Schüler

Immer glänzt dein Mondgesicht
in süßerlei Abendfarben.
Oh,
du trägst ein Schwert in der Brust
und heißest wohl Franz von Assisi.
In deinem Nabel
wohnt vielleicht der Brunnen von Hebron.
Sternennachts bade ich in seinem Geplätscher
auf und ab.
Einmal werde ich deine Ohren rauben
und über das spiegelnde Wasser schnellen
wie glatte Kiesel,
wenn türmendem Kardinal der geborstene Wehruf
des Fisches geistert.
O du,
ich möchte an deinem Daumen saugen,
all deine Süßigkeit.

Ich widme dies Gedicht Sardanapal Werfel, dem Epheben, und seiner Großsiegelbewahrerin, der Dogaressa Blanka Fischl in Prag.

Unter dem Wasserhahn

Nach Karl Kraus

Wer vor mir ließ von diesem Wasserhahn
das klare Kalt sich leiten an die Lippe?
Lust ohne Leid, so reibt der rauhe Zahn
sich glatt am glatten Rand der Eisenpipe.

Fester gefackelt! Blitzender geblitzt!
Da wird zum Dichter fast schon der Verdichter.
Nicht mehr gewitzelt! Heut steh' ich gewitzt
Vorm Sphärenaug' des Herrn als Splitterrichter.

Und blieb die Welt mir wie ein fremdes Thier,
und wiesen Wort und Weib auch nur die Waden –
hier endlich ist noch niemand außer mir,
hier will ich frei von mir mich baden!

Bin ich nicht ich, so bin ich nicht mehr nichtig.
Brenn' ich auch nicht, so bin ich doch gebrannt.
Worth ist nicht Werth. So ward der Wicht zu wichtig.
So also hat der Wasserhahn Bestand!

Bertolt Brecht:

The Mahagonny-Ay-Ay-Song

Motto:
Ich gestehe, daß ich in Dingen
des geistigen Eigentums –

Wie herrlich leuchtet
Mir die Natur!
Wie glänzt die Sonne!
Wie lacht die Flur!
Ay!
Es dringen Blüten
Aus jedem Zweig
Und tausend Stimmen
Aus dem Gesträuch.
Mahagonny Mahagonny Ay!

Und Freud und Wonne
Aus jeder Brust.
O Erd, o Sonne!
O Glück, o Lust!
O Lieb, o Liebe!
So golden schön,
Wie Morgenwolken
Auf jenen Höhn!
. . . Mahagonny . . .!!

Ein Sohn, etwas frühreif, schreibt an Frau Großhennig

Nach Erich Kästner

Liebe Mutter! Das war natürlich sehr freundlich.
daß du mir schriebst. Und ich bin dir durchaus nicht gram.
Im Augenblick war es ja allerdings etwas peinlich.
weil eben ein Mädchen bei mir lag, als der Briefbote kam.

Sie heißt Hilda und ist gesund, da mußt du dich nicht erst erregen.
Das tut dir nicht gut. Sie ist zärtlich, sie hat eine Tante und wohnt nebenan Nummer acht.
Diese Mitteilungen mache ich dir hauptsächlich des Reimes wegen,
Und weil das mit der Tante sich so reizend natürlich macht.

Du fragst was ich treibe. Ich treibe soziales Gewissen.
Ich treibe auch Kinderseele. Wie, bitte? Danke, es geht.
Dagegen gibt es welche, die wollten meinen Roman lieber missen,
weil er fast nur aus zu Prosa gewalzten Kästnergedichten besteht.

So gebe ich eben plauderdings dem Kurfürstendamme,
was des Kurfürstendammes ist, gut für Kunz oder Hinz.
Die halten das dann für Asphalt. Aber gleich darunter
flackert mit scheu leuchtender Flamme
die Melancholie. Und ein wenig Moral. Und ein wenig
Provinz.

Ist das neu? Lies den Heine, wenn du den Heine liest. Uns
Erwürger
des Gefühles würgt ja doch nur das Gefühl.
Na, schon gut! Halb ein Bürgerschreck und halb ein
erschrockener Bürger
dichte ich mich leicht frierend durch das Menschengewühl.

KURT TUCHOLSKY

Lied der Cowgoys

»Damn!«
Rudyard Brecht

Ramm! – Pamm!
Ramm – pammpammpamm!
Wir stammen vom Mahagonny-Stamm!
Wir sind so fern und sind so nah!
Wir stammen aus Bayrisch-Amerika.
Ahoi geschrien!
Wir sind keine Wilden – wir tun nur so!
Wir haben Halbfranz auf dem Popo!
Und wir sind auch nicht trocken – gar keine Spur, ah ...!
In Estremadura!
In Estremadura!
In Estremadura –!

Ramm! – Pamm!
  Ramm – pammpammpamm!
Exotik als Literaturprogramm:
Das ist bequem und macht keinen naß
und tut keinem Kapitalisten was.
  Remington backbord!
Wir sind bald lyrisch und sind bald roh.
Wir fluchen am Kreuz und beten im Klo.
Und jeder von uns singt so schön wie Kiepura!
  In Estremadura!
    In Estremadura!
      In Estremadura –!

Ramm! – Pamm!
  Ramm – pammpammpamm!
Auf dem Hintern da prangt uns ein Monogramm.
Da prangt Bert Brecht – frag nicht nach dem Sinn –
sonst halten wir dir unsern Hintern hin.
Und klappt es nicht mit des Dramas Lauf:
dann sagen wir rasch ein Sprichwort auf.
Auf dem Rücken der Pferde, da liegt unser Glück . . .
God save the Queen mit Goldmundstück!

Wir sind das Ideal des Herrn Cohn,
und wir sind das Produkt einer Generation.
Und wenn einer gar keine Freiheit hat –:
Unsre Freiheit hat er, und die macht ihn satt.
Wir sind und bleiben allzumal
ein geronnenes Großstadt-Ideal!
Berittene Bürger. Ein dreifaches Huhra!
  Nach Estremadura!
    Nach Estremadura!
      Nach Estremadura!

Surabaya-Johnny II

Frei nach Kipling und Brecht

Du kamst aus den Wäldern bei Pirna.
Du sagtest nicht Frau, sondern Weib.
Du warst tätowiert wie ein Seemann.
Du hattest nichts Warmes im Leib.
Du sagtest, du wärst viel auf Reisen.
Und du führest zu Schiff über Land.
Und du hättest Muskeln aus Eisen.
Und auch sonst hättst du allerhand.

Das war gemein, Johnny.
Ich fiel drauf rein, Johnny.
Du hast gelogen, Johnny, du bist nicht echt.
Du bist nicht gereist, Johnny.
Du bist nicht von Kipling, Johnny.
Nimm die Pfeife raus. Du bist von Brecht.
Surabaya-Johnny!
Kalkutta, Schanghai, Montreux!
Johnny, sunny Johnny,
mein Gott, my God, mon Dieu!

Du konntest vor Kraft nicht laufen.
Du hattest den größten Mund.
Du wolltest mich preiswert verkaufen,
in Dollars und nach Pfund.
Du schwärmtest von fernen Bordellen,
mit Huren und Kunden und Gin.
Dort gäbe es offene Stellen.
Und da gehöre ich hin.

Weil du es wolltest, Johnny,
sagte ich Ja, Johnny.
Ich war so sinnlich, Johnny, mir war es recht.
Doch die Bordelle, Johnny,
warn frei erfunden, Johnny!
Du hast gelogen, wart! Ich sag es Brecht.
Surabaya-Johnny!
Du sprachest von Kolonien,
Johnny, sunny Johnny,
und kanntest nur Berlin.

Du sagtest, du wärst ein Verbrecher.
Und hättest die Konzession
als vereidigter Messerstecher.
Ich glaubte dir jeden Ton.
Du versprachst mir, mich zu ermorden.
Du stachst mich schon in die Haut.
Es ist nichts draus geworden.
Du hast dich nicht getraut.

Du renommiertest, Johnny,
sooft du sprachst, Johnny.
Nur mit dem Maul, Johnny, da warst du schlecht.
Du warst nicht englisch, Johnny.
Du warst nicht indisch, Johnny.
Kauft Kolonialwaren bei Bertolt Brecht!
Surabaya-Johnny!
Villon, Kipling, Rimbaud,
fourniert auf Mahagonny –
du bist der geborene ›& Co‹!

FRIEDRICH TORBERG

Klopstock

Schön ist, Mutter Natur, deiner Erfindung Pracht.
  Aber wenn sich des Sees, streng in horazischem Takt,
    Ein Professor ermächtigt,
      Dann vergeht dir die Lust zum Baden.

Schiller

Was wälzt sich dort mit Sprachgewalt
Von Pathos Tempel zur Tirade?
Ein Ungeheuer von Gestalt,
Das bald sich bäumet, bald sich ballt –
Hier wird Getümmel zur Ballade.
Wie schade.

Rückert

Ghaséle webt Kayam dem Rahmen ein,
Said flicht Parabeln und Makâmen ein.
Doch leider fällt der Weisheit des Brahmanen
Heil, Bier und Sieg zu oft als Amen ein.

Uhland

An stillen Sommertagen, wann lau die Lüfte wehn,
Da tut es gut, im alten Balladenwald zu gehn.
So Hirtenknab wie König sind von vertrauter Art,
Darüber rauschen Bäume, dahinter rauscht ein Bart.

Platen

Am Busento bei Cosenza, Harmosan und Sassaniden,
Tote Goten, falsche Türken, Sarazenen, Moslemiden,
Schwall und Schwerter, Ruhm und Rhythmus, Kind im
Manne, Mann im Kinde,
Und melodisch klingt selbst August Graf von Platen-
Hallermünde.

Preußische Barden

Von Becker und von Schenkendorf will ich euch Kunde
geben,
Von Strachwitz, Redwitz, de la Motte-Fouqué und
Fallersleben,
Von Arndt und all dem heldischen, hohlklirrenden
Gelichter –
Der Gott, der Preußen wachsen ließ, der wollte keine
Dichter.

Volksschul-Lesebuch

Burg Niedeck ist im Elsaß
Zu Breslau in der Stadt
Zu Limburg auf der Feste
Auf steilem Felsengrat.
Vasall und Schenk und Truchsess
Und Treue bis ans Grab –
Hie Kerner, Sim- und Gerok!
Hie Müller, Greif und Schwab!

Die Moderne

Wir haben den Dehmel, wir haben den Falk',
Es plätschert der Reim, es rieselt der Kalk
Ohn' End'.
Und wenn dich die Frucht vom Bierbaum traf,
Dann fällst du sogar auf Holz in den Schlaf.
Sapperment.
Denn damit wir bestehn vor dem Zahn der Zeit,
Fehlt uns ja nur eine Kleinigkeit:
Talent.

Stefan George

der meister eh er noch die feder tauchte
denkt schon an bütten schon an offizin
den grauen augen staut sich der erlauchte
satz-bau von georg bondi in berlin

Hofmannsthal

Und Dichter wachsen auf und lesen vieles,
und sind wie Lamm und Pfau, und sehr umragt
von der Bemühtheit ihres eignen Stiles.

Und dennoch sagt der viel, der »Trakl« sagt.

Großstadtlyrik

Fabriken stehen Schlot an Schlot,
vorm Hurenhaus das Licht ist rot.

Ein blinder Bettler starrt zur Höh,
ein kleines Kind hat Gonorrhoe.

Eitrig der Mond vom Himmel trotzt.
Ein Dichter schreibt. Ein Leser kotzt.

ERICH WEINERT

Dichters Abschied

Von Gerhart Hauptmann

Mädchen, faß mich um die Taille,
  Eh ich ganz durchlöchert bin!
Nimm die deutsche Kunstmedaille,
  Nimm sie hin!

Gürt mir um die Handgranaten!
  Stahlhelm her! Denn ohne mich
Kann der Feldzug nicht geraten!
  Spute dich!

Ruf mir meinen Protokollchef,
  Weil ein Kriegslied fällig ist
Gegen den verruchten Bolschew,
  Der uns frißt!

Horch, es dräun die Tamerlane!
  Moskaus rote Herde brüllt.
Reich mir Friedrich Eberts Fahne:
  Schwarz-Rot-Güld!

ANONYM

Lenore

Lenore fuhr ums Morgenrot
Und als sie rum war, war sie tot.

WALTHER DENEKE

Das verunglückte Paradies

Es hat die Dirne mich geküßt!
Die Sache war leider ziemlich teuer
Denn die Damen kennen ja ihren Preis
Doch – immerhin – ich kam ziemlich in Feuer!

Es hat die Dirne mich geküßt!
Da sprach ich: »Du! Reifrotes Lippenwesen
Es war sehr schön; es hat mich sehr gefreut
Jedoch *wie* komme ich nun auf die Spesen?«

Es hat die Dirne mich geküßt!
Sie sprach: »Das werde ich dir gern berichten
Weil ich's mir – vorher schon – gut überlegt:
Du wirst den Fall, ganz einfach nun bedichten!«

Es hat die Dirne mich geküßt!
Und zeigte, was man da verdienen könnte.
Dann aber sprach sie, leise, flüsternd, mir ins Ohr:
»Und mir, mein Süßer, gibst du dann Prozente!«

Es hat die Dirne mich geküßt!
Ihr Rat schien mir das rechte Mittel für die Mitte!

Titanisch gärend schrieb ich, gleich, noch in derselben Nacht
Ein Riesenwerk, das trug den stolzen Titel:

»Es hat die Dirne mich geküßt«!
Schon nahm die Polizei mich beim Schlaffittchen
Den Zeichner, den Verleger griff sie auch
Nun sitzen wir, zu drei'n, betrübt im Kittchen!
– – – Es – hat – die – Dirne – mich – geküßt!

BERTOLT BRECHT

Kälbermarsch

Hinter der Trommel her
Trotten die Kälber
Das Fell für die Trommel
Liefern sie selber.
  Der Metzger ruft. Die Augen fest geschlossen
  Das Kalb marschiert mit ruhig festem Tritt.
  Die Kälber, deren Blut im Schlachthof schon geflossen
  Sie ziehn im Geist in seinen Reihen mit.

Sie heben die Hände hoch
Sie zeigen sie her
Sie sind schon blutgefleckt
Und sind noch leer.
  Der Metzger ruft. Die Augen fest geschlossen
  Das Kalb marschiert mit ruhig festem Tritt.
  Die Kälber, deren Blut im Schlachthof schon geflossen
  Sie ziehn im Geist in seinen Reihen mit.

Sie tragen ein Kreuz voran
Auf blutroten Flaggen

Das hat für den armen Mann
Einen großen Haken.
  Der Metzger ruft. Die Augen fest geschlossen
  Das Kalb marschiert mit ruhig festem Tritt.
  Die Kälber, deren Blut im Schlachthof schon geflossen
  Sie ziehn im Geist in seinen Reihen mit.

MANFRED BIELER

Paul Celan

Wo Fleisch ist,

ist Fressen für zwei.
Ein Knirschen von verträumten Eckzähnen
im Kotelett, dämmerndes, bitteres Lächeln über der
Jagdwurst.
Die weiße Mandelblüte der Gier
verweht im hetzenden Sprung.
Da erst gleitest du ganz hinab
in die Lust, die nur dein ist.
Frei schwingend im Blattwerk des schäumenden
Sommers,
Rhododendronkelche.
Wo Fleisch ist,
ist Fressen für zwei.

ROLF SCHNEIDER

Peter Huchel

Die Zwiebackmagd

Wenn gelb im Stall die Funzel blakt,
Vom Sumpf her Frosch und Grille schnakt.
Die Dommel hinterm Schilfe pfeift.
Der Knecht zum Kummetholze greift.

Dann glimmt im Haus die Glut vorm Herd,
Der Sturm schwarz über Felder fährt,
Dumpf an die Mauer schlägt das Tor,
Und heunachtdunkel schwankt das Moor.

Die Unke unkt im Unkenpfuhl.
Der Schnitter schläft in seinem Stuhl
Seimhonighell fällt Abendglast,
Die Birne schwankt am mulschen Ast.

Der Ofen schnukt, das Kienholz knackt,
Die Magd die Kornmehlkiepe packt.
Die Kiep ist schwer, sie geht gebückt,
Die Uhr im Zimmer müder tickt.

Die Magd zerreibt zu Staub Muskat,
Hagbuttenzucker, Ulmenblatt,
Läßt Kuhmilch ein, noch zitzenwarm,
Und mengt im Trog mit weißem Arm.

Im Tiegel golden Butter fließt,
Geruch sich süß ins Zimmer gießt.
Den Fladen färbt das Flammenblaun
Walnußbaumspindholzdunkelbraun.

Wenn gelb im Stall die Funzel blakt,
Die Magd den Butterzwieback backt.
Im Kachelloch ihr Sehnen wohnt,
Und zwiebackgolden scheint der Mond.

PETER RÜHMKORF

Lied der Naturlyriker

Anmut dürftiger Gebilde:
Kraut und Rüben gleich Gedicht,
wenn die Bundes-Schäfergilde
Spargel sticht und Kränze flicht.

Abendland hat eingeladen,
Suppengrün und Fieberklee –
Auf die Quendelbarrikaden:
Engagee! Engagee!

Wenn die Abendglocken läuten,
wenn der weiße Flieder blüht,
Lattich den Geworfenheiten,
Pfefferminze fürs Gemüt.

Grille neckt mich, Molch erschreckt mich,
mürber Apfel fällt so dumpf . . .
Welche Grund-Lemure leckt mich
nesselscharf am Perlonstrumpf?

Ach, daß erst im durchgepausten
Ahornblatt die Angst verblasse,
und der Gram der Unbehausten
sich in Bütten pressen lasse.

Daß dem bunten Hühnerhofe
das zerstäubte Nichts entfahre,
und die Stroh-, die Stroh-, die Strophe
ein verschnittnes Glück bewahre.

Heitres Spiel gezinkter Karten:
Preisgewächs aus Wachspapier –
Höchstes Heil im Schrebergarten:
Heu und heute, hiii und hier.

Auf eine Weise des Joseph Freiherrn von Eichendorff

In meinem Knochenkopfe
da geht ein Kollergang,
der mahlet meine Gedanken
ganz außer Zusammenhang.

Mein Kopf ist voller Romantik,
meine Liebste nicht treu –
Ich treib in den Himmelsatlantik
und lasse Stirnenspreu.

Ach, wär ich der stolze Effendi,
Der Gei- und Tiger hetzt,
wenn der Mond, in statu nascendi,
seine Klinge am Himmel wetzt! –

Ein Jahoo, möcht ich lallen
lieber als intro-vertiert
mit meinen Sütterlin-Krallen
im Kopf herumgerührt.

Ich möchte am liebsten sterben
im Schimmelmonat August –
Was klirren so muntere Scherben
in meiner Bessemer-Brust?!

Variation auf »Abendlied«
von Matthias Claudius

Der Mond ist aufgegangen.
Ich, zwischen Hoff- und Hangen,
rühr an den Himmel nicht.
Was Jagen oder Yoga?
Ich zieh die Tintentoga
des Abends vor mein Angesicht.

Die Sterne rücken dichter,
nachtschaffenes Gelichter,
wie's in die Wette äfft –
So will ich sing- und gleißen
und Narr vor allen heißen,
eh mir der Herr die Zunge refft.

Laßt mir den Mond dort stehen.
Was lüstet es Antäen
und regt das Flügelklein?
Ich habe gute Weile,
der Platz auf meinem Seile
wird immer uneinnehmbar sein.

Da wär ich und da stünd ich,
barnäsig, flammenmündig
auf Säkels Widerrist.
Bis daß ich niederstürze
in Gäas grüne Schürze
wie mir der Arsch gewachsen ist.

Herr, laß mich dein Reich scheuen!
Wer salzt mir dort den Maien?
Wer sämt die Freuden an?
Wer rückt mein Luderbette
an vorgewärmte Stätte,
da ich in Frieden scheitern kann?

Oh Himmel, unberufen,
wenn Mond auf goldenem Hufe
über die Erde springt –
Was Hunde hochgetrieben?
So legt euch denn, ihr Lieben
und schürt, was euch ein Feuer dünkt.

Wollt endlich, sonder Sträuben,
still linkskant liegen bleiben,
wo euch kein Scherz mehr trifft.
Müde des oft Gesehnen,
gönnt euch ein reines Gähnen
und nehmt getrost vom Abendgift.

RENÉ HERMANN MARKOWSKY

Die Nachtigall

Zoologisch-Moralische Aria
Barthold Heinrich Brockes
1680–1747

Als nach verschwundnem Tag und auffgehobnem Tische
Ich noch im Garten gieng durch reinliche Gepüsche,
Da rührte mein Gehör der laute Wunder-Schall,
Den auß der schmalsten Brust die graue Nachtigall
Hervor bringt, gurgelnd hold mit klingendem Gezische.

Es ließ, als wirbelte im ein-geschränckten Schlund
Ein Pfeiffen-Räder-Werck. Bald scharff, bald spitz, bald rund,
Bald stieg der Thon und sank, durch angenähmen Fall
Fugirt im Contre-Punct, bald zitternd, bald ein Knall;
Den gantzen Wald durchblies ihr enger Hals und Mund.

Kann in solchem Feder-Balle
Eine Stimme, fiel mir ein,
Von durch-dringlicherem Schalle
Denn der Schrey deß Menschen seyn?
Sind, bey so bedachtem Falle,
Mindrer Tugendt nicht wir alle
Denn ein Vogel, den fürwahr
Mit zween Fingern einer Hand
Sonder Mühen gantz und gar
Man umfasset und umspannt?
Bietet er nicht wunderbar
Ein erstaunlich Bey-Spiel dar?

Bedenke ich's, indem mit noch erhöhtem Staunen
Mein Wiz erwäget, wie solch leichten Balg von Daunen
Vernünftig die Natur an jedem Tage azt,
Mit zehen Würmen stopfft Kropf, Magen und Kaldaunen,
Daß vor der Fülle schir die Feder-Hülse plazt,

Erwäge ich, wie *Gott* im abgewichnen Jahr
Dieß laut-bekehlte Nichts zu speisen immerdar
An Wurm und Larven grad drei Tausend und sechs Hundert
Und funfzig auffgebracht, so, schließe ich verwundert,
Ver-schlingt im Lebens-Lauff es zwantzig Tausend gar.

Schlag ich nach bemessner Wahl
Jedem Wurme einen Zoll
An als seyner Länge Zahl
Und vermehre andachts-voll
Jenen zwantzig Tausend Mal,
Giebt dieß Tausend im Total
Und sechs Hundert sechzig Fuss
Oder sieben Hundert Klaffter,
Die, was man bemercken muß,
Wandern durch so kleinen Affter.
Reitzt nicht solcher Über-Flus
Aeußerste Bewundernuß?

REIMAR LENZ

Quantitative Linguistik

für Professor Dr. Wilhelm Fucks, Aachen

Goethe schrieb eins
Komma sieben drei drei
Silben pro Wort,
Rilke dagegen eins
Komma vier fünf eins.

In Marx' Kapital finden sich
durchschnittlich zweiunddreissig
Komma sechs sechs acht
Wörter pro Satz,
in Jüngers ›Marmorklippen‹
hinwiederum vierundzwanzig
Komma null neun null.

Dieses Gedicht,
bis hierher berechnet, hat eins
Komma acht sechs zwei
Silben pro Wort
und achtzehn
Wörter pro Satz.

Es steht damit weit
über Goethe und Rilke,
aber noch unter
Jünger und Marx.

FRIEDRICH KARL WAECHTER

Die Geschichte von den Daumenlutschern

»Konrad«, sprach die Frau Mama,
»ich geh aus, und du bleibst da.
Sei hübsch ordentlich und fromm,
bis nach Haus ich wiederkomm.
Und vor allem, Konrad hör!
lutsche nicht am Daumen mehr;
denn der Schneider mit der Scher
kommt sonst ganz geschwind daher,
und die Daumen schneidet er
ab, als ob Papier es wär.«
Konrads Mütterlein entschreitet.
Über Hintertreppen leitet
Konrad seine Freundesschar
bis zu Mutterns Hausaltar.

Jeder läßt sich nieder und
wupp! den Daumen in den Mund.
Später sind's die Zigaretten,
sind's die Freuden in den Betten,
doch die kleinen Mädchen, Knaben
wollen sich am Daumen laben.

Bauz! Da geht die Türe auf,
und herein in schnellem Lauf
springt der Schneider mit der Schere.
Sieh! er rutscht und fällt ins Leere
über ein paar Schinkengrieben,
die mit Seife eingerieben,
schlägt er nun der Länge lang
gegen Mutterns Ofenbank.

Eh der Schneider von dem Schreck
sich erholt und aufgereckt,
hat er keine Hosen mehr,
und ihm fehlt die Schneiderscher.
Als die Mutter kommt nach Haus,
sieht der Schneider traurig aus.

Ohne Hosen steht er dort,
die sind alle beide fort.

SITA STEEN

Ein Glied von Schillers Locke

Und drinnen waltet die putzsüchtge Hausfrau:
Sie füttert im Stalle die hochfrüchtge Haussau,
die Mutter der Vierpfünder,
mit Futter für vier Münder,
und lèbet weise
und webet leise
und lehret die Mädchen
und mehret die Lädchen
und strickelt und webet
und wickelt und strebet,
Gewinne zu mehren,
der Minne zu wehren,
und müht sich ohn Ende, mit Fleiße zu sticken,
die Strümpfe zu stopfen, die Steiße zu flicken,
und füllet mit Schätzen und hehren Laken
die Schreine, die Truhen, die leeren Haken
und spinnet zum Faden die schimmernde Wolle
und findet zum Spaten die wimmernde Scholle
und nutzet die Kräfte und ganze Glut

und zeigt sich im festlichen Glanze gut –
trotz scheußlichem Harm –
mit häuslichem Charme!

DIETER SAUPE

Blüten-, Mond- und Blitzgedichte

Japanische Lyrik nach Manfred Hausmann

> »Ein vollkommenes Gedicht ist deshalb vollkommen, weil jedes Wort sich, durch die Selbstaufopferung des Dichters, in ein Mysterium verwandelt hat . . .«
> ». . . das Wesentliche in acht zu nehmen, den Geist, der innerstinnen waltet.« M. H.

Nach Yakamochi-Hausmann

Aus Wolkenschleiern
sinken Flocken nieder.
Und dennoch schlägt
in meinem Garten
der Pirol. Sehr abgehärtet
muß er sein.

Nach Kikaku-Hausmann

Gestern das Flämmern der Blitze
im Ost, heute im Westen.
Im Norden das Strohfeuer!
Das Blitzgedicht über den Südblitz
mache ich morgen.

Nach Unbekannt-Hausmann

Langsam, ganz langsam fällt
von blassen Brüsten ihr Kleid.
Gedulde dich, Leser!

Nach Kyorei-Hausmann

Hinausgeritten ergötzt mich der Mond.
Schamlos frißt mein Pegasus Gras.
Selten fühlt ein Pferd wie ein Dichter.

Nach Basho-Hausmann

Quakte ein Frosch dort im Weiher?
Der Wasserring da! Manfredo San
ist baden gegangen.

Hausmanns Jasper

Haikus aber sind komische Hokkus.
»Dann sind ja alle Hokkus Haikus«,
lachten sie.

ANONYM

Keine Finger – keine Kekse

Sind so kleine Hände,
wenig Finger dran,
darf man nie drauf kauen,
die zerbröseln dann.

Sind so kleine Ohren,
mit zwei Ringen dran,
darf man nie dran ziehen,
werden davon lang.

Sind so schöne Münder,
kotzen alles aus,
darf man nie verbinden,
kommt sonst nix mehr raus.

Sind so kleine Seelen
von nur wenig Gramm,
darf man niemals wägen,
wird ei'm angst und bang.

Ist so'n kleines Rückgrat,
ohne Sattel dran,
darf man niemals reiten,
Pampers kleben dann.

Grade klare Menschen
gibt es schon zu viel,
Eltern ohne Kinder
wär'n ein schönes Ziel.

MICHAEL WULFF

Im Märzen der Bauer die Rößlein einspannt.
Im März spannt der Bauer die Pferde ein.
Im März pflügt der Bauer im allgemeinen.

KLAUS DÖHMER

Friederike Kempner. Was ist, frag ich

Leda, ach, du die Gemahlin
König Tyndars Gattin, ach,
Daß du Spartas Königs Kön'gin
Sagt dir die Geschichte nach.

Mutter, ach du von zwei Söhnen
Namens Kastor, Polydeuk,
Alle wolln sie dich verhöhnen.
Ich allein ich für dich zeug!

Will die ganze Welt dich lästern
Ob dem einen fehlen Tritt,
Wie sie tut mit Klytemnästern,
Nein, da mache ich nicht mit!

Mit da mache ich mitnichten:
's war doch Liebe, die dich trieb.
Denn nicht sollst du diese richten,
Welche einen hatte lieb!

Aus des engen Eis Gehäuse
Sprang die kleine Helena,

Die du, ach, geborn dem Zeuse,
Als als Schwan er bei dir war.

Ach, so mancher große Pinsel
Schuf dermals dein Konterfei.
Kümmer nicht Kerenyis Winsel!
Was ist, frag ich, schon dabei?

Entnommen dem Sammelband »Der griechische Schwan« mit freundlicher Genehmigung des A. Hämisch-Verlags

GRETHI T. TUNNWIG

Liebeslied

Ich bin der Hirsch und du das Reh,
Der Vogel du und ich der Baum,
Die Sonne du und ich der Schnee
Du bist der Tag und ich der Traum
Ich bin die Zeit und du der Raum
Du bist das Nichts und ich das Kaum
Ich bin der Deckel, du der Pott,
Der Schlucker ich und du die Krott
Ich bin der Zapfen, du der Spund
Die Hündin du und ich der Hund
Du bist das Ach und ich das Weh
Ich bin der Hes und du das Se.

ROBERT GERNHARDT

Zu zwei Sätzen von Eichendorff

Dämmrung will die Flügel spreiten,
wird uns alsobald verlassen,
willst du ihren Flug begleiten,
mußt du sie am Bürzel fassen.

Freilich, mancher, der so reiste,
fiel aus großer Höh' hinunter,
weil er einschlief und vereiste.
Hüte dich, bleib wach und munter.

Terzinen über die Vergeßlichkeit nach Kuno von Hofmannsthal

Noch spür ich ihren Dingens auf den Wangen,
Wie kann das sein, daß diese nahen Tage
Dings sind, für immer fort und ganz vergangen?

Dies ist ein Ding, das keiner voll aussinnt
Und viel zu kommnichtdrauf, als daß man klage,
Daß alles gleitet und vornüberrinnt.

Und daß mein eignes ... Na! durch nichts gehemmt
Herüberglitt aus einem Kind? Ja, Kind,
Mir wie ein Hut unheimlich krumm und fremd.

Dann: daß ich auch vor Jahren hundert war
Und meine Ahnen, die im roten Hemd
Mit mir verdingst sind wie mein eignes Haar.

So dings mit mir als wie mein eignes Dings.

WOLFGANG BUHL

Hans Magnus Enzensberger

Mausetot

> Jetzt also hören wir es wieder läuten,
> das Sterbeglöckchen für die Literatur.
>
> *H. M. E. Gemeinplätze, die Neueste Literatur betreffend, Kursbuch 15/1968*

Wer war's? hörte man Tratschke fragen, als er noch in der
Binse lag.
Ein leises, unstetes Kind: *soviel wissen wir.* Nur selten
schreiend, wenn
überhaupt bei Zunge. Allgäuer in Franken, wem verschlüge
es da
nicht die Post. Hatte er eine, überhaupt, oder sprach er
Stenografie?
Spiegeljargon zur Promotion geliftet, Journal mit Chablis.
Dior versaitet, Pucci en hysterie. Schon in der Windel ein
Spring-Genie.

Der Doppelochser, die Spanische Wand, der Wassergraben,
die Sprache im Land
ohne Trense und Zügel und Scheckgeriß quer durch den
Turf
in den Wolfsverbiß. Ein Irrlicht war er, ein Blindenwisch,
ein Silbenstrolch, ki wit, welch ein Zisch!
Von allen Parcours kannte er jeden schon, die drei- bis
achtfache Kombination –
nahm er sie nicht fehlerlos, allein mit dem linken Knie?
Wespenreflex, Redundanz einer Féerie. Er war die Halla der
Elegie.

Sein zartes Wiehern. Wie er nagt am Geschirr. Über Jahre
hinweg sein Lockgeklirr:

ki wit witwit
mein weißes nordlicht
das mir das taschenei speist
löschte die moleküle des wohlstands
in meinem machandelbaum
eio ki wit

meine eule saß auf den abschußrampen
terzine vor dem countdown
sätzchen schmätzchen sabberlätzchen
schellen trug ich im haar
aus globke aus blues aus butterchen
eio ki wit witwit

mein vogel schrie einen pfiff
zwischen napalm und wunderhorn
mein gesang war ein seminar
muspilli mao rautendelein
eio popeio ki wit witwitchen
alkibiades grüßt sein verchromtes schneewittchen

Ach, Magnus Magnus, *nach phlox und erloschenen resolutionen riecht der august,*
der Luxus stochastischen Rituals bleicht den blonden Guerrillero.
Im Café Tranquilidad abstrahiert sich mein Eiweiß in Lust:
Statt mit Eros schlief ich bei uraltem Pistolero.

War der Marsch auf Zaragoza ein Marsch auf Berlin?
Mein Koffer in Cuba wartet ohne Benzin.
Unter Miszellaneen artefaktischer Mühe
fröstelt in dünner Erlöschung Adorno der Frühe.

Möglichst nirgendwohin, am wenigsten schreiben und lesen,
im Transatlantik wird ohnehin deine Titanic verwesen.
Aber der Kurs ist klar: Mao Tse Marx und Rosa lächelt die Welt, wenn sie so wäre.

Apoverzeihlich, unwiderdeihlich
ausgestopft von eigener Hand schlägt ihr Rad die Chimäre.

VOLKSVERMÖGEN

Fahr mich
In die Ferne mein blonder Matrose
Bei dir
Will ich sein ohne Hemd ohne Hose
Wir gehören zusammen
Wie der Besen und Stiel
O laß ihn doch drinnen
' s ist ein schönes Gefühl

Was eine Frau im Frühling träumt
Das hat der Mann im Bett versäumt
Bei einem Jüngling kommt es schnell
Beim alten Mann
Eventuell

Trink trink Brüderlein trink
Laß doch die Sorgen zu Haus
Trink trink Brüderlein trink
Noch dieses zwölfte Glas aus
Meide den Kummer und meide den Schmerz
Dann ist das Leben ein Erdapfelsterz
Steig in das Auto und fahr an den Baum
Dann war das Leben ein Traum

Der Mann ist tot die Witwe kichert
Hoffentlich Allianz versichert

Kannst du nur einmal wöchentlich
Und möchtest gerne täglich
Dann geh doch mal zu Neckermann
Denn Neckermann macht's möglich

Babypillen fauler Zauber
Ajax macht das Becken sauber

Autoren, Quellen, Vorlagen und Kommentare

Ohne näheren Nachweis verzeichnete Literatur findet sich in den Literaturhinweisen. – Die Orthographie der älteren Texte und Vorlagen wurde – unter Wahrung des Lautstandes und der Interpunktion – behutsam dem heutigen Gebrauch angeglichen, außer in den Fällen, in denen die Orthographie konstitutives parodistisches Element ist.

Vorwort (nach Thomas Mann) 9

Manfred Bieler: Der Schuß auf die Kanzel oder Eigentum ist Diebstahl. Berlin: Eulenspiegel Verlag, [1958]. S. 5 f. © Manfred Bieler, München. – *Vgl. auch unter* Bieler.

ANONYM

Das Seidenhöslein 120

Die Fackel. Hrsg. von Karl Kraus. Nr. 697–705. 1925. S. 66.

Einzeltextparodie auf Goethes Gedicht:

Heidenröslein

Sah ein Knab ein Röslein stehn,
Röslein auf der Heiden,
War so jung und morgenschön,
Lief er schnell, es nah zu sehn,
Sahs mit vielen Freuden.
Röslein, Röslein, Röslein rot,
Röslein auf der Heiden.

Knabe sprach: Ich breche dich,
Röslein auf der Heiden!
Röslein sprach: Ich steche dich,
Daß du ewig denkst an mich,
Und ich wills nicht leiden.
Röslein, Röslein, Röslein rot,
Röslein auf der Heiden.

Und der wilde Knabe brach
's Röslein auf der Heiden;

Röslein wehrte sich und stach,
Half ihm doch kein Weh und Ach,
Mußt es eben leiden.
Röslein, Röslein, Röslein rot,
Röslein auf der Heiden.

Gedenkausgabe der Werke, Briefe und Gespräche. Hrsg. von Ernst Beutler. Bd. 1. Zürich/Stuttgart: Artemis, ²1961. S. 18.

Wie bei vielen der zahllosen Goethe-Parodien vollzieht sich auch hier die parodistische Verarbeitung auf niedrigstem Niveau: Die Verbindung zur Vorlage wird zunächst nur über einen Kalauer hergestellt, der dann – nach dem Motto: ›So sind die Weiber‹ – bis zum bitteren Ende das Thema abgibt. Karl Kraus' zornige Behauptung zu diesem Produkt eines sogenannten »Klassikaners« mag in der Beschränkung auf die deutsche Parodie falsch sein, beschreibt die dahinter stehenden Intentionen dabei jedoch recht zutreffend: »*Made in Germany*. Es ist ganz bestimmt keiner andern Nation als der deutschen von der Natur die Gabe verliehen worden, den Abstand, in dem sie sich zu den Gipfelwerken ihrer Sprache befindet, durch deren Schändung zu verringern, sie herabzusetzen, anstatt sich zu ihnen emporzuheben, sich's mit ihnen ›gemütlich‹ zu machen, kurz, sich eben für die Würde und Höhe durch eine ekelhafte Vertraulichkeit zu entschädigen« (*Die Fackel*, Nr. 697 bis 705, 1925, S. 63).

ANONYM

Den Adler laß verschwenden 102
Du willst das nicht begreifen? 102

Hans E. Goldschmidt: Quer sacrum. Wiener Parodien und Karikaturen der Jahrhundertwende. Wien/München: Jugend und Volk, 1976. S. 86; S. 87.

Vorlage der Parodien ist Hugo von Hofmannsthals *Lebenslied*, das 1896 zusammen mit einem anderen Gedicht in der ersten Nummer der Halbmonatsschrift *Wiener Rundschau* (hier noch ohne Titel) erschienen war:

Den Erben laß verschwenden
An Adler, Lamm und Pfau
Das Salböl aus den Händen

Der toten alten Frau!
Die Toten, die entgleiten,
Die Wipfel in dem Weiten –
Ihm sind sie wie das Schreiten
Der Tänzerinnen wert!

Er geht wie den kein Walten
Vom Rücken her bedroht.
Er lächelt, wenn die Falten
Des Lebens flüstern: Tod!
Ihm bietet jede Stelle
Geheimnisvoll die Schwelle;
Es gibt sich jeder Welle
Der Heimatlose hin.

Der Schwarm von wilden Bienen
Nimmt seine Seele mit;
Das Singen von Delphinen
Beflügelt seinen Schritt:
Ihn tragen alle Erden
Mit mächtigen Gebärden.
Der Flüsse Dunkelwerden
Begrenzt den Hirtentag!

Das Salböl aus den Händen
Der toten alten Frau
Laß lächelnd ihn verschwenden
An Adler, Lamm und Pfau:
Er lächelt der Gefährten. –
Die schwebend unbeschwerten
Abgründe und die Gärten
Des Lebens tragen ihn.

Gesammelte Werke in Einzelausgaben. Gedichte und lyrische Dramen. Hrsg. von Herbert Steiner. Frankfurt a. M.: S. Fischer, 1963. S. 12f.

Die Reaktion der interessierten Wiener Öffentlichkeit auf die Publikation des Gedichtes am 15. November war einmalig. Hofmannsthal selber konnte schon am 9. Dezember 1896 an seinen Freund Clemens Freiherr von Franckenstein schreiben: »Die Gedichte in der *Rundschau* haben in Wien einen unglaublichen Lärm hervorgerufen durch ihre *völlige Unverständlichkeit*« (zit. nach: Hans E. Goldschmidt, *Quer Sacrum*, Wien/München 1976, S. 85). Und einen

Monat später, am 3. Januar 1897, berichtete Karl Kraus, dem wir die Überlieferung der ersten Parodie verdanken, in einem *Wiener Brief* an die *Breslauer Zeitung*: »Eine Sensation [...] seltener Art ist uns vor Jahreswechsel beschert worden. Die Ansicht, ein modernes Lesepublikum bringe der Lyrik kein Interesse entgegen, wurde in sämtlichen Wiener Gesellschaftszirkeln mit einem Schlage gründlich desavouiert. Ein Gedicht hat die ganze Stadt in fieberhafte Aufregung versetzt [...]. Eine Zeit lang mochte man in ein x-beliebiges Kaffeehaus, in was immer für einen Salon eintreten, hier versuchten bei fliegendem Tee mondäne Damen eine Interpretation der dunklen Verse, dort war man sicher, eine Gesellschaft anzutreffen, die, um den runden Tisch versammelt, eben mit dem Buchstabieren der ersten Strophe beschäftigt war [...]. Von dem heiteren Aufsehen, welches die Verse des jungen Dichters hervorgerufen hatten, mußten die Tagesblätter in ihrem lokalen Teile Notiz nehmen, und die Papierkörbe der Redaktionen konnten die Unzahl der Parodien nicht fassen, die jede in ihrer Weise den Zusammenhang zwischen dem Erben, den drei Tieren und dem Salböl der verstorbenen alten Frau zu erklären bemüht war. Eine hielt es für angezeigt, die Unverständlichkeiten zu permutieren, und schrieb geradezu: Den Adler laß verschwenden / An Erben, Lamm und Frau / Das Salböl aus den Händen / Des toten alten Pfau [...]. Ganz Wien kann sich auf Kosten eines Talents amüsieren« (zit. nach: Goldschmidt, S. 85 f.).

Damit ist der Anlaß der Parodie hinreichend umrissen. »Permutieren« – es ließe sich im Sinne der rhetorischen Änderungskategorien auch von Transmutation sprechen – scheint uns darüber hinaus ein zutreffender Ausdruck für das Verfahren der Umstellung zu sein, das in der Vorlage selbst zwar auch angewandt wird (vgl. die erste und letzte Strophe), das in der Parodie nun freilich den komischen Effekt erzielen soll, indem es den Tief-Sinn der Vorlage in Un-Sinn verkehrt.

In dem Tiefsinn des Bildes vom verschwendenden Erben – Richard Exner hat bekanntlich in seiner Studie auf den konkreten Anlaß hingewiesen (vgl. Richard Exner, *Hugo von Hofmannsthals »Lebenslied«*, Heidelberg 1964, S. 84 f.) – ist auch die zweite Parodie motiviert, die auf einem Faschingsfest der *Concordia* 1897 auf ihre Weise empfahl, die Verse von der heiteren Seite zu nehmen und ihren hohen Anspruch ins Leere laufen zu lassen. Gegeben wurde diese indirekte Empfehlung um ›Auflösung‹ bemühten Lesern wie dem folgenden, an den Felix Salten sich erinnert: »Ein sehr gutmütiger Mann, Bankier und literarisierender Dilettant, kam ins Kaffeehaus, ließ sich stöhnend in einen Sessel fallen und klagte: Ich kann das nicht mehr ertragen. Überall soll ich erklären, was das zu bedeuten hat, wenn der Erbe das Salböl aus den Händen der toten alten Frau an Adler, Lamm und Pfau verschwendet. Wie soll ich das erklären? Ich geb' mir jede Mühe – und ich versteh' den Blödsinn ja selber nicht« (zit. nach: Goldschmidt, S. 87).

ANONYM

Almanach der Parodieen und Travestien. Zweyter Almanach. Hrsg. von Gottfried Günther Röller. Leipzig: Franz, 1818. S. 61; 63.

Vorlage für die Einzeltextparodie ist das patriotische Gedicht von Friedrich Leopold Graf zu Stolberg:

Lied eines deutschen Knaben

Mein Arm wird stark, und groß mein Mut;
Gib, Vater, mir ein Schwert!
Verachte nicht mein junges Blut!
Ich bin der Väter wert!

Ich finde fürder keine Ruh'
Im weichen Knabenstand!
Ich stürb', o Vater, stolz wie du,
Den Tod fürs Vaterland!

Schon früh in meiner Jugend war
Mein täglich Spiel der Krieg;
Im Bette träumt' ich nur Gefahr,
Und Wunden nur und Sieg.

Mein Feldgeschrei erweckte mich
Aus mancher Türkenschlacht;
Noch jüngst ein Faustschlag, welchen ich
Dem Bassa zugedacht.

Als neulich unsrer Krieger Schar
Auf dieser Straße zog,
Und, wie ein Vogel, der Husar
Das Haus vorüberflog:

Da gaffte starr, und freute sich
Der Knaben reger Schwarm;
Ich aber, Vater, härmte mich,
Und prüfte meinen Arm.

Mein Arm wird stark, und groß mein Mut;
Gib, Vater, mir ein Schwert!
Verachte nicht mein junges Blut!
Ich bin der Väter wert.

Der Göttinger Dichterbund. Dritter Teil: Friedrich Leopold Graf zu Stolberg, Matthias Claudius. Hrsg. von August Sauer. Stuttgart: Union, [1895]. (Deutsche National-Litteratur. 50,2.) S. 49 f.

Schon der Untertitel *Travestie* zeigt an, daß es in der Adaption des erstmals 1775 erschienenen und vielfach rezipierten Liedes um die Herabsetzung des Patriotismus geht. Da dabei zugleich die spezifische Struktur und teilweise auch die Lexik der Vorlage übernommen werden, wollen wir statt von *Travestie* von *Parodie* sprechen.

ANONYM

Almanach der Parodieen und Travestien. Zweyter Almanach. Hrsg. von Gottfried Günther Röller. Leipzig: Franz, 1818. S. 95; 97; 99.

Die Vorlage dieser Einzeltextparodie – Verfahren ist hier die untererfüllende Substitution – ist das Gedicht des empfindsamen Erfolgsschriftstellers Gotthard Ludwig Theobul Kosegarten (1758–1818):

An die untergehende Sonne

Sonne, du sinkst!
Sonne, du sinkst!
Sink' in Frieden, o Sonne!

Still und ruhig ist deines Scheidens Gang,
Rührend und feierlich deines Scheidens Schweigen.
Wehmut lächelt dein freundliches Auge;
Tränen enträufeln den goldenen Wimpern;
Segnungen strömst du der duftenden Erde.
Immer tiefer,

Immer leiser,
Immer ernster und fei'rlicher
Sinkst du die Lüfte nach!

Sonne, du sinkst,
Sonne, du sinkst,
Sink' in Frieden, o Sonne!

Es segnen die Völker,
Es säuseln die Lüfte,
Es räuchern die dampfenden Wiesen dir nach.
Winde durchrieseln dein lockiges Haar;
Wogen kühlen die brennende Wange;
Weit auf tut sich dein Wasserbett –
Ruh' in Frieden!
Schlummr' in Wonne!
Die Nachtigall flötet dir Schlummergesang.

Sonne, du sinkst!
Sonne, du sinkst!
Sink' in Frieden, o Sonne!

Schön sinkt sichs nach den Schweißen des Tags,
Schön in die Arme der Ruhe
Nach wohlbestandenem Tagwerk.

Du hast dein Tagwerk bestanden,
Du hast es glorreich vollendet,
Hast Welten erleuchtet und Welten erwärmt,
Den Schoß der Erde befruchtet,
Die schwellenden Knospen gerötet,
Der Blumen Kelche geöffnet,
Die grünen Saaten gezeitigt,
Hast Welten gesäuget, und Welten erquickt –
Geliebt und Liebe geerntet,
Gesegnet und rings mit Segnungen
Dein rollendes Haar bekränzt.

Schlummre sanft
Nach den Schweißen des Tags;
Erwache freudig
Nach verjüngendem Schlummer!

Erwach' ein junger freudiger Held!
Erwach' zu neuen Taten!

Dein harrt die lechzende Schöpfung;
Dein harren Au' und Wiesen;
Dein harren Vögel und Herden;
Dein harrt der Wandrer im Dunkeln;
Dein harrt der Schiffer in Stürmen;
Dein harrt der Kranke im Siechbett;
Dein harret der Wonnen seligste:
Die Wonne zu lieben, und zu werden geliebt;
Der Seligkeiten unaussprechlichste:
Die hohe vergötternde Seligkeit, wohlzutun!

Sink' in Frieden!
Schlummr' in Ruhe!
Erwach' in Entzückungen, Sonne!

Poesieen. Zweiter Band. Leipzig: Gräff, 1798. S. 274–276.

ANONYM

Die Nachtseite der Wissenschaft 54

Almanach der Parodieen und Travestien. Hrsg. von Carl Friedrich Solbrig. Leipzig: Franz, 1816. S. 239 f.

Die Vorlage dieser Einzeltextparodie ist Friedrich Matthissons Gedicht:

Lied aus der Ferne

Wann, in des Abends letztem Scheine,
Dir eine lächelnde Gestalt,
Am Rasensitz im Eichenhaine,
Mit Wink und Gruß vorüberwallt:
Das ist des Freundes treuer Geist,
Der Freud' und Frieden dir verheißt.

Wann in des Mondes Dämmerlichte
Sich deiner Liebe Traum verschönt,
Durch Cytisus und Weymutsfichte
Melodisches Gesäusel tönt,

Und Ahndung dir den Busen hebt:
Das ist mein Geist der dich umschwebt.

Fühlst du, beim seligen Verlieren
  In des Vergangnen Zauberland,
Ein lindes, geistiges Berühren,
  Wie Zephyrs Kuß, an Lipp' und Hand,
Und wankt der Kerze flatternd Licht:
Das ist mein Geist, o zweifle nicht!

Hörst du, beim Silberglanz der Sterne,
  Leis' im verschwiegnen Kämmerlein,
Gleich Äolsharfen aus der Ferne,
  Das Bundeswort: Auf ewig dein!
Dann schlummre sanft; es ist mein Geist,
Der Freud' und Frieden dir verheißt.

Friedrich Matthissons Gedichte. Hrsg. von Gottfried Bölsing. Bd. 1. Tübingen: Litterarischer Verein, 1912. (Bibliothek des Litterarischen Vereins. 257). S. 219 f.

Dieses Gedicht hat auch Kurt Tucholsky als Vorlage für *Altes Lied 1794* verwendet (vgl. K. T., *Gesammelte Werke*, hrsg. von Mary Gerold-Tucholsky und Fritz J. Raddatz, Bd. 10, Reinbek bei Hamburg: Rowohlt, 1960, S. 74).

ANONYM

Keine Finger – keine Kekse 148

Abgedr. nach: Dorn im Ohr. Das lästige Liedermacher-Buch. Ausgewählt und kommentiert von Bernhard Lassahn. Zürich: Diogenes, 1982. S. 239.

Einzeltextparodie auf Bettina Wegners »pathetische Knittelverse« (*Playboy*, zit. nach: *Dorn im Ohr*, S. 238):

Kinder

Sind so kleine Hände
winzge Finger dran.
Darf man nie drauf schlagen
die zerbrechen dann.

Sind so kleine Füße
mit so kleinen Zehn.
Darf man nie drauf treten
könn sie sonst nicht gehn.

Sind so kleine Ohren
scharf, und ihr erlaubt.
Darf man nie zerbrüllen
werden davon taub.

Sind so schöne Münder
sprechen alles aus.
Darf man nie verbieten
kommt sonst nichts mehr raus.

Sind so klare Augen
die noch alles sehn.
Darf man nie verbinden
könn sie nichts verstehn.

Sind so kleine Seelen
offen und ganz frei.
Darf man niemals quälen
gehn kaputt dabei.

Ist son kleines Rückgrat
sieht man fast noch nicht.
Darf man niemals beugen
weil es sonst zerbricht.

Grade, klare Menschen
wärn ein schönes Ziel.
Leute ohne Rückgrat
hab'n wir schon zuviel.

Wenn meine Lieder nicht mehr stimmen. Reinbek bei Hamburg: Rowohlt, 1979. (rororo 4399.) S. 49 f.

ANONYM

Abgedr. nach: Hinaus in die Ferne / Mit Butterbrot und Speck. Die schönsten Parodien auf Goethe bis George. Gesammelt von Ernst Heimeran. München: Heimeran, 1943. S. 229.

Vorlage ist die gleichlautende erste Zeile von Gottfried August Bürgers Ballade *Lenore*. Dabei wird gegenüber dem Zwang, sich auf das schaurige Wiedergänger-Geschehen der nächsten 254 Verszeilen einzulassen – und zwar emotional wie auch, da es sich offenbar um eine Schülerparodie handelt, memorierend – vorzeitig und prosaisch das Ende konstatiert. Doch auch dieses Konstatieren ist nicht willkürlich, sondern bleibt in mehrfacher Weise auf die Vorlage bezogen: durch den Reim, durch den scheinbaren thematischen Anschluß an die Originalzeile, der tatsächlich nur auf Homonymie beruht, und schließlich (als negativer Bezug) durch die Opposition zwischen ausgiebigem ›Verdichten‹ und lakonischer Feststellung (vgl. auch Verweyen/Witting, S. 91 f.).

ANONYM

Das Buch deutscher Parodieen und Travestieen. Hrsg. von Z. Funck [d. i. Carl Friedrich Kunz]. Erster Cyclus. Erlangen: Palmsche Verlagsbuchhandlung, 1840. S. 21–23.

Äsop: Fabeldichter des Altertums. – *Zephyr*: Gott des regenreichen Westwindes. – *äolische Harfe*: Die gleichgestimmten Saiten dieses Instruments werden durch den Wind in Schwingungen versetzt. – *Skythen*: Volksstamm des Altertums, der aus der südrussischen Steppe kam. – *Incroyable*: (frz.) »unglaublich«; großer, um 1800 in Frankreich getragener Zweispitz.

Vorlage der Parodie ist Friedrich Schillers *Würde der Frauen* (*Sämtliche Werke*, hrsg. von Gerhard Fricke und Herbert G. Göpfert, München ^{4}1965, Bd. 1, S. 218–220), aus dem wir zu August Wilhelm Schlegels Parodie (vgl. in der vorliegenden Ausgabe S. 33 f.) die beiden ersten Strophen angeführt haben. So harmlos die Parodie mit ihrer komischen Opposition der Zünfte auch anmutet, so skandalös mußte sie in Kontexten erscheinen, in denen Schillers Dichtung – und in spezifischer Weise *Würde der Frauen* – ein öffentliches Ausdrucksmuster war. Dazu einige Beispiele: Aus Anlaß von Schillers fünfzigjähriger Todesfeier in Stuttgart trägt der 1825 gegründete und alljährlich auftretende Liederkranz unter »Mitwirkung eines Chors von Frauen« ›Gesänge‹ mit Strophen wie der folgenden vor:

> Wie schreiten seiner Kraft Gebilde
> So hoch an Sinn und an Gestalt!

Es glänzt der Sieg von ihrem Schilde; –
Doch mit dem Ernste naht die Milde
In ihrer himmlischen Gewalt,
Vereint mit hohen Heldenweisen
Der *Frauen Würde* uns zu preisen.

(Norbert Oellers, Hrsg., *Schiller – Zeitgenosse aller Epochen. Dokumente zur Wirkungsgeschichte Schillers in Deutschland. Teil I: 1782–1859*, Frankfurt a. M. 1970, S. 407.) 1835 ist es ebenfalls der Stuttgarter Schiller-Verein, der in einer *Aufforderung. Schillers Denkmal. An die deutschen Frauen* »die edlen gebildeten deutschen Frauen von allen Ständen« dazu einlädt, »die Einsammlung von Beiträgen für das [. . .] ihrem unsterblichen Sänger zu errichtende Denkmal zu veranstalten« (vgl. Oellers, S. 346). Und in diesen Zusammenhang gehört wohl auch der *Aufruf zum Schillerverein* eines Zacharias Kresse:

»Ehret die Frauen, sie flechten und weben
Himmlische Blumen ins irdische Leben«,
Schallte begeistert des Sängers Gesang.
Und, es durchhallte des Vaterlands Auen:
»Ehret die Frauen! ja ehret die Frauen!«
Alles entzückte der liebliche Klang.

Herzen verschmolzen im innigen Leben,
Rosiger wurde das dürftige Leben,
Kalte Gefühle empfanden nun warm.
Feurig entflogen die Worte zum Gruße,
Lippen, sie brannten im glühenden Kusse.
Liebe sank wonnig in liebenden Arm.

Aber, was tief, und was innig, empfunden,
Eilt nicht vorbei wie die flüchtigen Stunden,
Zeiten vertilgen das Edele nicht!
Liegt auf der Wahrheit selbst graues Jahrhundert,
Steigt aus der Asche sie, leuchtend, bewundert,
Lächelt dem Dasein mit heiterm Gesicht.

Drum erglühen schon heute die schönen
Edelen Frau'n für den Sohn der Kamönen,
Welcher so lieblich, so würdig sie sang.
Wollen sie flechten, zum herrlichen Lohne
Die dem Verdienste gebührende Krone,
Weihen sie ihm, mit dem sinnigsten Dank.

O, wie so schön ist's, fürs Gute zu glühen! –
Frauen, Ihr pfleget ein himmlisch Bemühen,
  Frauen, o Frauen, Euch ehret nur dies.
Segen nur folgt dem geschlossenen Bunde,
Frauen, es schlägt Euch die glücklichste Stunde,
  Achtung, und Ruhm nur, sie folgen gewiß.

»Männer!« so schallt's durch des Vaterlands Gauen,
»Ehret die Frauen! ja, ehret die Frauen!«
  Ruft's Euch tiefsinnig mahnend ins Herz;
Zeiget Euch würdig des zarteren Rufes!
Spendet, und freut Euch des schönen Behufes,
  Ernst ist die Stimme, drum treibet nicht Scherz.

Eifrigster Wille durchglühe den Busen,
Gilt's doch dem würdigsten Sohne der Musen,
  Gilt's doch dem zart'sten, dem schönsten Geschlecht!
Eilet, o eilet! – Ja! »ehret die Frauen«,
Schallt's nicht umsonst in des Vaterlands Gauen,
  Herrliche, Ihr Männer, Ihr seid ja noch echt.

Das Buch deutscher Parodieen und Travestieen. Hrsg. von Z. Funck [d. i. Carl Friedrich Kunz]. Erster Cyclus. Erlangen: Palmsche Verlagsbuchhandlung, 1840. S. 17 f.

JENS IMMANUEL BAGGESEN (1764–1826)

Geboren in Korsör (Dänemark) als Sohn eines Kornschreibers; seit 1785 Student in Kopenhagen; erhielt 1789 – für seine *Komischen Erzählungen* – ein Reisestipendium, das ihm die Bekanntschaft mit Voß, Klopstock, Gerstenberg, Knigge, Wieland, Reinhold und Schiller ermöglichte. (Schillers dänisches Stipendium von 1791 ging auf seine Vermittlung zurück.) 1790 Heirat mit Sophie Haller, der Enkelin des Dichters Albrecht von Haller; 1808 Aufenthalt in Heidelberg, dort Parteigänger Voß' gegen die Heidelberger Romantik; 1812 Justizrat in Kopenhagen, wechselnder Aufenthalt in Kopenhagen und Paris, später, aufgrund seiner Krankheit, in Karlsbad, Marienbad, Teplitz und Dresden. Auf dem Weg nach Dänemark in Hamburg gestorben.

Zweifel, Glaube und Zuversicht 38

Der Karfunkel oder Klingelklingel-Almanach. Ein Taschenbuch für vollendete Romantiker und angehende Mystiker. Faks.-Dr. nach der Ausg. von 1809. Hrsg. von Gerhard Schulz. Bern / Frankfurt a. M. / Las Vegas: Peter Lang, 1978. S. 141.

Karfunkel: alte Bezeichnung für den roten Granat; im Mittelalter verstand man unter Karfunkel einen fabelhaften, feuerroten Stein, den der Sage nach die Zeisige in ihr Nest legen und der seinen Träger unsichtbar machen soll; bevorzugter Gegenstand der Romantik, schon in Novalis' *Heinrich von Ofterdingen* (1800) erwähnt, seit Loebens *Guido* (1808) nahezu inflationär verwendet. – *Faust Danwaller*: Pseudonym Baggesens, mit dem er einmal auf seine im Entstehen begriffene Literatursatire *Der vollendete Faust* anspielt, zum anderen auf seine dänische Herkunft und sein unstetes Leben verweist.

Mit den im *Karfunkel oder Klingelklingel-Almanach* versammelten Sonett-Parodien findet der von Voß provozierte Sonett-Krieg zunächst sein Ende. Ziel des Spotts sind auch hier die Romantiker, vor allem die »Landshuter Musenschweine« – also die in Friedrich Asts Landshuter *Zeitung für Wissenschaft und Kunst* publizierenden Autoren –, zu denen u. a. auch Eichendorff und Otto Heinrich Graf von Loeben (1786–1825) gehörten. Vorgestellt werden die Sonett-Parodien als Produkte einer »neuerrichteten Sonettenfabrik«, was immerhin insoweit über die reine Fiktion hinausgeht, als neben Baggesen auch Voß, Aloys Schreiber und Otto Martens an deren Herstellung beteiligt waren. Dies geschah, wie Voß in einem Brief an Charlotte Schiller mitteilt, als Gesellschaftsspiel mit Bouts-rimés (d. h. vorgegebene Endreime, aus denen aus dem Stegreif die Gedichte verfertigt wurden). Neben der damit vor Augen geführten ›Mechanik‹ der Sonettproduktion wird bei dem hier abgedruckten Beispiel zugleich die »romantische Topik [...] zu einer Unsinnskomposition gestaltet« (Gerhard Schulz, »Einführung«, in: *Der Karfunkel oder Klingelklingel-Almanach*, S. 41*).

MANFRED BIELER (* 1934)

Geboren in Zerbst (Anhalt); Studium der Germanistik an der Berliner Humboldt-Universität, wissenschaftlicher Mitarbeiter beim Deutschen Schriftstellerverband der DDR; von 1964–67 Mitglied des PEN-Zentrums [Ost]. 1967 endgültige Übersiedlung in die ČSSR; tschechischer Staatsbürger; nach Einmarsch der Warschauer-Pakt-Truppen emigrierte Bieler in die BRD und ließ sich in München nieder. 1973 Mitglied der Bayerischen Akademie der Schönen Künste.

Wo Fleisch ist 136

Der Schuß auf die Kanzel oder Eigentum ist Diebstahl. Berlin: Eulenspiegel Verlag, [1958]. S. 74. © Manfred Bieler, München. – Vgl. auch in der vorliegenden Ausgabe S. 157.
Textklassenparodie, Vorlagen sind insbesondere Paul Celans Gedichte *Wo Eis ist* (in: P. C., *Von Schwelle zu Schwelle*, Stuttgart 1955, S. 20), von dem der veränderte Titel und die gleichfalls veränderte erste Zeile stammen, und *Ein Knirschen von eisernen Schuhen* (in: P. C., *Mohn und Gedächtnis*, Stuttgart 1952, S. 20).

EDWIN BORMANN (1851–1912)

In Leipzig geboren. Studium am Polytechnikum in Dresden sowie an den Universitäten in Leipzig und Bonn. In seiner Geburtsstadt lebte er als freier Schriftsteller; dort auch gestorben. Für seine literarische Tätigkeit ist ein Buchtitel wie *Wenn Geedhe un Schiller gemietlich sin. Ä klassischer Lorbeerkranz* ebenso kennzeichnend wie der bestsellerhafte Erfolg seiner Lieder-, Gedicht- und Postkarten-Sammlungen, etwa *Die Tafelrunde*, die es in der Zeit von 1886 bis 1897 auf 31 Auflagen brachte. Wenn die *Süddeutsche Zeitung* (22. 1. 1982, S. 11) den Abdruck der Parodie mit der Bemerkung versah, der Autor des »Kabinettstückchens« sei »in einschlägigen Lexika« nicht aufzufinden, so ist dies zwar falsch, wirft aber ein Licht auf die Einschätzung dieses zu den Poetae minores gehörenden, ehemals ungemein erfolgreichen Tagesschriftstellers.

Goethe-Quintessenz 102

Abgedr. nach: Süddeutsche Zeitung. 22. 1. 1982. S. 11. – Vgl. FLAX. Ecksackte und verrückte Handreichungen zum besseren Verständnis einer unsinnigen Welt. Hrsg. von Karlhans Frank, Frankfurt a. M.: Eichborn, 1981. S. 5.

Die Parodie gehört zum Typ des sogenannten *Cento* (Montage unveränderter Zitate aus einer Textklasse). Wie das Verfahren des »Flickgedichtes« funktioniert, wollen wir anhand der – nicht ganz vollständigen – Quellennachweise hier einmal zeigen (angegeben sind Verszeilen bzw. Akte in den Stücken sowie Gedichttitel): »Ihr naht euch wieder«: *Faust* I,1. – »In die Ecke, Besen«: *Der Zauberlehrling*. – »Luft! Luft! Clavigo!«: *Clavigo*, Ende des 4. Aktes. – »Meine Ruh' ist hin«: *Faust* I,3374. – »Der König rief«: *Der Sänger*. – »Das Ewig-Weibliche«: *Faust* II,12110. – »das war mein Sinn«: *Gefunden*. – »Ein deutscher Mann kann keinen Franzen leiden«: *Faust* I,2272. – »Der andre hört von allem nur das Nein«: *Iphigenie auf Tauris* 451. – »Nur die Lumpe sind bescheiden«: *Rechenschaft*. – »Ein Werdender wird immer dankbar sein«: *Faust* I,183. – »Mir graut's vor dir«: *Faust* I,4610. – »der Kasus macht mich lachen«: *Faust* I,1323. – »Und Marmorbilder stehn und sehn mich an«: *Mignon*. – »Wer fertig ist, dem ist nichts recht zu machen«: *Faust* I,182. – »Der Morgen kam«: *Zueignung*. – »kühl bis ans Herz hinan«: *Der Fischer*. – »Prophete rechts«: *Zwischen Lavater und Basedow*. – »mein Herz was soll das geben?«: *Neue Liebe neues Leben*. – »Du sprichst ein großes Wort gelassen aus«: *Iphigenie auf Tauris* 307. – »Das Wasser rauscht«: *Der Fischer*. – »ins volle Menschenleben«: *Faust* I,167. – »Ich denke dein«: *Nähe des Geliebten*. – »so oft er trank daraus«: *Der König in Thule*. – »Wenn ihr's nicht fühlt, ihr werdet's nicht erjagen«: *Faust* I,534. – »Der Page lief«: *Der Sänger*. – »Was hör ich draußen«: *Der Sänger*. – »Fräulein, darf ich's wagen?«: *Faust* I,2605. – »Grau, teurer Freund, ist alle Theorie«: *Faust* I,2038. – »schwankende Gestalten«: *Faust* I,1. – »Man merkt die Absicht« (im Original: »So fühlt man Absicht«): *Torquato Tasso* 969. – »dunkler Ehrenmann«: *Faust* I,1034. – »Durch Feld und Wald«: *Der Musensohn*. – »Er sah ihn stürzen«: *Der König in Thule*. – »himmlisches Behagen«: *Tischlied*. – »Der Knabe kam«: *Der Sänger*. – »und ward nicht mehr gesehn«: *Der Fischer*. – »Die Sonne sinkt«: *Nähe des Geliebten*. – »du mußt es dreimal sagen«: *Faust* I,1533. – »Dies ist die Art, mit Hexen umzugeh'n«: *Faust* I,2517. – »Der Geist der Medizin ist leicht zu fassen«: *Faust* I,2011. – »Von Zeit zu Zeit seh' ich den Alten gern«: *Faust* I,350. – »Ergo bibambus«: *Hier sind wir versammelt zu löblichem Tun*. – »ist des Pudels Kern«: *Faust* I,1323.

BERTOLT BRECHT (1898–1956)

Geboren in Augsburg als Sohn eines Fabrikanten. Studium der Naturwissenschaften und Medizin in München; 1920 Dramaturg der *Münchner Kammerspiele*, erste Regieversuche; 1924 Übersiedlung nach Berlin, zeitweilig Dramaturg am *Deutschen Theater Berlin* unter Max Reinhardt. Seit 1926/27 Studium des Marxismus. 1933 Flucht vor den Nazis, zunächst nach Dänemark (Svendborg), später über Schweden und Finnland in die USA (Kalifornien). 1947 Rückkehr nach Europa (Zürich); 1949 nach Ost-Berlin Begründer und Regisseur des *Berliner Ensembles*. Gestorben in Berlin.

Großer Dankchoral 121

Gesammelte Werke. Bd. 8. Frankfurt a. M.: Suhrkamp, 1967. (edition suhrkamp werkausgabe.) S. 215 f. © Suhrkamp Verlag, Frankfurt a. M.

Vorlage von Brechts Einzeltextparodie aus der *Hauspostille* von 1927 ist Joachim Neanders (1650–80) Lied:

Der Lobende

Lobe den Herren, den mächtigen König der Ehren,
Meine geliebete Seele, das ist mein Begehren,
Kommet zu Hauf,
Psalter und Harpfe, wacht auf,
Lasset die Musicam hören.

Lobe den Herren, der alles so herrlich regieret,
Der dich auf Adelersfittichen sicher geführet,
Der dich erhält,
Wie es dir immer gefällt;
Hastu nicht dieses verspüret?

Lobe den Herren, der künstlich und fein dich bereitet,
Der dir Gesundheit verliehen, dich freundlich geleitet,
In wieviel Not
Hat nicht der gnädige Gott
Über dir Flügel gebreitet!

Lobe den Herren, der deinen Stand sichtbar gesegnet,
Der aus dem Himmel mit Strömen der Liebe geregnet;
Denke daran,
Was der Allmächtige kann,
Der dir mit Liebe begegnet.

Lobe den Herren, was in mir ist, lobe den Namen,
Alles, was Otem hat, lobe mit Abrahams Samen;
Er ist dein Licht,
Seele, vergiß es ja nicht,
Lobende, schließe mit Amen.

Das deutsche Kirchenlied des 16. und 17. Jahrhunderts. Hrsg. von Eugen Wolff, Stuttgart: Union, o. J. (Deutsche National-Litteratur. 31.) S. 220 f.

Neanders Lied ist im evangelischen und im katholischen Gottesdienst eines der am häufigsten gesungenen Kirchenlieder. Brechts Parodie richtet sich insofern gegen eines der markantesten Beispiele für die von ihm als »Verführung« angesehene christliche Verheißungsethik. (Vgl. dazu *Gegen Verführung*, das »Schlußkapitel« der *Hauspostille*.) Ein radikal vitalistisches Programm aus dem Text herauszulesen – wie dies in der Forschung zuweilen geschieht – dürfte problematisch sein, da die Sätze nicht unvermittelt als Maximen einer Weltanschauung gelten können, sondern – trotz Brechts damaliger Begeisterung für den vegetativen Kreislauf – zunächst einmal als Mittel der parodistischen Herabsetzung interpretiert werden müssen (vgl. auch Rotermund, S. 139 ff., und Verweyen/Witting, S. 140 ff.).

Gesammelte Werke. Bd. 5. Frankfurt a. M.: Suhrkamp, 1967. (edition suhrkamp werkausgabe.) S. 1976. © Suhrkamp Verlag, Frankfurt a. M. – Als Gedicht enthalten in: Hundert Gedichte. Berlin: Aufbau-Verlag, 1951. S. 215.

Vorlage für den parodistischen Refrain aus dem Stück *Schweyk im Zweiten Weltkrieg* ist die erste Strophe des Horst-Wessel-Liedes:

> Die Fahne hoch! Die Reihen dicht geschlossen!
> S. A. marschiert mit ruhig festem Schritt.
> Kameraden, die Rotfront und Reaktion erschossen,
> Marschiern im Geist in unsern Reihen mit.

Während der Zeit des Nationalsozialismus hatte das Lied, besonders aber diese erste Strophe, die Funktion einer ›zweiten Nationalhymne‹ und wurde dementsprechend zumeist auch im Anschluß an *Deutschland, Deutschland über alles* gespielt. Brechts antithematische Verarbeitung führt zu einer vorsätzlichen ›Beschädigung‹ des Textes – durchaus vergleichbar der Art, wie John Heartfield in seinen Photomontagen mit den Nazi-Symbolen verfuhr.

WOLFGANG BUHL (* 1925)

Geboren in Zwickau; Studium der Germanistik, Theaterwissenschaft und Philosophie in Erlangen; heute Leiter des Studios Nürnberg des Bayerischen Rundfunks.

Lauter Lieder (Lyrik-Parodien). In: Erlangen 1950–1980. Ein literarisches Lesebuch. Hrsg. von Inge Meidinger-Geise. Erlangen: Junge & Sohn, 1982. S. 17–19.

Chablis: edler französischer Weißwein. – *Dior, Pucci:* Modeschöpfer. – *Doppelochser, Wassergraben, dreifache Kombination:* Hindernisse beim Springreiten. – *Halla:* Name eines äußerst erfolgreichen deutschen Springpferdes. – *Globke:* Name eines wegen seiner NS-Vergangenheit umstrittenen Staatssekretärs von Adenauer. – *Muspilli:* althochdeutsche Stabreimdichtung. – *Alkibiades:* altgriechischer Staatsmann und Feldherr in Athen. – *Magus:* (lat.) der Magier. – *Chimäre:* im griechischen Mythos feuerschnaubendes Ungeheuer, sprichwörtlich für unbestimmtes Phantasiegebilde.

In ihrem Aufbau orientiert sich die Textklassenparodie Buhls an den Formmischungen von Enzensbergers *Der Untergang der Titanic. Eine Komödie* (Frankfurt a. M.: Suhrkamp, 1978); zugleich wird das Thema wie das Spiel mit den Zitaten und den diese signalisierenden verschiedenen Schrifttypen aus dem *Mausoleum. Siebenunddreißig Balladen aus der Geschichte des Fortschritts* (Frankfurt a. M.: Suhrkamp, 1975) übernommen. Daneben gibt es eine Reihe von Anspielungen – auch auf andere Werke des Autors – und die Übernahme von Sätzen, Syntagmen oder Wörtern wie etwa den folgenden: »Wer war's? hörte man Tratschke fragen«: Die Mystifikation, die Enzensberger im *Mausoleum* mit den abgekürzten Namen treibt, wird hier mit dem Quiz in der *Zeit* gleichgesetzt. – »soviel wissen wir«: wörtliches Zitat aus dem *Mausoleum* (S. 83; ›Ballade‹ über Chopin). – »Spiegeljargon zur Promotion geliftet«: Anspielung auf Enzensbergers Promotion über Brentanos Poetik und auf *Die Sprache des Spiegel* in *Einzelheiten I* (Frankfurt a. M. 1962). – »Journal mit Chablis«: Anspielung auf den exklusiven Charakter der von Enzensberger herausgegebenen Zeitschrift *Transatlantik*. – »Schon in der Windel ein Spring-Genie«: Enzensberger ist dafür bekannt, bestimmte Positionen – wie etwa die einst mit Vehemenz vertretene Überzeugung vom Tod der Literatur – mühelos aufgeben zu können. – »die Sprache im Land«: der Titel von Enzensbergers 1960 erschienener Gedichtanthologie heißt *landessprache*. – »Blindenwisch«: gleichfalls Anspielung auf eine Gedichtanthologie mit dem Titel *blindenschrift*. – »allein mit dem linken Knie«: vgl. *Mausoleum* (S. 84; »Chopin-›Ballade‹«: »Seine linke Hand war gut«). – »Er war die Halla der Elegie«: vgl. »es haust, entfernt, gebrochen, noch einmal, noch einmal, beinah erstickt von anmut und stolz«, in den *elegien* in *landessprache* (S. 96); zugleich Anspielung auf die allzu flotte Kunstfertigkeit Enzensbergers zumindest in den frühen Gedichten. – »ki wit witwit«: vgl. *verteidigung der wölfe* (Frankfurt a. M. 1957, S. 7). In diesem Teil seiner Parodie übernimmt Buhl die Manier der Kleinschreibung von Enzensberger. – »in meinem machandelbaum«: vgl. *landessprache* (S. 74). – »nach phlox und erloschenen resolutionen riecht der august«: unveränderte Zitatübernahme aus *landessprache* (S. 28). – »abstrahiert sich mein Eiweiß in Lust«: vgl. »spritzt sein Eiweiß gegen die Zuchthauswand« in *landessprache* (S. 95). – »Marsch auf Zaragoza«: vgl. Enzensbergers *Der kurze Sommer der Anarchie. Buenaventura Duruttis Leben und Tod* (Frankfurt a. M. 1972, v. a. *Der Aufstand von Zaragoza*). – »Mein Koffer in Cuba«: vgl. *Der Untergang der Titanic*, »vierter Gesang«, der von dem Verlust eines Manuskriptes auf Cuba handelt; mit »Koffer in Cuba« parodiert Buhl zugleich den von Enzensberger offensichtlich geschätzten Stabreim. – »Adorno der Frühe«: Enzensbergers theoretische Schriften stehen unter dem Einfluß Theodor W. Adornos; ihm widmete er auch sein Gedicht *schwierige arbeit* in *blindenschrift* (S. 58). – »ausgestopft von eigener Hand«: unveränderte Zitatübernahme aus *Mausoleum* (S. 99).

ADELBERT VON CHAMISSO (1781–1838)

Geboren auf Schloß Boncourt in der Champagne (französischer Name: Louis Charles Adélaïde de Chamisso de Boncourt), 1790 während der Revolution mit seiner Familie nach Belgien und Holland, schließlich nach Deutschland geflüchtet; Leutnant in der preußischen Armee, danach Studium der Botanik, wissenschaftliche Tätigkeit neben der dichterischen; seit 1819 Kustos des Botanischen Gartens in Berlin. Ebenda gestorben.

Sämtliche Werke. [Textred. Jost Perfahl.] Bd. 1. München: Winkler, 1975. S. 737–738.

Grüneberg: nach R. M. Meyer (ebd.) »die Stadt des verrufensten Weins«. – *desunt quaedam in manuscripto:* (lat.) dieses fehlt im Manuskript.

Textklassenparodie auf die Schauerballade, die Chamisso durchaus selbst gepflegt hat, ohne jedoch deren Bedenklichkeit zu übersehen. Chamissos Parodie gehört in einen Kontext, über den Richard M. Meyer schreibt: »Nach Platen und Uhland, vor Strachwitz, Fontane, C. F. Meyer, gedieh in Deutschland eine lyrisch-epische Anekdotenpoesie, der es an Individualität wie des Dichters so der Literatur völlig mangelte und die von Gustav Schwab bis zu Felix Dahn und Martin Greif die Schulbücher mit Memorierstoff versorgte« (Richard M. Meyer, Hrsg., *Deutsche Parodien*, München 1913, S. 217). Der Hinweis *Fragment* im Untertitel der – übrigens erst postum veröffentlichten – Ballade bezieht sich lediglich auf die Auslassung in der letzten Zeile.

MATTHIAS CLAUDIUS (1740–1815)

Geboren in Reinfeld (Holstein) als Sohn eines Pastors. Studium erst der Theologie, dann der Rechte in Jena (ohne Abschluß). Nach kurzer Tätigkeit als Sekretär des Grafen Holstein in Kopenhagen 1771 Übernahme der Redaktion des *Wandsbecker Boten*, von dem er für sich die Kennzeichnung »Der Wandsbecker Bote« ableitete. 1775 Eingehen desselben; danach Tätigkeiten als beamteter Redakteur und Revisor in Darmstadt und Altona. Gestorben in Hamburg bei seiner Tochter, die in die Verlegerfamilie Perthes eingeheiratet hatte.

Sämtliche Werke. Hrsg. von Carl Redlich. Bd. 2. Gotha: F. A. Perthes, [14]1907, S. 431. – Zuerst in: Urians Nachricht von der neuen Aufklärung, nebst einigen andern Kleinigkeiten. Von dem Wandsbecker Bothen. Hamburg: Bey Friedrich Perthes und Comp., 1797.

Distichon: zweizeilige Strophe, bestehend aus einem Hexameter und einem Pentameter (vgl. auch die Erläuterung auf S. 193).

Unmittelbarer Bezugstext von Claudius' Parodie ist das auch von Fürchtegott Christian Fulda (vgl. »Die neumodigen Distichen«, in der vorliegenden Ausgabe S. 33) zugrunde gelegte Xenion Goethes und Schillers *Das Distichon*, wobei die unter dem Titel des parodistischen Zweizeilers stehende Angabe genau auf dessen ersten Publikationsort, die Seite 67 des *Musen-Almanach für das Jahr 1797*, verweist. Der weitere Kontext ist freilich auch hier wieder die von Schiller und Goethe beabsichtigte Abrechnung mit literarischen, ästhetischen und kulturpolitischen Tendenzen der Zeit. So war es kein Geheimnis, daß Schiller nur auf Drängen von Freunden eine vernichtende Bemerkung über Claudius in seiner ästhetisch-theoretischen Schrift *Über naive und sentimentalische Dichtung* zurückhielt. Im »Xenienkampf« holt er diese nach:

Erreurs et Vérité

Irrtum wolltest du bringen und Wahrheit, o Bote, von
Wandsbeck;
Wahrheit, sie war dir zu schwer; Irrtum, den brachtest du
fort!

Friedrich Schiller (Hrsg.): Musen-Almanach für das Jahr 1797. Tübingen 1797. Reprogr. Nachdr. Hildesheim: Olms, 1969. S. 202.

Auf Provokationen solcher Art will das parodistische Distichon eine Antwort sein, allerdings nicht getragen von einem aufklärerischen Interesse (wie bei Fulda etwa), sondern von der Sorge um den Verfall der ›guten Sitten‹, wie ein anderes Antixenion von Claudius (in der angegebenen Ausgabe S. 433) belegt, das ein Distichon der Xeniasten fortschreibt:

Tabula votiva

»Was der Gott mich gelehrt, was *mir* durchs Leben geholfen,
Häng', ich, dankbar und fromm, hier in dem Heiligthum
auf.«
Du sollst nicht Heiliges anrühren!
Das Gute nicht unnützlich führen!
Du sollst den *Schmetterling* verachten!
Du sollst nach Sein im Herzen trachten!
Du sollst das Schöne nützlich wenden!
Du sollst nicht Freundes Antlitz schänden!

WALTHER DENEKE (1877–?)

Geboren in Magdeburg, lebte als Kaufmann in Leipzig; weitere Daten unbekannt. Letzte uns bekannte eigene Veröffentlichung 1941, dazu die 1943 von Ernst Heimeran veröffentlichten Parodien, die eigens für dessen Parodien-Sammlung geschrieben waren (vgl. Ernst Heimeran, Vorwort zu: *Hinaus in die Ferne / Mit Butterbrot und Speck*, S. 13).

Das verunglückte Paradies 134

Abgedr. nach: Hinaus in die Ferne / Mit Butterbrot und Speck. Die schönsten Parodien auf Goethe bis George. Gesammelt von Ernst Heimeran, München: Heimeran, 1943. S. 51; 53.

Mit Untererfüllung arbeitende Einzeltextparodie; Vorlage ist das Gedicht des Naturalisten Hermann Conradi (1862–90):

Das verlorene Paradies

Es hat die Dirne mich geküßt:
Da ward ich von süßem Taumel trunken, –
Und als ob es Frau Venus selber wär',
Bin ich ihr an die wildwogenden Brüste gesunken ...

Es hat die Dirne mich geküßt, –
Ihre reifroten Lippen auf den meinen erblühten –
Da vergaß ich die harte Not und den Tod
Und meiner Mutter liebfrommes Behüten ...

Es hat die Dirne mich geküßt –
Da war's mir, als quöllen Flammenbäche
Wie der Hölle Sengstrom durch meinen Leib, –
Als ob bacchantische Brunst mir den Schädel zerbreche! ...

Es hat die Dirne mich geküßt –
Schluchzend lag ich vor ihr im Staube –
Da war's mir, als stürbe der Gott in mir,
Als stürb' an sündloser Lieb' mir der Glaube ...

Es hat die Dirne mich geküßt –
Da wußt' ich, daß ich die Seele verloren –
Da wußt' ich, daß ich dem Schächer gleich
Meine Seele der Hölle zugeschworen! ...

Es hat die Dirne mich geküßt –
Wohl trink' ich in ihren Armen Wonne – –
In meinem Herzen aber ist Finsternis,
Und verdorrt ist mir des Glückes Bronne! ...

Verdorrt ist mir der lebendige Mut,
Für meine Brüder die Gasse zu bahnen, –
Zerbrochen hab' ich die blitzende Wehr,
Zerbrochen die wurfzerfetzten Fahnen ...

Seitdem die Dirne mich geküßt,
Kann ich nur ihr gehören zu eigen ...

In Brünsten umklammre ich den weißen Leib
Und küsse sie – und der Rest ist Schweigen . . .

Hermann Conradis Gesammelte Schriften. Bd. 1: Lebensbeschreibung, Gedichte und Aphorismen. Hrsg. von Paul Ssymank und Gustav Werner Peters. München/Leipzig: Georg Müller, 1911. S. 81 f.

KLAUS DÖHMER (* 1941)

Geboren in Troisdorf (Rheinland). Nach Berufsausbildung, Wehrdienst und Studium in der Universitätsbibliothek Dortmund tätig.

Leda & Variationen. 60 Studien über ein Brockhausmotiv. Trier: éditions trèves, 1978. [[5]1983.] Nr. 31.

Leda: im griechischen Mythos Gemahlin des spartanischen Königs *Tyndareos;* gebar diesem die Dioskuren *Kastor* und *Polydeukes;* nach anderen Sagen stammen diese von Zeus, der sich Leda als Schwan genähert hatte. – *Klytemnestra:* Tochter des Tyndareos und der Leda, Frau des Agamemnon. – *Helena:* schlüpfte aus einem Ei, das aus einer Verbindung von Zeus und Nemesis hervorgegangen war. – *Kerenyi:* Károly [Karl] Kerényi (*1897), Klassischer Philologe, Religionswissenschaftler, Mythenforscher; schrieb u. a. das Werk *Die Geburt der Helena* (1945).

Textklassenparodie auf die Dichtung Friederike Kempners (1836 bis 1904), die allgemein als »Genie der unfreiwilligen Komik« gilt. Die Leda-Thematik ergibt sich hier aus dem bei Parodisten beliebten Muster, ein Thema je nach gewähltem Autor stilistisch zu variieren. Als charakteristisches Beispiel für die Lyrik der Kempner kann vielleicht das folgende Gedicht dienen:

So oft ich jetzt auch schiffe

Laß uns wandern, laß uns schiffen
Nach dem Thuleland geschwind,
Fürchten nichts von schwarzen Riffen
Und von Wind und Sturm und Wind!

Nächtige Gestade dämmern,
Pfeift der Wind auch kalt und hohl,
Unsre Herzen freudig hämmern,
Fühlt man sich nicht wohl, ja wohl?

Stolz erhobne Zwerge stehen
Längs der Küste ganz und gar,
Doch wir freundlich sie ansehen
Durch ein trautes Augenpaar.

Und so oft ich jetzt auch schiffe,
Doch ich nimmer wiederfand
Meinen Weg durch Sturm und Riffe
Nach dem fernen Thuleland.

Friederike Kempner, der schlesische Schwan. Das Genie der unfreiwilligen Komik. Hrsg. von Gerhart Herrmann Mostar. München: Deutscher Taschenbuch Verlag, 1965. (dtv 292.) S. 71.

EGINHARDT (Othello von Plaenckner, 1797–1847)

Geboren in Penig (Sachsen) als Sohn eines Superintendenten. Oberleutnant, seit 1835 im Ruhestand. Autor zahlreicher Parodien und Parodien-Sammlungen. Gestorben in Altenburg (Sachsen).

Das Buch deutscher Parodieen und Travestieen. Hrsg. von Z. Funck [d. i. Carl Friedrich Kunz]. Erster Cyclus. Erlangen: Palmsche Verlagsbuchhandlung, 1840. S. 107–113; S. 193 f.

Schöps: kastrierter Schafbock, Hammel. – *Vatermörder:* der gesteifte Leinenkragen des Männerhemdes, modisch etwa 1800–1840.

Diese Einzeltext-Parodien sind Beispiele für die Untererfüllung der Originaltexte aufgrund einfacher Substitutionen und des dadurch bewirkten thematischen Austausches.
Vorlage der ersten Parodie ist Gottfried August Bürgers Ballade:

Des Pfarrers Tochter von Taubenhain

Im Garten des Pfarrers zu Taubenhain
Geht's irre bei Nacht in der Laube.
Da flüstert und stöhnt's so ängstiglich;
Da rasselt, da flattert und sträubet es sich,
Wie gegen den Falken die Taube.

Es schleicht ein Flämmchen am Unkenteich,
Das flimmert und flammert so traurig;
Da ist ein Plätzchen, da wächst kein Gras,
Das wird von Tau und von Regen nicht naß;
Da wehen die Lüftchen so schaurig. –

Des Pfarrers Tochter von Taubenhain
War schuldlos wie ein Täubchen.
Das Mädel war jung, war lieblich und fein,
Viel ritten der Freier nach Taubenhain
Und wünschten Rosetten zum Weibchen. –

Von drüben herüber, von drüben herab,
Dort jenseits des Baches vom Hügel,
Blinkt stattlich ein Schloß auf das Dörfchen im Tal,
Die Mauern wie Silber, die Dächer wie Stahl,
Die Fenster wie brennende Spiegel.

Da trieb es der Junker von Falkenstein
In Hüll' und in Füll' und in Freude.
Dem Jüngferchen lacht' in die Augen das Schloß,
Ihr lacht' in das Herzchen der Junker zu Roß
Im funkelnden Jägergeschmeide. –

Er schrieb ihr ein Briefchen auf Seidenpapier
Umrändelt mit goldenen Kanten.
Er schickt' ihr sein Bildnis, so lachend und hold,
Versteckt in ein Herzchen von Perlen und Gold.
Dabei war ein Ring mit Demanten. –

»Laß du sie nur reiten und fahren und gehn!
Laß du sie sich werben zu schanden!
Rosettchen, dir ist wohl was Bessers beschert!
Ich achte des trefflichsten Ritters dich wert,
Beliehen mit Leuten und Landen.

Ich hab' ein gut Wörtchen zu kosen mit dir:
Das muß ich dir heimlich vertrauen;
Drauf hätt' ich gern heimlich erwünschten Bescheid.
Lieb Mädel, heut' mitternacht bin ich nicht weit;
Sei wacker und laß dir nicht grauen!

Heut' mitternacht horch auf den Wachtelgesang
Im Weizenfeld hinter dem Garten.

Ein Nachtigallmännchen wird locken die Braut
Mit lieblichem, tief aufflötenden Laut;
Sei wacker und laß mich nicht warten!«

Er kam in Kapp' und Mantel vermummt,
Er kam um die Mitternachtstunde.
Er schlich, umgürtet mit Waffen und Wehr,
So leise, so lose wie Nebel einher
Und stillte mit Brocken die Hunde.

Er schlug der Wachtel hellgellenden Schlag
Im Weizenfeld hinter dem Garten.
Dann lockte das Nachtigallmännchen die Braut
Mit lieblichem, tief aufflötenden Laut;
Und Röschen, ach! – ließ ihn nicht warten. –

Er wußte sein Wörtchen so traulich und süß
In Ohr und Herz ihr zu girren.
Ach, liebender Glauben ist willig und zahm!
Er sparte kein Locken, die schüchterne Scham
Zu seinem Geluste zu kirren.

Er schwur sich bei allem, was heilig und hehr
Auf ewig zu ihrem Getreuen.
Und wann sie sich sträubte, und wann er sie zog,
Vermaß er sich teuer, vermaß er sich hoch:
»Lieb Mädel, es soll dich nicht reuen!«

Er zog sie zur Laube, so düster und still,
Von blühenden Bohnen umdüftet.
Da pocht' ihr das Herzchen; da schwoll ihr die Brust;
Da wurde vom glühenden Hauche der Lust
Die Unschuld zu Tode vergiftet. – – –

Bald als auf düftendem Bohnenbeet
Die rötlichen Blumen verblühten;
Da wurde dem Mädel so übel und weh;
Da bleichten die rosigen Wangen zu Schnee;
Die funkelnden Augen verglühten.

Und als die Schote nun allgemach
Sich dehnt' in die Breit' und Länge,

Und Erdbeer' und Kirsche sich rötet' und schwoll;
Da wurde dem Mädel das Brüstchen so voll,
Das seidene Röckchen so enge.

Und als die Sichel zu Felde ging,
Hub's an sich zu regen und recken;
Und als der Herbstwind über die Flur
Und über die Stoppel des Habers fuhr,
Da konnte sie's nicht mehr verstecken.

Der Vater, ein harter und zorniger Mann,
Schalt laut die arme Rosette:
»Hast du dir erbuhlt für die Wiege das Kind,
So hebe dich mir aus den Augen geschwind
Und schaff' auch den Mann dir ins Bette!«

Er schlang ihr fliegendes Haar um die Faust
Und hieb sie mit knotigen Riemen.
Er hieb, das schallte so schrecklich und laut,
Er hieb ihr die samtene Lilienhaut
Voll schwellender, blutiger Striemen.

Er stieß sie hinaus in finsterer Nacht,
Bei eisigem Regen und Winden.
Sie klimmte den dornigen Felsen empor
Und tappte sich fort bis an Falkensteins Tor,
Dem Liebsten ihr Leid zu verkünden. –

»O weh mir, daß du mich zur Mutter gemacht,
Bevor du mich machtest zum Weibe!
Sieh' her! sieh' her! mit Jammer und Hohn
Trag' ich dafür nun den schmerzlichen Lohn
An meinem zerschlagenen Leibe!«

Sie warf sich ihm bitterlich schluchzend ans Herz,
Sie bat, sie beschwur ihn mit Zähren:
»O mach' es nun gut, was du übel gemacht!
Bist du es, der so mich in Schande gebracht,
So bring' auch mich wieder zu Ehren!« –

»Arm Närrchen«, versetzt' er, »das tut mir ja leid!
Wir wollen's am Alten schon rächen.

Erst gib dich zufrieden und harre bei mir!
Ich will dich schon hegen und pflegen allhier;
Dann wollen wir's ferner besprechen.« –

»Ach! hier ist kein Säumen, kein Pflegen, noch Ruhn!
Das bringt mich nicht wieder zu Ehren.
Doch hast du treulich geschworen der Braut,
So laß auch an Gottes Altare nun laut
Vor Priester und Zeugen es hören!« –

»Lieb Närrchen, so hab' ich es nimmer gemeint!
Wie kann ich zum Weibe dich nehmen?
Entsprossen bin ich aus adlichem Blut;
Nur Gleiches zu Gleichem gesellet sich gut,
Sonst müßte mein Stamm sich ja schämen.

Lieb Närrchen, ich halt' es dir, wie ich's gemeint:
Mein Liebchen sollst immerdar bleiben;
Und wenn dir mein wackerer Jäger gefällt,
So laß ich's mir kosten ein gutes Stück Geld.
Dann können wir's ferner noch treiben.« –

»Daß Gott dich! – O schändlicher, bübischer Mann! –
Daß Gott dich zur Hölle verdamme! –
Entehr' ich als Weib dein adliches Blut,
Warum denn, o Bösewicht, war ich einst gut
Für deine unehrliche Flamme? –

So geh' dann und frei' dir ein adliches Weib! –
Das Blättchen soll schrecklich sich wenden!
Gott siehet und hört und richtet uns recht.
So müsse dereinst dein niedrigster Knecht
Das adliche Bette dir schänden! –

Dann fühle, Verräter, dann fühle wie's tut,
An Ehr' und Glück zu verzweifeln!
Dann renn an die Mauer die schändliche Stirn
Und jag' eine Kugel dir fluchend durchs Hirn!
Dann, Teufel, dann fahre zu Teufeln!«

Sie riß sich zusammen, sie raffte sich auf,
Sie rannte verzweifelnd von hinnen

Mit blutigen Füßen durch Distel und Dorn,
Durch Moor und Geröhrich, vor Jammer und Zorn
Zerrüttet an allen fünf Sinnen.

»Wohin nun, wohin, barmherziger Gott,
Wohin nun auf Erden mich wenden?« –
Sie rannte verzweifelnd an Ehr' und Glück
Und kam in den Garten der Heimat zurück,
Ihr klägliches Leben zu enden.

Sie taumelt', an Händen und Füßen verklommt,
Sie kroch zur unseligen Laube;
Und jach durchzuckte sie Weh auf Weh,
Auf ärmlichem Lager, bestreut mit Schnee,
Von Reisig und rasselndem Laube.

Es wand ihr ein Knäbchen sich weinend vom Schoß
Mit wildem unsäglichen Schmerze.
Und als das Knäbchen geboren war,
Da riß sie die silberne Nadel vom Haar
Und stieß sie dem Knaben ins Herze.

Kaum, als sie vollendet die blutige Tat,
Begann sich ihr Wahnsinn zu enden.
Kalt wehten Entsetzen und Grausen sie an. –
»O Jesu, mein Heiland, was hab ich getan? –«
Wild rang sie das Bast von den Händen. –

Sie kratzte mit blutigen Nägeln ein Grab
Am schilfigen Unkengestade.
»Da ruh' nun, mein Armes, da ruh' du in Gott,
Geborgen auf immer vor Elend und Spott! –
Mich hacken die Raben vom Rade!«

Das ist das Flämmchen am Unkenteich,
Das flimmert und flammert so traurig;
Das ist das Plätzchen, da wächst kein Gras,
Das wird von Tau und von Regen nicht naß,
Da wehen die Lüftchen so schaurig!

Hoch hinter dem Garten von Rabenstein,
Hoch über dem Steine vom Rade

Blickt hohl und düster ein Schädel herab,
Das ist ihr Schädel, der blicket aufs Grab,
Drei Spannen lang an dem Gestade.

Allnächtlich herunter vom Rabenstein,
Allnächtlich herunter vom Rade
Huscht bleich und molkig ein Schattengesicht,
Will löschen das Flämmchen und kann es doch nicht
Und wimmert am Unkengestade.

Bürger's Gedichte. Hrsg. von Arnold E. Berger. Leipzig: Bibliographisches Institut, [1891]. S. 198–203.

Vorlage zu *Nähe der lieben Frau* und *Nähe des Gatten* ist Goethes Gedicht:

Nähe des Geliebten

Ich denke dein, wenn mir der Sonne Schimmer
Vom Meere strahlt;
Ich denke dein, wenn sich des Mondes Flimmer
In Quellen malt.
Ich sehe dich, wenn auf dem fernen Wege
Der Staub sich hebt;
In tiefer Nacht, wenn auf dem schmalen Stege
Der Wandrer bebt.
Ich höre dich, wenn dort mit dumpfem Rauschen
Die Welle steigt.
Im stillen Haine geh ich oft zu lauschen,
Wenn alles schweigt.
Ich bin bei dir, du seist auch noch so ferne,
Du bist mir nah!
Die Sonne sinkt, bald leuchten mir die Sterne.
O wärst du da!

Gedenkausgabe der Werke, Briefe und Gespräche. Hrsg. von Ernst Beutler. Bd. 1. Zürich/Stuttgart: Artemis, ^{2}1961, S. 43 f.

JOSEPH VON EICHENDORFF (1788–1857)

Geboren auf Schloß Lubowitz bei Ratibor (Oberschlesien) als Sohn eines preußischen Offiziers und Landedelmanns; aristokratische Erziehung durch katholische Hauslehrer. Studium der Rechte und

Philosophie in Halle (u. a. bei Schleiermacher und Steffens). Herbst 1805 Fußreise von Thüringen über Hamburg (hier bei Claudius) und Lübeck nach Halle; ab 1807 in Heidelberg (Umgang mit Görres, Creuzer, Graf Loeben; nähere Bekanntschaft mit Achim von Arnim und Clemens Brentano); 1809 in Berlin (nähere Verbindung mit Arnim, Brentano und Adam Müller; besuchte Vorlesungen Fichtes); Abschluß des juristischen Studiums in Wien (dort Umgang mit Friedrich und Dorothea Schlegel). Kriegsdienst 1813/14; erneut Kriegsdienst 1815; beim Einzug in Paris 1815 dabei. 1816 Eintritt in den Staatsdienst; Ämterlaufbahn vom Referendar und Assessor über Schulrat bis zum Regierungsrat in Breslau, Berlin, Danzig, Königsberg und wieder Berlin (Kultusministerium); hier Verkehr mit Chamisso, Hitzig, Kugler. 1844 Ausscheiden aus dem Staatsdienst; häufiger Ortswechsel; 1850–55 wieder in Berlin; 1855 Übersiedlung nach Neiße, wo er gestorben ist.

Ach, von dem weichen Pfühle 38

Werke. Hrsg. von Wolfdietrich Rasch. München: Hanser, 1955. S. 386.

Als Vorlage der Parodie diente ein Gedicht Goethes, das über Eichendorffs Adaption hinaus wiederholt benutzt worden ist:

Nachtgesang

O gib, vom weichen Pfühle,
Träumend, ein halb Gehör!
Bei einem Saitenspiele
Schlafe! was willst du mehr?

Bei meinem Saitenspiele
Segnet der Sterne Heer
Die ewigen Gefühle;
Schlafe! was willst du mehr?

Die ewigen Gefühle
Heben mich, hoch und hehr,
Aus irdischem Gewühle;
Schlafe! was willst du mehr?

Vom irdischen Gewühle
Trennst du mich nur zu sehr,

Bannst mich in diese Kühle;
Schlafe! was willst du mehr!

Bannst mich in diese Kühle,
Gibst nur im Traum Gehör.
Ach, auf dem weichen Pfühle
Schlafe! was willst du mehr?

Gedenkausgabe der Werke, Briefe und Gespräche. Hrsg. von Ernst Beutler. Bd. 1. Zürich/Stuttgart: Artemis, ²1961. S. 63 f.

Eichendorffs Text, in späteren Werkausgaben selbständig veröffentlicht, ist als Gedichteinlage in den Jugendroman *Ahnung und Gegenwart* von 1815 eingebettet. Bereits im Kontext dieses Romans – einer kritischen Aufnahme des Vorbildes *Wilhelm Meisters Lehrjahre*, dessen »Allerweltsschule [...] Wilhelm Meister zur ökonomischen Philisterei« führt (vgl. Joseph von Eichendorff, *Geschichte der poetischen Literatur Deutschlands*, hrsg. von Wilhelm Kosch, Kempten/München 1906, S. 300) – erscheint die Nachbildung von Goethes Gedicht als komische Verarbeitung, wenn es in *Ahnung und Gegenwart* über den Vortrag des Liedes zu nächtlicher Stunde heißt: »Mit besonders komischem Ausdruck wurde jedesmal das: Schlafe, was willst du mehr? wiederholt« (gegen Ende des fünften Kapitels). Darin wird zugleich signalisiert, mit welcher Komisierungsstrategie dem Vorbild auf der Textebene selbst mitgespielt wird: der Refrain bezieht sich nun auf das Besingen eines Themas, das in der Vorlage zwar vorgegeben, aber von deutlicher banaler Konkretheit ist.

Die antithematische Behandlung des berühmten Vorbildes – bei Eichendorff in der Auseinandersetzung mit dem »eigentlichen Führer der modernen Kultur« (vgl. *Geschichte der poetischen Literatur*, S. 300) motiviert – stellt freilich nicht die Kunst selber in Frage. Das scheint uns vielmehr in der vormärzlichen, 1843 erschienenen Adaption Georg Herweghs (1817–75) der Fall zu sein:

Wiegenlied

»Schlafe, was willst du mehr?«
Goethe.

Deutschland – auf weichem Pfühle
Mach dir den Kopf nicht schwer!
Im irdischen Gewühle
Schlafe, was willst du mehr?

Laß jede Freiheit dir rauben,
Setze dich nicht zur Wehr,
Du behältst ja den christlichen Glauben:
Schlafe, was willst du mehr?

Und ob man dir alles verböte,
Doch gräme dich nicht zu sehr,
Du hast ja Schiller und Goethe:
Schlafe, was willst du mehr?

Dein König beschützt die Kamele
Und macht sie pensionär,
Dreihundert Taler die Seele:
Schlafe, was willst du mehr?

Es fechten dreihundert *Blätter*
Im Schatten, ein Sparterheer;
Und täglich erfährst du das Wetter:
Schlafe, was willst du mehr?

Kein Kind läuft ohne Höschen
Am Rhein, dem freien, umher:
Mein Deutschland, mein Dornröschen,
Schlafe, was willst du mehr? –

Gedichte eines Lebendigen. Hrsg. von Marcel Herwegh. Leipzig: Max Hesse, [1905]. S. 141 f.

Hier ist die Kunst, für die stellvertretend Schiller und Goethe aufgeführt sind, als ein Tranquilizer desavouiert und radikal in Frage gestellt. Da sich dabei die Vorbild- und Kunstkritik aber immer noch im Medium der Vorlage und Kunst artikuliert, könnte Herweghs *Wiegenlied* noch als Parodie verstanden werden, freilich mit starken satirischen Zügen und Funktionen.
Dies im Gegensatz zur Adaption von August Heinrich Hoffmann von Fallersleben (1798–1874). Bei ihm wird lediglich das kommunikative Potential der Vorlage ausgenutzt, und zwar zu satirischen Zwecken, die nicht mehr auf die Vorlage selbst zu beziehen sind:

Schlafe! was willst du mehr?

Mel.: O gib, vom weichen Pfühle

Wo sind noch Würm' und Drachen,
Riesen mit Schwert und Speer?

Was kannst du weiter machen?
Schlafe! was willst du mehr?

Du hast genug gelitten
Qualen in Kampf und Strauß;
Du hast genug gestritten –
Schlafe, mein Volk, schlaf aus!

Wo sind noch Würm' und Drachen,
Riesen mit Schwert und Speer?
Die Volksvertreter wachen:
Schlafe! was willst du mehr?

Abgedr. nach: Erwin Rotermund (Hrsg.): Gegengesänge. Lyrische Parodien vom Mittelalter bis zur Gegenwart. München: Eidos-Verlag, 1964. S. 177.

FRIEDRICH EISENLOHR *siehe unter* Ludwig Rubiner

THEODOR FONTANE (1819–1898)

Geboren in Neuruppin als Sohn eines Apothekers. Ausbildung zum Apothekergehilfen, dann Apotheker in Berlin. 1844 Aufnahme in den Dichterkreis *Tunnel über der Spree*. Nach Aufgabe des Apothekerberufs u. a. Kriegsberichterstatter der Feldzüge von 1864, 1866 und 1870/71; 1876 Sekretär der *Akademie der Künste* in Berlin, dann freier Schriftsteller. Gestorben in Berlin.

Sämtliche Werke. Bd. 6. Hrsg. von Walter Keitel. München: Nymphenburger, 1964. S. 448 f.

Fontanes Text ist ein Beispiel für die relativ seltene Selbst-Parodie. Als Vorlage diente seine Ballade:

Lied des James Monmouth

Es zieht sich eine blutige Spur
Durch unser Haus von alters,
Meine Mutter war seine Buhle nur,
Die schöne Lucy Walters.

Am Abend war's, leis wogte das Korn,
Sie küßten sich unter der Linde,
Eine Lerche klang und ein Jägerhorn –
Ich bin ein Kind der Sünde.

Meine Mutter hat mir oft erzählt
Von jenes Abends Sonne,
Ihre Lippen sprachen: Ich habe gefehlt!
Ihre Augen lachten vor Wonne.

Ein Kind der Sünde, ein Stuartkind,
Es blitzt wie Beil von weiten:
Den Weg, den alle geschritten sind,
Ich werd ihn auch beschreiten.

Das Leben geliebt und die Krone geküßt
Und den Frauen das Herz gegeben,
Und den letzten Kuß auf das schwarze Gerüst –
Das ist ein Stuart-Leben.

Sämtliche Werke. Bd. 6. Hrsg. von Walter Keitel. München: Nymphenburger, 1964. S. 99.

Was in der Vorlage düsteres Familienschicksal ist, gerät in der Umarbeitung zum – postum von dem Hauptbeteiligten berichteten – moritatenhaften Geschehen. Die durchgängige Familiarisierung mit der deutlichen Moral zum Schluß hatte einen besonderen Anlaß: Fontane schrieb seine Parodie als Gelegenheitsgedicht zum Polterabend seines Freundes Paul Heyse am 14. Mai 1854.

FÜRCHTEGOTT CHRISTIAN FULDA (1768–1854)

Geboren in Otterwisch bei Leipzig, wo sein Vater Pfarrer war. Die Vornamen hat das Kind wohl zu Ehren seines Paten, Christian Fürchtegott Gellert, erhalten. Nach einem Studium der Theologie und Humaniora in Leipzig von 1790 bis 1794 war er tätig als Lehrer am Pädagogium in Halle. 1798 Übertritt ins geistliche Amt, das er u. a. in Halle als Diakon, Archidiakon und Superintendent ausübte. Dort starb er auch.

Antixenien. 1: Fürchtegott Christian Fulda: Trogalien zur Verdauung der Xenien. Kochstädt: zu finden in der Speisekammer, 1797. Hrsg. von Ludwig Grimm, Berlin: Behr, 1903. (Deutsche Literaturdenkmale des 18. und 19. Jahrhunderts. 125.) Nr. 1. S. 3 (Abteilung »I. Aufmarsch«). Nr. 3. S. 3 (Abteilung »II. Zum Inbiß«). Nr. 91. S. 19 (Abteilung »VI. Die Xenien«).

Trogalien: (griech.) Knusperwerk zum Nachtisch. – *Distichon:* zweizeilige Strophe, die sich aus einem Hexameter und einem Pentameter zusammensetzt. Dabei trägt die sechshebige, in den Senkungen ein- oder zweisilbig gefüllte Zeile die Bezeichnung *Hexameter;* sie hat zudem auftaktlosen Beginn und eine zweisilbige Senkung nach der fünften Hebung. Fehlt unter Beibehaltung der Sechshebigkeit die Senkung hinter der dritten und sechsten Hebung, liegt der *Pentameter* vor.

Äußerer Anlaß waren für Fulda die *Xenien* Goethes und Schillers im *Musen-Almanach für das Jahr 1797*, die schon im Oktober 1796 den sogenannten »Xenienkampf« entbrennen ließen, an dem beinahe »das gesamte ästhetisch-philosophische, schreibende Deutschland« beteiligt war (Eduard Boas, *Schiller und Goethe im Xenienkampf*, T. 2, Stuttgart / Tübingen 1851, S. 20). Nicht ohne Grund sieht man in den *Trogalien* eine Replik auf Goethes und Schillers Angriffe gegen den Neuhumanismus der Zeit, dessen wichtigste Vertreter, wie etwa der in den *Xenien* viel gescholtene »Präzeptor zu Breslau« Johann Kaspar Friedrich Manso, aus den thüringisch-sächsischen Landen stammten (vgl. auch Wolfgang Stammler, Hrsg., *Anti-Xenien,* Bonn 1911).
Aber auch politische Differenzen – zwischen seinem »demokratischen Standpunkt« und dem »aristokratischen« insbesondere Goethes – insinuiert Fulda beispielsweise im folgenden Antixenion (Nr. 142. S. 28):

Veniam damus petimusque vicissim
»Untertänig zu sein und galant, ist Pflicht für den Hofmann.«
Tu sie; aber dann laß uns auch die unsrige tun.

Zu den 237 Epigrammen der Sammlung bemerkt – entgegen der gängigen Beurteilung der Antixenien – der Herausgeber Ludwig Grimm, sie seien »in ihrer großen Mehrzahl gut gebaut« und würden »an Schärfe des Inhalts kaum von einer anderen an die Xenisten gerichteten Gegengabe übertroffen« (vgl. Ludwig Grimm, »Einleitung«, in: Fulda, S. III–XVIII). Im einzelnen beziehen sich

Prolog und *Die verschiedene Bestimmung* auf die ersten beiden Stücke der *Tabulae votivae:*

Was der Gott mich gelehrt, was mir durchs Leben geholfen,
Häng ich dankbar und fromm hier in dem Heiligtum auf.

Die verschiedene Bestimmung

Millionen sorgen dafür, daß die Gattung bestehe,
Aber durch wenige nur pflanzet die Menschheit sich fort.
Tausend Keime zerstreuet der Herbst, doch bringet kaum einer
Früchte, zum Element kehren die meisten zurück.
Aber entfaltet sich auch nur Einer, der einzige streuet
Eine lebendige Welt ewiger Bildungen aus.

Fuldas Epigramm *Die neumodigen Distichen* ist – wie auch *Das Distichon* von Matthias Claudius (vgl. in der vorliegenden Ausgabe S. 33) – gegen das folgende Stück gerichtet:

Das Distichon

Im Hexameter steigt des Springquells silberne Säule,
Im Pentameter drauf fällt sie melodisch herab.

Friedrich Schiller (Hrsg.): Musen-Almanach für das Jahr 1797. Tübingen 1797. (Reprogr. Nachdr. Hildesheim: Olms, 1969.) S. 152; S. 67.

ROBERT GERNHARDT (* 1937)

Geboren in Reval (Estland). Studium der Malerei und Germanistik in Stuttgart und Berlin. Seit 1964 als Schreiber, Zeichner und Maler in Frankfurt am Main. Zunächst Redakteur bei *Pardon*, dann freiberuflich. Mitglied des *Deutschen Künstlerbundes* und des *Frankfurter Katzenschutzvereins*.

Zu zwei Sätzen von Eichendorff 151
Terzinen über die Vergeßlichkeit nach Kuno von Hofmannsthal 151

Wörtersee. Frankfurt a. M.: Zweitausendeins, 1981. S. 105; 172.

Vorlage der ersten Parodie ist Joseph von Eichendorffs Gedicht:

Zwielicht

Dämmrung will die Flügel spreiten,
Schaurig rühren sich die Bäume,
Wolken ziehn wie schwere Träume –
Was will dieses Graun bedeuten?

Hast ein Reh du lieb vor andern,
Laß es nicht alleine grasen,
Jäger ziehn im Wald und blasen,
Stimmen hin und wieder wandern.

Hast du einen Freund hienieden,
Trau ihm nicht zu dieser Stunde,
Freundlich wohl mit Aug und Munde,
Sinnt er Krieg im tück'schen Frieden.

Was heut müde gehet unter,
Hebt sich morgen neugeboren.
Manches bleibt in Nacht verloren –
Hüte dich, bleib wach und munter!

Werke. Hrsg. von Wolfdietrich Rasch. München: Hanser, 1955. S. 11 f.

Einzeltextparodie, mit deutlicher Untererfüllung der berühmten Vorlage: das allegorische Bild der Nacht in der Anfangszeile wird wörtlich genommen und auf die Dimension des Federviehs heruntergebracht. Dieses Spiel wiederholt Gernhardt mit der gleichnishaften Schlußzeile. Ihr religiöser Sinn wird aufgrund des neuen Kontextes zur komischen Anweisung für Leute, die mit Vögeln reisen.

Vorlage der zweiten Parodie ist Hugo von Hofmannsthals erste Terzine:

Über Vergänglichkeit

Noch spür ich ihren Atem auf den Wangen:
Wie kann das sein, daß diese nahen Tage
Fort sind, für immer fort, und ganz vergangen?

Dies ist ein Ding, das keiner voll aussinnt,
Und viel zu grauenvoll, als daß man klage:
Daß alles gleitet und vorüberrinnt.

Und daß mein eignes Ich, durch nichts gehemmt,
Herüberglitt aus einem kleinen Kind
Mir wie ein Hund unheimlich stumm und fremd.

Dann: daß ich auch vor hundert Jahren war
Und meine Ahnen, die im Totenhemd,
Mit mir verwandt sind wie mein eignes Haar,

So eins mit mir als wie mein eignes Haar.

Gesammelte Werke in Einzelausgaben. Gedichte und lyrische Dramen. Hrsg. von Herbert Steiner. Frankfurt a. M.: S. Fischer, 1963. S. 17.

In der zweiten Parodie wird die Beziehung zur Vorlage zunächst über einen Kalauer (»Vergänglichkeit« – »Vergeßlichkeit«) hergestellt. Das damit gewonnene neue Thema bespricht Gernhardt nicht nur, sondern demonstriert es durch eine Substitution, die in der Vorlage selbst freilich schon vorgegeben ist: »Dies ist ein Ding, das keiner voll aussinnt«. Der komische Effekt dieser Blödelparodie wird dabei nicht zuletzt gesteigert durch weitere Wortspiele (»Hund« – »Hut«), frivole Anspielungen (z. B. die erste und letzte Zeile) und Umstellungen wie »Dann: daß ich auch vor Jahren hundert war«.

JOHANN WOLFGANG VON GOETHE (1749–1832)

Geboren in Frankfurt am Main. 1765–68 Jura-Studium in Leipzig, dort auch Hörer Gottscheds und Gellerts. 1770–71 Abschluß des Studiums in Straßburg (Dr. jur.), dort Bekanntschaft mit Herder, Jung-Stilling und Jakob Michael Reinhold Lenz. 1775 Übersiedlung nach Weimar auf Einladung Herzog Carl Augusts; Geh. Legationsrat; 1782 geadelt; Finanzminister; 1788 entbunden von allen Amtspflichten; widmet sich ganz der Dichtung. 1804 Wirklicher Geh. Rat, 1815 Staatsminister; gestorben in Weimar.

Gedenkausgabe der Werke, Briefe und Gespräche. Hrsg. von Ernst Beutler. Bd. 2. Zürich/Stuttgart: Artemis, [2]1962. S. 205 f.

Päan: (lat. von griech. παιάν) ursprünglich Götterarzt und Heilgott; in der Dichtkunst Preis- und Danklied. – *Hymettus:* Bergzug in Attika, östlich von Athen. – *Kothurn:* geschnürter hoher Schuh, gehört zum traditionellen Kostüm der Schauspieler der griechischen Tragödie; die Schauspieler der Komödie trugen den niedrigeren Soccus. – *Torus:* (lat.) Wulst, anatomisch: Knochenwulst, v. a. der Wulst über Nasenwurzel und Augenhöhlen früherer Menschenformen. – *Olymp:* Sitz der Götter. – *Parnassus:* Sitz der Musen, Reich der Dichtung. – *Phalanx:* Schlachtenreihe. – *Ballisten:* Schützen.

Textklassenparodie auf das Œuvre von Christian August Clodius (1738–84), Dichter und Professor der Philosophie in Leipzig. Goethe, ansonsten der Parodie nicht gerade gewogen, hat über Anlaß und Art seines Textes in dem berühmten Literatur-Kapitel von *Dichtung und Wahrheit* selbst berichtet: »Clodius aber hatte sich als Nachahmer besonders die fremden Worte gemerkt, wodurch jene Ramlerschen Gedichte mit einem majestätischen Pompe auftreten, der, weil er der Größe seines Gegenstandes und der übrigen poetischen Behandlung gemäß ist, auf Ohr, Gemüt und Einbildungskraft eine sehr gute Wirkung tut. Bei Clodius hingegen erschienen diese Ausdrücke fremdartig, indem seine Poesie übrigens nicht geeignet war, den Geist auf irgendeine Weise zu erheben. Solche Gedichte mußten wir nun oft schön gedruckt und höchlich gelobt vor uns sehen, und wir fanden es höchst anstößig, daß er, der uns die heidnischen Götter verkümmert hatte, sich nun eine andere Leiter auf den Parnaß aus griechischen und römischen Wortsprossen zusammenzimmern wollte. Diese oft wiederkehrenden Ausdrücke prägten sich fest in unser Gedächtnis, und zu lustiger Stunde, da wir in den Kohlgärten den trefflichsten Kuchen verzehrten, fiel mir auf einmal ein, jene Kraft- und Machtworte in ein Gedicht an den Kuchenbäcker Händel zu versammeln. Gedacht, getan! Und so stehe es denn auch hier, wie es an eine Wand des Hauses mit Bleistift angeschrieben wurde« (*Gedenkausgabe*, Bd. 10, Zürich/Stuttgart ^{2}1962, S. 332 f.).

HANNS VON GUMPPENBERG (1866–1928)

Geboren in Landshut. Studium der Philosophie und Literatur in München, seither freier Schriftsteller ebenda; 1896/97 Redakteur am *Hannoverschen Kurier*; seit 1898 wieder in München; 1901 Theaterkritiker der *Münchner Neuesten Nachrichten*. Im selben Jahr erscheint erstmals sein *Teutsches Dichterroß*. Mitglied und Mitbegründer des Kabaretts *Die elf Scharfrichter*.

Das teutsche Dichterroß. In allen Gangarten vorgeritten von Hanns von Gumppenberg. Mit einem Vorwort von Armin Eichholz und einer Einleitung von Josef Hofmiller. München: Deutscher Taschenbuch Verlag, 1971. S. 17.

Centoartige Textklassenparodie, zu der Erwin Rotermund schreibt: »Das Thema des Gedichts – das Abenderlebnis des Dichters – wird mit allen Mitteln der Eichendorffschen Lyrik vergegenständlicht: von der kennzeichnenden nautischen Metapher am Anfang über das bekannte Posthornmotiv und die in ›stimmungsgesättigten Symbolwörtern‹ (rauschen, schauern, Abend, Grund) dargestellte Landschaft bis zum Überquellen der Seele, an das sich die religiöse Vision anschließt. Einige Zeilen folgen Eichendorffschen Wendungen bis in den Wortlaut.« (Vgl. Rotermund, S. 30 f.) Im einzelnen sind dies: Zu »Mein Schifflein ruht im Hafen« vgl. *Nachtgruß* mit der Zeile »Ruht wie ein Schiff im Hafen«. Der Vers »Zu schauernder Abendstund« bezieht sich wohl auf *Wehmut* mit der Zeile «Bei kühler Abendstund«, wobei auch ein Anklang an *Schöne Fremde* mit dem Vers »Es rauschen die Wipfel und schauern« besteht. Zu »Ein Posthorn tönt verschlafen / Aus kühlem Buchengrund« vgl. *Der verliebte Reisende* mit den Versen »Das Posthorn schallt im Grund, / Mein Seel wird mir so munter, / Grüß dich aus Herzensgrund«. Zu »Es rauschen so prächtig die Wälder« vgl. *Mondnacht* mit der Zeile »Es rauschten leis die Wälder« und etwa den Beginn des Romans *Ahnung und Gegenwart* mit dem Satz »Die Sonne war eben prächtig aufgegangen«, wobei Stimmungsträger wie »prächtig« gerade bei Eichendorff formelhaft zwischen verwandten Kontexten wandern. Zu »Da wird mir die Seele so weit« vgl. *Der verliebte Reisende* mit »Mein Seel wird mir so munter« in Kombination mit »Und meine Seele spannte / Weit ihre Flügel aus« in *Mondnacht*. Zu »Die Muttergottes kommt über die Felder / Im glitzernden Sternenkleid« vgl. »Die Mutter Gottes wacht, / Mit ihrem Sternenkleid« in dem Gedicht *Der Umkehrende*. Der komische Effekt dieser Montage von Versatzstücken ergibt sich dabei aus dem Kontrast zwischen unserer Vorstellung von Eichendorff als Dichter innigster und authentischster Selbstaussprache und dem ›neuen‹, aber doch nur montierten Eichendorff-Text.

Schwerer Unglücksfall 104

Das teutsche Dichterroß. In allen Gangarten vorgeritten von Hanns von Gumppenberg. Mit einem Vorwort von Armin Eichholz und einer Einleitung von Josef Hofmiller. München: Deutscher Taschenbuch Verlag, 1971. S. 19. © Anneliese Stölzl-Gumppenberg, München.

Vorlage zu dieser Einzeltext-Parodie ist Gustav Schwabs Ballade:

Das Gewitter

Urahne, Großmutter, Mutter und Kind
In dumpfer Stube beisammen sind;
Es spielet das Kind, die Mutter sich schmückt,
Großmutter spinnet, Urahne gebückt
Sitzt hinter dem Ofen im Pfühl –
Wie wehen die Lüfte so schwül!

Das Kind spricht: »Morgen ist's Feiertag,
Wie will ich spielen im grünen Hag,
Wie will ich springen durch Tal und Höh'n,
Wie will ich pflücken viel Blumen schön;
Dem Anger, dem bin ich hold!« –
Hört ihr's, wie der Donner grollt?

Die Mutter spricht: »Morgen ist's Feiertag,
Da halten wir alle fröhlich Gelag,
Ich selber ich rüste mein Feierkleid;
Das Leben, es hat auch Lust nach Leid,
Dann scheint die Sonne wie Gold!« –
Hört ihr's, wie der Donner grollt?

Großmutter spricht: »Morgen ist's Feiertag,
Großmutter hat keinen Feiertag,
Sie kochet das Mahl, sie spinnet das Kleid,
Das Leben ist Sorg' und viel Arbeit;
Wohl dem, der tat, was er sollt'!« –
Hört ihr's, wie der Donner grollt?

Urahne spricht: »Morgen ist's Feiertag,
Am liebsten morgen ich sterben mag:
Ich kann nicht singen und scherzen mehr,
Ich kann nicht sorgen und schaffen schwer,
Was tu ich noch auf der Welt?« –
Seht ihr, wie der Blitz dort fällt?

Sie hören's nicht, sie sehen's nicht,
Es flammet die Stube wie lauter Licht:
Urahne, Großmutter, Mutter und Kind
Vom Strahl miteinander getroffen sind,
Vier Leben endet ein Schlag –
Und morgen ist's Feiertag.

Gedichte. Gesamt-Ausgabe. Leipzig: Reclam, [1882]. S. 247 f.

Das teutsche Dichterroß. In allen Gangarten vorgeritten von Hanns von Gumppenberg. Mit einem Vorwort von Armin Eichholz und einer Einleitung von Josef Hofmiller. München: Deutscher Taschenbuch Verlag, 1971. S. 27. © Anneliese Stölzl-Gumppenberg, München.

Textklassenparodie auf Heines *Buch der Lieder* mit deutlichen – durch Substitution komisierten – Zitat- und Motivübernahmen (Heine ist im folgenden zit. nach: H. H., *Historisch-kritische Gesamtausgabe der Werke*, hrsg. von Manfred Windfuhr, Bd. 1,1: »Buch der Lieder«, Hamburg 1975). Zur ersten Strophe vgl. »Mir träumte wieder der alte Traum: / Es war eine Nacht im Maie, / Wir saßen unter dem Lindenbaum, / Und schwuren uns ewige Treue.« (S. 185); sowie »Und schüttelst das blonde Köpfchen« (S. 189). Zu »Ich bin doch schon angemodert« in der zweiten Strophe vgl. »Warum steigt denn aus dem Balsamkraut / Hervor ein Leichenduft?« (S. 155). Zu »Ich bin doch im Grab gelegen. / Und doch noch immer liebst du mich –« vgl. »Mein süßes Lieb, wenn du im Grab, / Im dunkeln Grab wirst liegen, / Dann will ich steigen zu dir hinab, / Und will mich an dich schmiegen.« (S. 163). Zum Motiv der über den Tod hinaus andauernden Liebe vgl. auch »Die alte Liebe erscheinet, / Sie stieg aus dem Totenreich, / Sie setzt sich zu mir und weinet, / Und macht das Herz mir weich« (S. 169).

Zu den Heine-Parodien – u. a. auch zu Gumppenbergs Text – schreibt Ludwig Marcuse: »Heines schlechteste Gedichte machten es den Parodisten zu leicht – also zu schwer. Die übertreibende, entlarvende Nachbildung lebt von der Bedeutung des Werks, von dem ein unzulängliches Element getroffen werden soll. Je wesentlicher ist, was demaskiert und ausgeschieden wird, um so bedeutender die Parodie. Sie ist oft nur Aufdeckung einer Eigentümlichkeit, die zur Gewohnheit wurde, oft nur ein Scherz – und wird so falsch benannt« (Ludwig Marcuse, »Heines Parodien, Heine-Parodien«, in: *Heinrich Heine*, München 1968, Text + Kritik, S. 44). Daß die zumeist auf das *Buch der Lieder* geschriebenen Heine-Parodien in der Regel nicht gerade zu den Höhepunkten dieser Schreibweise gehören, hat Ludwig Marcuse zu Recht bemerkt. Andererseits orientiert er sich bei seiner Kritik lediglich an dem mit Übererfüllung operierenden Parodie-Typ, zu dem nun aber auch die von ihm so gelobte Schiller-Parodie Heines (vgl. in der vorliegenden Ausgabe S. 78–82) nicht gehört.

König Donalds Zunge 105

Das teutsche Dichterroß. In allen Gangarten vorgeritten von Hanns von Gumppenberg. Mit einem Vorwort von Armin Eichholz und einer Einleitung von Josef Hofmiller. München: Deutscher Taschenbuch Verlag, 1971. S. 32 f. © Anneliese Stölzl-Gumppenberg, München.

Vorlage dazu ist Moritz Graf Strachwitz' Heldenballade:

Das Herz von Douglas

O! Douglas, Douglas, stolz und treu.
John Home

»Graf Douglas, presse den Helm ins Haar,
Gürt' um Dein lichtblau' Schwert,
Schnall' an Dein schärfstes Sporenpaar
Und sattle Dein schnellstes Pferd!

Der Totenwurm pickt in Scones Saal,
Ganz Schottland hört ihn hämmern,
König Robert liegt in Todesqual,
Sieht nimmer den Morgen dämmern!« –

Sie ritten vierzig Meilen fast
Und sprachen Worte nicht vier,
Und als sie kamen vor Königs Palast,
Da blutete Sporn und Tier.

König Robert lag im Norderturm,
Sein Auge begann zu zittern:
»Ich höre das Schwert von Bannockburn
Auf der Treppe rasseln und schüttern!

Ha Gottwillkomm, mein tapfrer Lord,
Es geht mit mir zu End'.

Und Du sollst hören mein letztes Wort
  Und schreiben mein Testament:

Es war am Tag von Bannockburn,
  Da aufging Schottlands Stern,
Es war am Tag von Bannockburn,
  Da schwur ich's Gott dem Herrn:

Ich schwur, wenn der Sieg mir sei verliehn
  Und fest mein Diadem,
Mit tausend Lanzen wollt' ich ziehn
  Hin gen Jerusalem.

Der Schwur wird falsch, mein Herz steht still,
  Es brach in Müh' und Streit,
Es hat, wer Schottland bändigen will,
  Zum Pilgern wenig Zeit.

Du aber, wenn mein Wort verhallt
  Und aus ist Stolz und Schmerz,
Sollst schneiden aus meiner Brust alsbald
  Mein schlachtenmüdes Herz.

Du sollst es hüllen in roten Samt
  Und schließen in gelbes Gold,
Und es sei, wenn gelesen mein Totenamt,
  Im Banner das Kreuz entrollt.

Und nehmen sollst Du tausend Pferd'
  Und tausend Helden frei
Und geleiten mein Herz in des Heilands Erd',
  Damit es ruhig sei!«

»Nun vorwärts, Angus und Lothian,
  Laßt flattern den Busch vom Haupt,
Der Douglas hat des Königs Herz,
  Wer ist es, der's ihm raubt?

Mit den Schwertern schneidet die Taue ab,
  Alle Segel in die Höh',
Der König fährt in das schwarze Grab
  Und wir in die schwarzblaue See!«

Sie fuhren Tage neunzig und neun,
  Gen Ost war der Wind gewandt,
Und bei dem hundertsten Morgenschein,
  Da stießen sie an das Land.

Sie ritten über die Wüste gelb,
  Wie im Tale blitzt der Fluß,
Die Sonne stach durchs Helmgewölb',
  Als wie ein Bogenschuß.

Und die Wüste war still, und kein Lufthauch blies,
  Und schlaff hing Schärpe und Fahn',
Da flog in Wolken der stäubende Kies,
  Draus flimmernde Spitzen sahn.

Und die Wüste ward voll, und die Luft erscholl,
  Und es hob sich Wolk' an Wolk'.
Aus jeder berstenden Wolke quoll
  Speerwerfendes Reitervolk.

Zehntausend Lanzen funkelten rechts,
  Zehntausend schimmerten links,
»Allah, il Allah!«, scholl es rechts,
  »Il Allah!« scholl es links. –

Der Douglas zog die Zügel an,
  Und still stand Herr und Knecht:
»Beim heiligen Kreuz und St. Alban,
  Das gibt ein grimmig Gefecht.«

Eine Kette von Gold um den Hals ihm ging,
  Dreimal umging sie rund,
Eine Kapsel an der Kette hing,
  Die zog er an den Mund:

»Du bist mir immer gegangen voran,
  O Herz! bei Tag und Nacht,
Drum sollst Du auch heut, wie Du stets getan,
  Vorangehn in die Schlacht.

Und verlasse der Herr mich drüben nicht,
  Wie ich hier *Dir* treu verblieb,

Und gönne mir noch auf das Heidengezücht
  Einen christlichen Schwerteshieb.«

Er warf den Schild auf die linke Seit'
  Und band den Helm herauf,
Und als zum Würgen er saß bereit,
  In den Bügeln stand er auf:

»Wer dies Geschmeid' mir wieder schafft,
  Des Tages Ruhm sei *sein*!«
Da warf er das Herz mit aller Kraft
  In die Feinde mitten hinein.

Sie schlugen das Kreuz mit dem linken Daum',
  Die Rechte den Schaft legt' ein,
Die Schilde zurück und los den Zaum!
  Und sie ritten drauf und drein. –

Und es war ein Stoß, und es war eine Flucht
  Und rasender Tod rundum,
Und die Sonne versank in die Meeresbucht,
  Und die Wüste war wieder stumm.

Und der Stolz des Ostens, er lag gefällt
  Im meilenweiten Kreis,
Und der Sand ward rot auf dem Leichenfeld,
  Der nie mehr wurde weiß.

Von den Heiden allen, durch Gottes Huld
  Entrann nicht Mann, noch Pferd,
Kurz ist die schottische Geduld
  Und lang ein schottisch' Schwert!

Doch wo am dicksten ringsumher
  Die Feinde lagen im Sand,
Da hatte ein falscher Heidenspeer
  Dem Grafen das Herz durchrannt.

Und er schlief mit klaffendem Kettenhemd,
  Längst aus war Stolz und Schmerz,
Doch unter dem Schilde festgeklemmt
  Lag König Roberts Herz.

Moritz Graf Strachwitz: Sämtliche Lieder und Balladen. Hrsg. von Hanns Martin Elster. Berlin: Grote, 1912. S. 177–180.

Formal lehnt sich die Parodie eng an die Vorlage an, auch wenn Gumppenberg die Chevy-Chase-Strophe nicht immer genau nachbildet. Verspottet wird mit »der Heldenzunge Todeshohn« die – bewußt gegen eine bürgerliche Demokratie gerichtete – Verherrlichung aristokratischer Lebensformen in Strachwitz' Heldenballaden.

letzter besuch 106

Das teutsche Dichterroß. In allen Gangarten vorgeritten von Hanns von Gumppenberg. Mit einem Vorwort von Armin Eichholz und einer Einleitung von Josef Hofmiller. München: Deutscher Taschenbuch Verlag, 1971. S. 80. © Anneliese Stölzl-Gumppenberg, München.

Textklassenparodie auf die Lyrik Stefan Georges, insbesondere auf seinen 1897 erschienenen Gedichtzyklus *Das Jahr der Seele,* wie Erwin Rotermund (S. 48) festgestellt hat. Im einzelnen bestehen folgende Beziehungen: Zu »ob noch ein trost entquille jetzt uns beiden« vgl. *Im freien viereck* mit der Zeile »So glaub ich dass noch leiser trost entquille«. Zu »ich berge schweigend mich im beigemache« vgl. *Ich lehre dich* mit dem Vers »Ich ziehe mich zurück zum beigemache«. Zu »sie kann nicht meine träume mehr bewohnen« vgl. das schon zitierte Gedicht *Im freien viereck* mit der Zeile »So wirst du meinen traum nicht mehr bewohnen«. Hinzu kommen Anklänge wie »die unentschloßnen qualen« an »bei dem quälenden beschlusse« in *Ich darf nicht;* dann »einsam fahle liebe« an den Vers »Wir nannten sie die einsam keusche fahle« in dem Gedicht mit der Anfangszeile »Mir ist als ob ein blick im dunkel glimme«, die von Gumppenberg in der ersten Zeile der Strophe verarbeitet wird: »und glimmt noch jetzt durch leere nacht der zunder«. Schließlich besteht mit den letzten Versen »so will ich deines grams geheimes wunder / mit sanftem saft mit meinen tränen pflegen« eine deutliche Beziehung zu der »A. H.« (d. i. August Hausmann) gewidmeten Tafel *Du sanfter seher* mit den Zeilen »Wir wollen gerne sie – verborgne wunder – / Mit unsrem blut und unsren tränen pflegen«. Neben diesen Verarbeitungen entspricht die prosodische Form den Vorbildtexten, wie auch (vgl. Rotermund, S. 48) der Gegenstand: die Entfremdung des Dichters von seiner Begleiterin. In die dem Vorbild nahe Nachbildung dringt »parodistische Disharmonie« insbesondere durch katachretischen Metapherngebrauch, aber auch durch die Georges Dichtung nicht gemäße eindeutige Konkretisierung der Liebesthematik.

LIVINGSTONE HAHN *siehe unter* Ludwig Rubiner

HEINRICH HEINE (1797–1856)

Wurde in Düsseldorf geboren. 1825 Übertritt vom Judentum zum Protestantismus, von ihm selbst als »Entréebillet zur europäischen Kultur« verstanden. Nach dem Besuch des Lyzeums in seiner Geburtsstadt scheiterten verschiedene Versuche einer kaufmännischen Lehre. Seit 1819 Studium der Rechts- und Kameralwissenschaften in Bonn (wo er auch Vorlesungen August Wilhelm Schlegels hörte) und Berlin (dort gelegentlich ein Besucher von Vorlesungen Hegels). 1825 in Göttingen Abschluß mit der Promotion. Als Berichterstatter für eine deutsche Zeitung siedelte Heine 1831 nach Paris über; seine Berichte fielen allerdings weitgehend der Zensur zum Opfer. In Paris verkehrte er zeitweilig mit den deutschen Emigranten um Ludwig Börne, von denen ihn aber bald politische Differenzen trennten. Bis zu seinem Tode blieb er in der französischen Hauptstadt als freier Schriftsteller; während seiner letzten Lebensjahre wurde er durch ein schmerzhaftes Lähmungsleiden, vermutlich eine Folgeerscheinung von Lues, an seine »Matratzengruft« gefesselt.

Heinrich Heines Sämtliche Werke. Hrsg. von Ernst Elster. Bd. 1. Leipzig: Bibliographisches Institut [1890]. S. 286–289.

Pluto: (lat.) Gott der Unterwelt; seine Gemahlin ist Proserpina. – *Proserpina:* Tochter der Ceres, von Pluto geraubt. – *Cerberus:* (lat.) Höllenhund, Wächter der Unterwelt. – *Sisyphus:* Frevler gegen die Götter; von Zeus dadurch bestraft, daß er einen Fels den Berg hinaufwälzen mußte, der immer wieder herunterrollte. – *Danaiden:* Töchter des Danaos; töteten die ihnen aufgezwungenen Männer; in der Unterwelt müssen die Danaiden ständig Wasser in ein durchlöchertes Faß schöpfen. – *Lemuren:* Totengeister. – *Styx:* Fluß der Unterwelt; sein Wasser sollte für Menschen und Tiere tödlich sein. – *Charon:* Fährmann der Unterwelt. – *Ceres:* (lat.) Fruchtbarkeitsgöttin, Mutter der Proserpina. – *Zeus:* Der oberste der Götter im Olymp. – *Zephyr:* Gott des regenreichen Westwindes. – *Oreade:* Bergnymphe. – *Titan:* Titanen sind Kinder des Uranos und der Gaia, die im Kampf des Zeus gegen seinen Vater Kronos auf der Seite des Kronos, ihres Bruders, standen. – *Orkus:* Unterwelt, Reich des Pluto. – *Schöps:* kastrierter Schafbock, Hammel. – *Lethe:* Unterweltsfluß; wer aus ihm trinkt, verliert die Erinnerung an das irdische Leben.

Entstanden ist die Parodie, deren verwickelte Textgeschichte Ernst Elster (vgl. *Heines Sämtliche Werke*, hrsg. von E. E., S. 546) und Klaus Briegleb (vgl. Heinrich Heine, *Sämtliche Schriften*, hrsg. von K. B., Bd. 4, Darmstadt 1971, S. 943) darstellen, zwischen Frühling 1840 und 1842. Als Vorlage diente Friedrich Schillers elfstrophiges Gedicht *Klage der Ceres*, aus dem Heine die ersten drei Strophen unverändert zitiert (»Ist der holde Lenz ... Mutter Blick«) (vgl. Friedrich Schiller, *Sämtliche Werke*, hrsg. von Gerhard Fricke und Herbert G. Göpfert, München: Hanser, [4]1965, Bd. 1, S. 190 bis 194).
Nach dem Urteil Ludwig Marcuses gibt es »kein anderes Heine-Gedicht, das so sehr verdient, *Parodie* genannt zu werden«. Indem Heine die Strophen Schillers in einen neuen Kontext einbettet, wird nicht nur die mythische Vorstellungswelt entmythologisiert, sondern zugleich – wie Marcuse weiter schreibt – »auch das Getragene, in dem oft Sakrales sich ausspricht, dem nur noch eine traditionelle Ehrfurcht entspricht«. ›Herabgeholt‹ ins Allzu-Irdische wird durch den Kontext freilich zudem der elegische Sprachgestus der eigenen, 1842 geschaffenen Zeilen des fünften Teiles (vgl. Ludwig Marcuse, »Heines Parodien, Heine-Parodien«, in: *Heinrich Heine*, München 1968, Text + Kritik, S. 43 f.).

Der tugendhafte Hund 95

Heinrich Heines Sämtliche Werke. Hrsg. von Ernst Elster. Bd. 2. Leipzig: Bibliographisches Institut, [1890]. S. 154–156.

Heines dem Sohn Julius seines Verlegers Campe geschenkte Parodie auf die Gattung der Versfabel erschien 1857. Dabei kann als bestimmendes Vorbild noch immer die Tierdichtung Gellerts vermutet werden, zumal gewisse Übereinstimmungen auf der thematischen Ebene bestehen: auch bei Gellert gibt es zwei Gedichte über Hunde, wobei einer sogar ein äußerst tugendhaftes, freilich mit schnödem Undank bedachtes Exemplar ist. (Vgl. »Die beiden Hunde«, in: *Christian Fürchtegott Gellert's sämmtliche Fabeln und Erzählungen*, Leipzig: Hahn, 1816, S. 56–58.) Vor allem mit der ›Moral‹ zum Schluß – bei Gellert ist sie gleichfalls häufig vom übrigen Text abgesetzt – ironisiert Heine die Didaktik der Gattung durch eine nachgerade Brechtsche Lösung: »Erst kommt das Fressen, dann kommt die Moral.« Übrigens sollte man hinzufügen, daß sich zumindest Gellert selbst der Zähigkeit einiger seiner Moral-Schlüsse durchaus bewußt war. In seinen *Beurteilungen einiger Fabeln aus den Belustigungen* – ein seltener Fall von überraschend harter Selbstkritik – schreibt er zu seiner Fabel *Der Sperling und die Taube* u. a.: »Die Moral hat überhaupt eine sehr gelehrte Miene, und also die Miene, die sie nicht haben soll« (*Gellert's sämmtliche Fabeln und Erzählungen*, S. 231).

PETER WILHELM HENSLER (1742–1779)

Geboren in Preez (Holstein); Studium der Rechte in Göttingen; danach Steuerbeamter in Altona, später Sekretär des Geheimrats von Levetzow in Reinfeld; gestorben in Altona.

Rezept zu einem anakreonischen Liede 30

Lyriker und Epiker der klassischen Periode. Erster Teil. Hrsg. von Max Mendheim. Stuttgart: Union [1892]. (Deutsche National-Litteratur. 135,1.) S. 283 f.

Amor: (lat.) Liebesgott. – *Amoretten:* geflügelte Kindergestalten, den antiken Eroten nachgebildet; Putten. – *Lerchen:* Gemeint sind die mit *Leipziger Lerchen* bezeichneten kleinen Törtchen.

Das zuerst im Göttinger *Musenalmanach* von 1779 erschienene Gedicht ist eine Textklassenparodie auf die anakreontische Lyrik. Dabei wird die Herstellung des anakreontischen Liedes nach Art eines Backrezeptes beschrieben. Die einzelnen ›Zutaten‹ entsprechen ganz den charakteristischen Merkmalen jener Dichtung.

LUDWIG CHRISTOPH HEINRICH HÖLTY (1748–1776)

Geboren in Mariensee bei Hannover als Sohn eines Predigers; Beginn des Studiums der Theologie in Göttingen, wo sich Hölty bald den neueren Sprachen zuwandte; Mitarbeit am Göttinger *Musenalmanach*; Mitglied des *Hainbundes*; 1775 in Hamburg bei Klopstock, Voß und Claudius. In Hannover einem Lungenleiden erlegen.

Petrarchische Bettlerode 23

Der Göttinger Dichterbund. Dritter Teil: Friedrich Leopold Graf zu Stolberg, Matthias Claudius, [Anhang]. Hrsg. von August Sauer. Stuttgart: Union, [1895]. (Deutsche National-Litteratur. 50,2.) S. 351 f.

Höltys Parodie gehört in einen ganz bestimmten Kontext (vgl. dazu Jörg-Ulrich Fechner: »Petrarchism-Antipetrarchism 1774. Some remarks on L. C. Hölty's ›Petrarchische Bettlerode‹«, in: *Lessing Yearbook* 6 (1974), S. 162–178. 1773 erschien im ersten Jahrgang von Wielands *Deutschem Merkur* die Übersetzung eines Gedichts von Charles-Henri Riboutté; sie stammt von Johann Georg Jacobi (1740–1814):

Freie Nachahmung des französischen Liedes:
Que ne suis-je la fougère

Wenn im leichten Hirtenkleide
Mein geliebtes Mädchen geht,
Wenn um sie die junge Freude
Sich im süßen Taumel dreht,
Unter Rosen, zwischen Reben,
In dem Hain und an dem Bach,
Folgt ihr dann mit stillem Beben
Meine ganze Seele nach.

Wär' ich auf der Frühlingsaue
Nur das Lüftchen, das sie fühlt,
Nur ein Tropfen von dem Taue,
Der um sie die Blumen kühlt;
Nur das Bäumchen an der Quelle,
Das sie schützet und ergötzt,
Und die kleine Silberwelle,
Die den schönsten Fuß benetzt.

Wären meine Klagetöne
Der Gesang der Nachtigall!
Hörte mich die sanfte Schöne
Zärtlich in dem Widerhall!
Lispelt' ich an Rosenwänden
Als ein Abendwind herab,
Oder wär' in ihren Händen
Der beblümte Hirtenstab!

Könnt' ich ihr als Veilchen dienen,
Wenn sie neue Kränze flicht;
Könnt' ich in der Laube grünen,
Wo mit ihr ein Engel spricht!

Böt' ich im vertrauten Schatten
Ihrem Schlummer sanftes Moos,
Oder wo sich Täubchen gatten,
Meinen blumenreichen Schoß!

Mach, o Liebe! dort im Stillen
Unter jenem Myrtenbaum,
Wo sie ruht, um ihretwillen
Mich zum leichten Morgentraum!
Mit verschämtem holden Lachen
Sehe sie mein Schattenbild;
Und, o Liebe, beim Erwachen
Werd' ihr Morgentraum erfüllt!

Der Deutsche Merkur. Erster Band. Erstes Stück. [Jenner 1773.] S. 23–25.

Daß es sich bei Höltys Text um eine auf Untererfüllung basierende Einzeltextparodie handelt, dürfte trotz Fechners gegenteiliger Ansicht evident sein, zumal Fechner selbst schon richtig feststellt: »Jacobi's preciosity is transfigured into a precise and realistic world of deliberately negative appearance.« Gegen Fechners Auffassung des Gedichtes als »a similar case of a *Scherzgedicht*« spricht aber zudem der – gleichfalls von Fechner erwähnte – Affront gegen ein bestimmtes poetologisches Programm: Im »Epilog« zu den abgedruckten Übersetzungen empfiehlt Wieland den jungen Schriftstellern in Deutschland, »anstatt gewisse französische oder auch gewisse deutsche Schriftsteller nachzuahmen, lieber mit ihnen [zu] wetteifern« (*Der Deutsche Merkur*, Bd. 1, St. 1, S. 32). Anders dagegen Heinrich Christian Boie (1744–1806), der in einem Brief schreibt: »Ich bin recht ärgerlich darüber, daß W[ieland] und seine Freunde uns durchaus wieder zur Nachahmung dieser nur zu raffinierten, feinen Nation bringen wollen. Natur und Herz ist das einzige was ein Werk für alle Zeiten macht« (11. Juli 1773, zit. nach: Fechner, S. 170 f.). Diese Äußerung hat um so mehr Gewicht, als mit guten Gründen vermutet worden ist, daß neben Hölty auch Voß, Hahn und Boie an der Abfassung der am 31. August 1774 im *Wandsbecker Boten* erschienenen *Bettlerode* beteiligt waren. Diese Vermutung äußert in einer Anmerkung Julius Steinberger, in der er zudem hinsichtlich des antithematischen Charakters der *Bettlerode* feststellt: »Es ist eine Travestie des Jacobischen Gedichtes« (Julius Steinberger, Hrsg., *Aus dem Nachlaß Charlottens von Einem. Ungedruckte Briefe von Hölty, Voß, Boie, Overbeck u. a.*, Göttingen 1923, S. 153).

ABRAHAM GOTTHELF KÄSTNER (1719–1800)

Geboren in Leipzig; Studium der Rechte, Philosophie, Mathematik und Physik; ab 1739 Privatdozent für Mathematik in Leipzig, ab 1756 o. Professor für Mathematik und Physik in Göttingen; ab 1763 zudem Leiter der Sternwarte. In Göttingen auch gestorben.

Poetische und Prosaische Schönwissenschaftliche Werke. Zweiter Theil. Berlin: Enslin, 1841. S. 12–14 (Anakreontische Oden, 6).

Parodie auf die anakreontische Dichtung; über ihr Entstehen schreibt Kästner an den Herausgeber der Zeitschrift *Das Neueste aus dem Reiche des Witzes*: »M. H. Haben Sie wohl jemals gehört, daß die Gabe anakreontisch zu dichten ansteckt, wie die Elektrizität oder wie die Pest? Ich habe in meinem Leben nicht anakreontisch gedichtet und nie geglaubt, daß ich einen Trieb oder Geschicklichkeit dazu haben würde. Letztens las ich über Tische in einer Zeitung eine allerliebste anakreontische Ode: *Der Wunsch.* Ich setze mich nach Tische hin und denke, es wäre doch besser, eine anakreontische Ode zu machen, als Mittagsruhe zu halten [. . .]« (zit. nach: Kästner, *Werke*, T. 2, S. 12, Anm. 1). Und weiter heißt es in dem Brief: »Sie glauben nicht, M. H., wie leicht mir diese anakreontische Ode geworden ist. Ich dächte, unsere anakreontischen Dichter könnten ihrer in einem Jahr mehr machen als ein Nürnberger Künstler Stecknadeln oder Glaskorallen. Aber ich sehe auch mit Betrübnis, daß mancher vortreffliche Kopf, der ein großer Anakreonte werden würde, aus Mangel des Unterrichts zurückbleibt. Letztens hörte ich beim Spazierengehen ein Paar Kinder folgendes Liedchen singen:

Guckt er nicht raus, guckt sie doch raus,
Guckt sie nicht raus, guckt er doch raus. B. A.

Glauben Sie nicht, M. H., daß der glückliche Dichter dieses Liedes einen vortrefflichen Ansatz zu einem anakreontischen Dichter gehabt hat? Erstlich ist es gereimt und auch nicht gereimt, wie man es haben will; darnach ist eine so allerliebste gedankenleere Tändelei mit den Tönen darinnen, als man nur in einer anakreontischen Ode verlangen kann. Er und Sie, die Hauptpersonen einer anakreontischen Ode, sind auch da; kurz, ich glaube, der artige Kopf, welcher dieses Liedchen gemacht hat, hätte es auch wohl dahin gebracht, eine anakreontische Ode zu machen, in der Trinken und Küssen nicht genannt wäre; welches eine Erfindung in der anakreontischen Dichtkunst wäre, auf die man einen Preis setzen sollte« (zit. nach: Kästner, *Werke*, T. 2, S. 14, Anm. 1).

ERICH KÄSTNER (1899–1974)

Geboren in Dresden; Kriegsteilnehmer, dann Bankbeamter und Redakteur, Studium der Germanistik in Berlin, Rostock und Leipzig, seit 1927 freier Schriftsteller in Berlin. 1933 Verbot und Verbrennung seiner Bücher. 1945–48 Feuilletonredakteur in München, Mitarbeiter beim Münchener Kabarett *Die Schaubude*, langjähriger Präsident des deutschen PEN-Zentrums (BRD), zahlreiche Literaturpreise. Gestorben in München.

Gesammelte Schriften für Erwachsene. Zürich: Atrium, 1969. Bd. 6. S. 241 f.

Einzeltextparodie von Bertolt Brechts »Song«:

Das Lied vom Surabaya-Johnny

1

Ich war jung, Gott, erst sechzehn Jahre
Du kamest von Birma herauf
Und sagtest, ich solle mit dir gehen
Du kämest für alles auf.
Ich fragte nach deiner Stellung
Du sagtest, so wahr ich hier steh
Du hättest zu tun mit der Eisenbahn
Und nichts zu tun mit der See.
Du sagtest viel, Johnny
Kein Wort war wahr, Johnny
Du hast mich betrogen, Johnny, in der ersten Stund
Ich hasse dich so, Johnny
Wie du dastehst und grinst, Johnny
Nimm die Pfeife aus dem Maul, du Hund.
Surabaya-Johnny, warum bist du so roh?
Surabaya-Johnny, mein Gott, ich liebe dich so.
Surabaya-Johnny, warum bin ich nicht froh?
Du hast kein Herz, Johnny, und ich liebe dich so.

2

Zuerst war es immer Sonntag
So lang, bis ich mitging mit dir
Aber schon nach zwei Wochen
War dir nichts mehr recht an mir.

Hinauf und hinab durch den Pandschab
Den Fluß entlang bis zur See:
Ich sehe schon aus im Spiegel
Wie eine Vierzigjährige.
Du wolltest nicht Liebe, Johnny
Du wolltest Geld, Johnny
Ich aber sah, Johnny, nur auf deinen Mund.
Du verlangtest alles, Johnny
Ich gab dir mehr, Johnny
Nimm die Pfeife aus dem Maul, du Hund.
Surabaya-Johnny, warum bist du so roh?
Surabaya-Johnny, mein Gott, ich liebe dich so.
Surabaya-Johnny, warum bin ich nicht froh?
Du hast kein Herz, Johnny, und ich liebe dich so.

3

Ich hatte es nicht beachtet
Warum du *den* Namen hast
Aber an der ganzen langen Küste
Warst du ein bekannter Gast.
Eines Morgens in einem Sixpencebett
Werd ich donnern hören die See
Und du gehst, ohne etwas zu sagen
Und dein Schiff liegt unten am Kai.
Du hast kein Herz, Johnny
Du bist ein Schuft, Johnny
Du gehst jetzt weg, Johnny, sag mir den Grund.
Ich liebe dich doch, Johnny
Wie am ersten Tag, Johnny
Nimm die Pfeife aus dem Maul, du Hund.
Surabaya-Johnny, warum bist du so roh?
Surabaya-Johnny, mein Gott, warum liebe ich dich so.
Surabaya-Johnny, warum bin ich nicht froh?
Du hast kein Herz, Johnny, und ich liebe dich so.

Gesammelte Werke. Bd. 8. Frankfurt a. M.: Suhrkamp, 1967. (edition suhrkamp werkausgabe.) S. 325–327.

Kästner parodiert mit seinem Text einmal die schon von Tucholsky (vgl. in der vorliegenden Ausgabe S. 126 f.) verspottete Kraftmeierei der Brechtschen Songs. Stärker noch als Tucholsky thematisiert er zugleich die Abhängigkeit Brechts von Kipling, Villon und Rimbaud. In diesen Zusammenhang gehört auch der Skandal, der 1929 entstand, als der Berliner Kritiker Alfred Kerr in einer Art von Synopse die Übersetzungen K. L. Ammers (d. i. Karl Klammer) mit Brechts *Dreigroschenoper* verglich und Brecht Plagiat vorwarf (vgl. Alfred Kerr, »Brechts Copyright«, in: A. K., *Die Welt im Licht*, hrsg. von Friedrich Luft, Köln/Berlin 1961. S. 367 ff.). In der *Fackel* vom August 1929 griff auch Karl Kraus in diese mittlerweile stark politisierte Kontroverse ein, allerdings mit einer gegen den »Enthüllerich« Kerr gerichteten Glosse (vgl. *Die Fackel*, hrsg. von Karl Kraus, 1929, Nr. 811–819, S. 129 ff.).

Vorgetragen wurde die Parodie Kästners, gerade zum Lieblingsdichter Berlins avanciert, erstmals 1932 in Werner Fincks Kabarett-Theater *Katakombe* – und zwar von Kate Kühl, mit der Brecht zuvor seinen *Surabaya-Johnny* selbst einstudiert hatte. (Vgl. Heinz Greul, *Bretter, die die Zeit bedeuten. Die Kulturgeschichte des Kabaretts*, München 1971, Bd. 1, S. 269 ff.)

KLABUND (Alfred Henschke, 1890–1928)

Geboren in Crossen a. d. Oder; Studium der Literatur und Philosophie in München und Lausanne, dann freier Schriftsteller in München, Berlin und in der Schweiz; befreundet mit Gottfried Benn, in zweiter Ehe mit der Schauspielerin Carola Neher verheiratet. Gestorben in Davos.

Deutsches Volkslied 119

Der himmlische Vagant. Eine Auswahl aus dem Werk. Hrsg. von Marianne Kesting. Köln: Kiepenheuer & Witsch, 1968. S. 457 f.

Cento, d. h. Flickgedicht, u. a. aus Max Schneckenburgers *Die Wacht am Rhein*, Heines *Lorelei*, der Rotbart-Dichtung, Goethes *Harfenspieler* und *Der Erlkönig*, Schwabs *Das Gewitter*, Liliencrons *Die Attacke*, Hoffmann von Fallerslebens *Deutschlandlied* und Geibels *Cita mors ruit*, dem Vereinslied deutsch-nationaler Handlungsgehilfen.

REIMAR LENZ (* 1931)

Geboren in Berlin; lebt dort als Publizist und freier Schriftsteller; veröffentlichte bislang Lyrik, Essays, Hörspiele und zeitkritische Beiträge.

sogenannte wirklichkeiten. gedichte. Berlin: Zahl, 1969. S. 7. © Reimar Lenz, Berlin.

Bei dieser Auswahl sind wir davon ausgegangen, daß Vorlage und Parodie in der Regel derselben Gattung angehören müssen, zumal die Parodie nicht als eigene Gattung, sondern als Gattungsimitation aufzufassen ist. Insofern bildet der Text von Reimar Lenz eine Ausnahme, deren Aufnahme uns jedoch hier gerechtfertigt zu sein scheint, da die Adaption – sieht man einmal von der Zeilenbrechung ab – über keinen besonderen gattungsspezifischen Grad der Elaboration verfügt. Mit anderen Worten: Lenz' Text würde, in Prosa geschrieben, nichts von seinem Witz verlieren. Rekapituliert werden mit dem Text zunächst einmal die textstatistischen Untersuchungen Wilhelm Fucks' (vermutlich aus dem zusammen mit Josef Lauter verfaßten Aufsatz »Mathematische Analyse des literarischen Stils«, in: *Mathematik und Dichtung*, hrsg. von Helmut Kreuzer und Rul Gunzenhäuser, München 1965, S. 107 ff.). Die Wertangaben für die einzelnen Texte sind dabei durchaus korrekt nach den betreffenden Tabellen zitiert; die Wahl von Marx und Jünger läßt jedoch darauf schließen, daß es hier auch auf den völlig verschiedenen ideologischen Hintergrund und nicht allein auf den Bekanntheitsgrad der Autoren ankommt. Die Pointe des Textes liegt darin, daß Lenz auf diese Rekapitulation nun selbst die von Fucks vorgestellte Berechnung der Silben- und Wortverteilung anwendet – freilich mit völlig frei erfundenen Wertangaben! Damit wird einerseits eine bestimmte, nicht unumstrittene Methode scheinbar angewendet, zugleich aber das ihr zugrunde liegende Exaktheits-Ideal verspottet und ein Spiel mit der quantitativen und qualitativen Bewertung von Texten getrieben, und zwar aufgrund jener Doppeldeutigkeit, durch die man »höher stehen« einmal als Positionsangabe auf einer Skala, zum anderen als Rang in einer Hierarchie ästhetischer Werte interpretieren kann.

Trotz erheblicher Nachforschungen keine Daten ermittelt.

Was ich athme wird Moral. Parodien vom Minnesang bis Gottfried Benn. Nürnberg: Glock & Lutz, 1961. S. 44–46.

Vorlage der Textklassenparodie ist Barthold Heinrich Brockes' *Irdisches Vergnügen in Gott.* Dabei nützt Markowsky ein charakteristisches Merkmal des Vorbildes aus, auf das vor allem Dietrich Bode aufmerksam gemacht hat: »Überhaupt ist das Grundthema ja einfach und gleichbleibend genug. Aber in unablässigen Variationen nimmt er mit dem summierenden Wissensverlangen des Dilettanten wie mit dem betrachtenden Gemüt des Frommen die Phänomene auf und zieht daraus immer denselben Schluß, immer dasselbe Lob der göttlichen Ordnungsmacht, die alles so fein bereitet – oder aber auch eine deutlich aufs Menschliche gerichtete Moral« (Dietrich Bode, »Nachwort«, in: Barthold Heinrich Brockes, *Auszug der vornehmsten Gedichte aus dem Irdischen Vergnügen in Gott*, Faks.-Dr. nach der Ausg. von 1738, Stuttgart 1965, S. 6*).

Daß die mannigfache Variation eines Grundthemas in besonderer Weise zur parodistischen Verarbeitung reizt, liegt wohl auf der Hand. Freilich übernimmt R. H. Markowsky nicht allein dieses Schema und überzeichnet gewisse orthographische und formale Spezifika; vielmehr gibt es auch bei der konkreten Füllung des Schemas durchaus noch eine deutliche Beziehung zur Vorlage:

Mancherley Vorwürfe der Sinnen

Im Garten hört' ich jüngst den süss- und scharfen Schall
Der feurig schlagenden verliebten Nachtigall.
Ich ward dadurch gerührt, gereitzt, ergetzet,
Und, durch den reinen Klang, fast aus mir selbst gesetzet.
Ich horcht' aufmercksam zu, wie lieblich, süß und hell,
Wie scharf, wie rein, wie rund, wie hohl, wie tief, wie schnell,
Sie Stimm' und Ton formirt, verändert, theilet, fügt,
Und, durch unzählige Veränd'rung, uns vergnügt.
Oft weis sie Schnarren, Flöthen, Zischen,
In unbegreiflicher Geschwindigkeit, zu mischen.
Oft fängt sei einen Ton mit hellem Flöthen an, ſstöhnt,
Fällt in ein Zwitschern, schlägt, lockt, winselt, jauchzet,

Und alles fast zugleich; oft bricht sie ihn, oft dehnt,
Oft drehet sie den Ton, oft wirbelt sie den Klang,
Und ändert tausendfach den fröhlichen Gesang.

[. . .]

Wer kann, des Schöpfers Huld genug zu rühmen, taugen?
Da er nicht nur in unserm Leben,
In den fünf Sinnen, uns, zu so verschied'ner Lust,
Verschied'ne Thür- und Oeffnungen gegeben;
Da er nicht nur, zur Anmuth unsrer Brust,
Solch' eine Cörper-Meng', und Millionen Sachen
Zum Gegenwurf der Sinnen wollen machen;
Da er so gar verschied'ne Cörper schafft,
Die, mit so wunderbar vereinter Kraft,
Nicht nur durch einen Sinn, uns in Vergnügen setzen;
Nein, durch verschiedene, ja gar durch all', ergetzen.
Ach, lasst uns denn hierdurch aufs neu', in seinen Wercken,
Die Proben seiner Macht und weisen Liebe mercken!
Ach, lasst zu seinen heil'gen Ehren,
Bey stets vermehrter Huld, auch unsern Danck sich mehren!

Auszug der vornehmsten Gedichte aus dem Irdischen Vergnügen in Gott. Hrsg. von Dietrich Bode. Faks.-Dr. nach der Ausg. von 1738. Stuttgart: Metzler, 1965. S. 85–87.

Mag sein, daß Markowsky durch Brockes' Lob der verschiedenen »Thür- und Oeffnungen« sogar zu seinem eigenen anrüchigen Lob stimuliert wurde; allerdings ist selbst dieses Sinnen über etwas ekelhafte Wunder schon in der Vorlage vorgegeben:

Roß-Käfer

Indem ich jüngst, im grünen Klee,
Der Wiesen Schmuck, mit tausend Lust, beseh',
Werd' ich von ungefehr gewahr,
Wie eine blaue Käfer-Schaar
In halb-gedorrtem Pferde-Mist
Sich aufhält und beschäfftigt ist,
(Ohn' an der Erden Pracht und Schätzen,
Mit welchen sie umringt, sich zu ergetzen
Und einiges Vergnügen draus zu fühlen)
In ihrem Wust vergnügt, beständig fort zu wühlen.

Ich sahe dieß zuerst nicht sonder Eckel an,
Bis ich mich überwand,
Und eine kurtze Zeit bey ihnen stille stand;
Da ich auf ihr Betrieb, mit ernstem Dencken, sann. [...]

Auszug der vornehmsten Gedichte aus dem Irdischen Vergnügen in Gott. Hrsg. von Dietrich Bode. Faks.-Dr. nach der Ausg. von 1738. Stuttgart: Metzler, 1965. S. 298.

FRITZ MAUTHNER (1849–1923)

Geboren in Böhmen; Studium in Prag, danach Redakteur beim *Magazin für Literatur* in Berlin und beim *Berliner Tageblatt*. Verbrachte die letzten Jahrzehnte seines Lebens als freier Schriftsteller am Bodensee. In Meersburg gestorben.

Nach berühmten Mustern. Gesamtausgabe. Stuttgart: Union, 1897. S. 26–30.

Rubaî: (richtig: *Rubâ'î*) Dichtungsform der persischen Gedankenlyrik. – *Ghasel:* Gedichtform der orientalischen Lyrik. – *Kaftan:* langärmeliger Überrock der Orientalen. – *Parsen:* Anhänger Zarathustras; Nachfahren jener Perser, die den arabischen Islam nicht annehmen wollten. – *Penschab:* das Pandschab, die älteste Kulturlandschaft Indiens.

Vorlage der Parodie sind *Die Lieder des Mirza-Schaffy* von Friedrich von Bodenstedt, die – 1851 geschrieben – stark durch Friedrich Rückerts *Die Weisheit des Brahmanen* (1836–39) beeinflußt wurden. Insofern ist Bodenstedts Text ein Nachkömmling aus der – nicht zuletzt durch Goethes *West-östlichen Divan* (1819) hervorgerufenen – Begeisterung für die Dichtung des Orients.
Dabei provozierte insbesondere die Ghaselen-Form, ein hervorstechendes Merkmal orientalischer Lyrik, schon früh die Kritik gegenüber solcher »Poetisierung durch poetische Ferne« (Richard M. Meyer). So überrascht es nicht, daß auch Mauthner – abgesehen von der Wahl einer betont lächerlichen Thematik, mit der die Hohlheit der Sprüche vor Augen geführt werden soll – sich gerade dieses Stilmerkmals ausgiebig bedient. Und zwar ist es vor allem der reiche Reim (Gleichklang der letzten drei oder mehr Silben), der – beim Ghasel zugelassen, seit Opitz jedoch aus der deutschen Poesie verbannt – seinen parodistischen Intentionen sehr entgegenkommt.

Auch wenn Mauthner nicht einzelne Zeilen der Vorlage verarbeitet, sondern allgemein ihren Stil und ihre Thematik parodiert, soll zur Demonstration der *28. Spruch der Weisheit* hier abgedruckt werden:

Wer seine Augen stets am rechten Orte hat,
Zum rechten Sinne stets die rechten Worte hat,
Der ist der wahre Dichter, der den Schlüssel
Den rechten Schlüssel zu der rechten Pforte hat!

Friedrich von Bodenstedt: Die Lieder des Mirza-Schaffy. Berlin: Decker, [1851]. S. 79.

VON MIRIS (Franz Bonn, 1830–1894)

Geboren in München, dort auch Studium der Rechtswissenschaft. 1868 erster Staatsanwalt in Bayreuth, später in München. Seit 1881 Präsident der Domänenkammer des Fürsten von Thurn und Taxis. Mitarbeiter an den *Fliegenden Blättern*. Gestorben in Regensburg.

Abgedr. nach: Hinaus in die Ferne / Mit Butterbrot und Speck. Die schönsten Parodien auf Goethe bis George. Gesammelt von Ernst Heimeran. München: Heimeran, 1943. S. 95. – Zuerst erschienen in: Der pädagogisch verbesserte Struwwelpeter. o. O. 1880.

Vorlage der Parodie ist Heinrich Hoffmanns 1844/45 entstandene und später veränderte Verserzählung für Kinder:

Die Geschichte vom bösen Friederich

Der Friederich, der Friederich
das war ein arger Wüterich!
Er fing die Fliegen in dem Haus
und riß ihnen die Flügel aus.
Er schlug die Stühl und Vögel tot,
die Katzen litten große Not.
Und höre nur, wie bös er war:
Er peitschte oft sein Gretchen gar!

Am Brunnen stand ein großer Hund,
trank Wasser dort mit seinem Mund.
Da mit der Peitsch herzu sich schlich

der bitterböse Friederich;
und schlug den Hund, der heulte sehr,
und trat und schlug ihn immer mehr.
Da biß der Hund ihn in das Bein,
recht tief bis in das Blut hinein.
Der bitterböse Friederich,
der schrie und weinte bitterlich.
Jedoch nach Hause lief der Hund
und trug die Peitsche in dem Mund.

Ins Bett muß Friedrich nun hinein,
litt vielen Schmerz an seinem Bein;
und der Herr Doktor sitzt dabei
und gibt ihm bittre Arzenei.

Der Hund an Friedrichs Tischchen saß,
wo er den großen Kuchen aß;
aß auch die gute Leberwurst
und trank den Wein für seinen Durst.
Die Peitsche hat er mitgebracht
und nimmt sie sorglich sehr in acht.

Der Struwwelpeter. Frankfurt: Literarische Anstalt, 1847. S. 3 ff.

Der Anlaß für die Parodie läßt sich nur vermuten: 1876 schreibt Heinrich Hoffmann einen Vorbericht zur hundertsten Auflage des *Struwwelpeter*, in dem er sich auch gegen Vorwürfe von Kritikern seines Buches verteidigt. Es heißt dort u. a.: »Trotzdem hat man den Struwwelpeter auch großer Sünden beschuldigt, denselben als gar zu märchenhaft, die Bilder als fratzenhaft oft herb getadelt [. . .] schwerlich werden die National-Erzieher die Geschichte vom Rotkäppchen, das der Wolf verschluckte, vom Schneewittchen, das die böse Stiefmutter vergiftete, aus dem Volksbewußtsein und aus der Kinderstube vertilgen« (zit. nach: Helmut Müller, »›Struwwelpeter‹ und Struwwelpetriaden«, in: *Das Bilderbuch. Geschichte und Entwicklung des Bilderbuchs in Deutschland von den Anfängen bis zur Gegenwart*, hrsg. von Klaus Doderer und Helmut Müller, Weinheim/Basel 1973, S. 155). Nicht auszuschließen ist demnach, daß von Miris mit seiner thematischen Inversion und der ideellen wie handfest materiellen Belohnung zum Schluß nicht die Vorlage attackiert, sondern eine bestimmte Kritik, der die »grausigen übertriebenen Vorstellungen« im *Struwwelpeter* zu weit gingen und die deshalb Schaden für die Kinder befürchtete.

FRIEDRICH EDUARD MOLL

Lebensdaten unbekannt, erwähnt lediglich als Herausgeber des *Berliner Vocativus auf Reisen*, einer 1863 erschienenen Sammlung von Schnurren, Scherz- und Humorgedichten (vgl. H. Bemmann, Hrsg., *Leute, höret die Geschichte. Bänkeldichtung aus zwei Jahrhunderten*, Berlin 1976).

Parodien und Travestien. Ges. von David Haek. Leipzig: Reclam, [1921]. S. 67–69.

Vorlage der Einzeltext-Parodie ist Matthissons berühmte Elegie. Wahrscheinlich wird mit dem Namen Gottfried Quosegeyer über diesen Text hinaus auch auf die u. a. Matthisson verpflichtete Dichtung Gotthard Ludwig Theobul Kosegartens angespielt.

Elegie in den Ruinen eines alten Bergschlosses geschrieben

Schweigend in der Abenddämmrung Schleier,
  Ruht die Flur, das Lied der Haine stirbt,
Nur daß hier, im alternden Gemäuer,
  Melancholisch noch ein Heimchen zirpt.
Stille sinkt aus unbewölkten Lüften,
Langsam ziehn die Herden von den Triften,
  Und der müde Landmann eilt der Ruh'
  Seiner väterlichen Hütte zu.

Hier, auf diesen waldumkränzten Höhen,
  Unter Trümmern der Vergangenheit,
Wo der Vorwelt Schauer mich umwehen,
  Sei dies Lied, o Wehmut, dir geweiht!
Traurend denk' ich, was vor grauen Jahren
Diese morschen Überreste waren;
  Ein betürmtes Schloß, voll Majestät
  Auf des Berges Felsenstirn erhöht!

Dort, wo um des Pfeilers dunkle Trümmer
  Traurigflüsternd sich der Efeu schlingt,
Und der Abendröte trüber Schimmer
  Durch den öden Raum der Fenster blinkt,
Segneten vielleicht des Vaters Tränen
Einst den edelsten von Deutschlands Söhnen,

Dessen Herz der Ehrbegierde voll,
Heiß dem nahen Kampf entgegen schwoll.

Zeuch in Frieden, sprach der greise Krieger,
Ihn umgürtend mit dem Heldenschwert,
Kehre nimmer, oder kehr' als Sieger,
Sei des Namens deiner Väter wert!
Und des edlen Jünglings Auge sprühte
Todesflammen, seine Wange glühte,
Gleich dem aufgeblühten Rosenhain
In der Morgenröte Purpurschein.

Wild, wie Meere toben, flog der Ritter
Dann mit frohem Ungestüm zur Schlacht,
Wie der Tannenwald im Sturmgewitter,
Beugte sich vor ihm des Feindes Macht!
Mild, wie Bäche, die durch Blumen wallen,
Kehrt er zu des Felsenschlosses Hallen,
Zu des Vaters Freudentränenblick,
In des keuschen Mädchens Arm zurück.

Ach! mit banger Sehnsucht blickt die Holde
Oft vom Söller nach des Tales Pfad;
Schild' und Panzer glühn im Abendgolde,
Rosse fliegen! der Geliebte naht!
Sprachlos nun die treue Hand ihm reichend,
Steht sie da, errötend und erbleichend,
Aber was ihr sanftes Auge spricht,
Sänge selbst dein Mund, o Liebe, nicht!

Laut erscholl im hochgewölbten Saale,
Dort wo aus dem Schutt die Säule ragt,
Dann der Klang der mächtigen Pokale,
Unter Freud' und Scherz entfloh die Nacht.
Die Geschichten schwererkämpfter Siege,
Grauser Abenteu'r im heil'gen Kriege,
Weckten in der rauhen Helden Brust
Die Erinnrung schauerlicher Lust.

O der Wandlung! Graun und Nacht umdüstern
Nun den Schauplatz jener Herrlichkeit!
Schwermutsvolle Abendwinde flüstern,
Wo die Starken sich des Mahls gefreut!

Disteln wanken einsam auf der Stätte,
Wo um Schild und Speer der Knabe flehte,
  Wann der Schlachtdrommete Ruf erklang
  Und sich wild aufs Roß der Vater schwang!

Asche sind die ehernen Gebeine,
  Staub der Helden Felsenstirnen nun!
Kaum daß halbversunkne Leichensteine
  Noch die Stätte melden, wo sie ruhn.
Viele wurden längst ein Spiel der Lüfte,
Ihr Gedächtnis sank wie ihre Grüfte,
  Und den Tatenglanz der Heldenzeit
  Hüllt das Dunkel der Vergessenheit!

So vergehn des Lebens Herrlichkeiten!
  So entfleucht das Traumbild eitler Macht!
So versinkt im schnellen Lauf der Zeiten,
  Was die Erde trägt, in öde Nacht!
Lorbeern, die des Siegers Stirn umkränzen,
Taten, die in Erz und Marmor glänzen,
  Urnen, der Erinnerung geweiht,
  Und Gesänge der Unsterblichkeit!

Alles, was mit Sehnsucht und Entzücken
  Hier am Staub ein edles Herz erfüllt,
Schwindet, gleich des Herbstes Sonnenblicken,
  Wenn ein Sturmgewölk den Äther hüllt.
Die am Abend freudig sich umfassen
Sieht die Morgenröte schon erblassen;
  Selbst der Freundschaft und der Liebe Glück
  Läßt auf Erden keine Spur zurück!

Süsse Liebe! deine Rosenauen
  Grenzen an bedornte Wüstenei'n,
Und ein plötzliches Gewittergrauen
  Düstert oft der Freundschaft Himmelsschein.
Hoheit, Ehre, Macht und Ruhm sind eitel!
Eines Weltgebieters stolze Scheitel
  Und ein zitternd Haupt am Pilgerstab
  Deckt mit einer Dunkelheit das Grab!

Friedrich Matthissons Gedichte. Hrsg. von Gottfried Bölsing. Bd. 1. Tübingen: Litterarischer Verein, 1912. (Bibliothek des Litterarischen Vereins in Stuttgart. 257.) S. 114–117.

CHRISTIAN MORGENSTERN (1871–1914)

Geboren in München als Sohn eines Kunstprofessors. Studium der Volkswirtschaft und Rechtswissenschaft, später der Philosophie und Kunstgeschichte in Breslau; ab 1894 Redakteur, Journalist und Schriftsteller in Berlin, Freundschaft mit den Brüdern Hart. Gestorben in Meran an Tuberkulose.

Das Gebet 108

Galgenlieder. In: Gesammelte Werke in einem Band. Hrsg. von Margareta Morgenstern. München: Piper, 1965. S. 230.

Prototyp der oft nur sehr locker auf die Vorlage bezogenen Blödel-Parodie, wie sie heute etwa von Robert Gernhardt (vgl. in der vorliegenden Ausgabe S. 151) gepflegt wird. Vorlage ist hier Nietzsches Gedicht:

O Mensch! Gib acht!
Was spricht die tiefe Mitternacht?
»Ich schlief, ich schlief –,
»Aus tiefem Traum bin ich erwacht: –
»Die Welt ist tief,
»Und tiefer als der Tag gedacht.
»Tief ist ihr Weh –,
»Lust – tiefer noch als Herzeleid:
»Weh spricht: Vergeh!
»Doch alle Lust will Ewigkeit –,
»– will tiefe, tiefe Ewigkeit!«

Also sprach Zarathustra. Ein Buch für alle und keinen. Mit einem Nachwort von Alfred Baeumler. Stuttgart: Kröner, 1956. (Kröners Taschenausgabe. 75.) S. 359.

Fisches Nachtgesang 109

Galgenlieder. In: Gesammelte Werke in einem Band. Hrsg. von Margareta Morgenstern. München: Piper, 1965. S. 225.

Die Entscheidung, Morgensterns ›Figurentext‹ als Parodie zu klassifizieren, ist sicherlich nicht unproblematisch. Immerhin gibt es einige Beziehungen zu Goethes Gedicht:

Ein Gleiches

Über allen Gipfeln
Ist Ruh,

In allen Wipfeln
Spürest du
Kaum einen Hauch;
Die Vögelein schweigen im Walde.
Warte nur, balde
Ruhest du auch.

Gedenkausgabe der Werke, Briefe und Gespräche. Hrsg. von Ernst Beutler. Bd. 1. Zürich/Stuttgart: Artemis, ²1961. S. 69. [Das Gedicht ist auch als *Wandrers Nachtlied* bekannt.]

Wulf Segebrecht, der auf diese Beziehungen aufmerksam gemacht hat (vgl. Wulf Segebrecht, *Johann Wolfgang Goethes Gedicht »Über allen Gipfeln ist Ruh« und seine Folgen. Zum Gebrauchswert klassischer Lyrik. Text, Materialien, Kommentar*, München/Wien 1978, S. 112–114), schreibt dazu u. a.: »Die verwendeten Zeichen lassen sich auch als die in der Metrik gebräuchlichen Zeichen für lange und kurze Silben lesen. Schnell aber kann man feststellen, daß im Deutschen keine Wortfolge denkbar ist, die sich dem dargestellten metrischen Schema fügen würde, so daß die Zeichen nicht in eine verständliche Verlautbarung übersetzt werden können: auch so gesehen vergegenwärtigt Morgensterns ›Fisches Nachtgesang‹ die Ruhe, die der Titel verspricht, so daß man es durchaus, wie ›Wanderers Nachtlied‹, ein ›Ruhelied‹ nennen könnte, dessen Inhalt und Stimmung allerdings vom Leser hinzugefügt, nicht herausgezogen werden muß. Daß Morgenstern, als er ›Fisches Nachtgesang‹ erfand, an ›Wanderers Nachtlied‹ gedacht hat, liegt nahe; der ungewöhnliche vorangestellte Genitiv dessen, dem das Lied (in beiden Fällen: ein Lied zur Nacht) in den Mund gelegt wird, deutet darauf hin. Außerdem vertreten die verwendeten Zeichen die gleiche Anzahl von Silben, die Goethes Gedicht ›Über allen Gipfeln ist Ruh‹ enthält« (Segebrecht, S. 113 f.).
Freilich trifft dies nur zu, wenn man – auch darauf hat Wulf Segebrecht aufmerksam gemacht – »Vöglein« statt »Vögelein« liest. Wulf Segebrechts spätere Einschränkung, daß es sich hierbei nicht um eine »Quellenabhängigkeit«, sondern um »eine dem dadaistischen Programm nahestehende Befreiung von dem Vorbild eines klassischen Musters« handelt, haben wir nicht ganz verstanden; hinweisen möchten wir nur noch darauf, daß die parodistische Verwendung solcher Notationen bereits bei Christian Friedrich Timme (vgl. in der vorliegenden Ausgabe S. 269) vorkommt.

KARL MÜCHLER (1763–1857)

In Stargard als Sohn eines Philosophen und Schriftstellers geboren. Studium der Rechte in Berlin. Ausübung verschiedener Tätigkeiten in der Administration, u. a. unter Baron Rosen als Leiter der Kriegs- und höheren Sicherheitspolizei in Dresden nach 1814. Neben zahlreichen Publikationen Mitherausgabe der Zeitschrift *Der Freimütige für Deutschland* (1819–1820), die dann verboten wurde. Gestorben in Berlin.

Parodieen. Neue Ausgabe. Berlin: Stuhr, 1820. S. 161–163.

Phöbus: Beiname des griechischen Gottes Apoll, u. a. Gott des Orakels, des Lichtes, der Musik, aller Harmonie und Ordnung.

Vorlage für die Einzeltextparodie ist das Gedicht eines nicht identifizierten Poeten:

An die unbefleckte Empfängnis Marias

Niemals erquickender,
niemals entzückender
Phöbus sich wiese:
als da erneuet ward,
höher geweihet ward,
das Paradiese.

Dieser beladet nicht,
innerhalb schadet nicht
teuflische Lugsucht,
noch der versagete
kläglich gewagete
Biß in die Trugfrucht.

Dieses verderbten nicht,
diesem vererbten nicht
giftige Düfte.
Nährend durchgehen es,
klärend durchwehen es
heilige Lüfte.

Wie im gedrängem Heer
stehn in ihm eng umher

Tugenden-Blüten;
saugen ohn' Überdruß
Nektar vom Überfluß
göttlicher Güten.

Mitten im Schweberaum
tut es dem Lebebaum
treuiglich warten;
Lebebaum Jesus ist,
unser Herr Jesus Christ;
gehn wir zum Garten.

Gehn wir, er offen ist,
kühnlich zu hoffen ist.
Sind wir da, siehe,
dies Paradiese sieh,
wie es sich wiese nie
Jungfrau'n Marie.

Abgedr. nach: Karl Müchler (Hrsg.): Parodieen. Neue Ausgabe. Berlin: Stuhr, 1820. S. 160–162.

Durch eine Reihe vorwiegend einfacher Substitutionen wird die Parodie zur Invektive gegen den Verfasser und seine »alberne Reimsucht«.

MYNONA (Salomo Friedlaender, 1871–1946)

Geboren in Gollantsch (Posen). 1894–1902 kurzes Studium der Medizin und Zahnheilkunde, dann der Philosophie, Alten Geschichte und Archäologie in München, Berlin und Jena. 1902 Promotion in Jena mit einer Arbeit über Arthur Schopenhauer; Neukantianer. Bis 1933 freier Schriftsteller in Berlin. Flucht vor den Nazis nach Paris, wo er während der deutschen Besatzung unbehelligt lebte. Dort auch gestorben. Das Pseudonym entstand aus der Umkehrung von »anonym«.

Hundert Bonbons. Sonette von Mynona. München: G. Müller, 1918. S. 1. © Heinz-Ludwig Friedlaender, Paris.

Sonett: in der Petrarkischen Form zwei Quartette und zwei Terzette, die ersteren mit dem Reimschema abba abba, die Terzette mit variierendem Reim.

Die Sonettparodie, die witzigerweise eine Sammlung mit hundert Sonetten eröffnet, dürfte in zwei literarischen Moden motiviert sein: Zum einen bezieht sie sich auf die mit Johannes Schlafs Übertragung einsetzende, kaum zu überschätzende Rezeption der Lyrik Walt Whitmans (1819–92), für die hier stellvertretend einige – übrigens die reimlosen, freirhythmischen, meistens langzeiligen Verse des Vorbildes imitierende – Zeilen aus Herbert Eulenbergs Dichterlob angeführt seien:

Walt Whitman
Johannes Schlaf, einem seiner deutschen
Übersetzer, insbesondere zugesungen

Dich sing' ich, größten,
Um nicht zu sagen, einzigen Dichter Amerikas,
Dich, Walt Whitman,
Bürger Manhattans und der Erde!
Nicht die Musen ruf' ich an vor solchem Unterfangen.
Weg mit den Mythen und den ranzigen Schulerinnerungen!
Unbelastet mit klassischen Überlieferungen
Steh' ich dir gegenüber, frei und unverbildet
Auf dem jungfräulichen Boden der neuen Welt
Und spreche zu dir wie ein Mensch zum Menschen,
Vorbild, Bruder, Kamerado, der ich dich liebe,
Wie du mich liebtest und alle Zukunft.
In meiner Linken halt' ich deine »Grashalme«.
So nanntest du die Sammlung deiner Verse,
Deiner barbarischen Gesänge,
Mit denen du dir die Welt erobert hast. [...]

Herbert Eulenberg: Erscheinungen. Stuttgart: J. Engelhorn, 1924. S. 273.

Zum anderen ist Mynonas Text ein parodistischer Reflex auf die Sonettmode der Zeit, der nicht zuletzt im Anschluß an die französischen Autoritäten Baudelaire, Verlaine, Rimbaud und Mallarmé nahezu alle deutschen Autoren von Rang verfallen waren (vgl. zusammenfassend: Hartmut Kircher, Hrsg., *Deutsche Sonette*, Stuttgart 1979, S. 440 f.) und an deren europäischen Ursprung mit der Nennung Francesco Petrarcas (1304–74) im Text erinnert wird. Dabei erfolgt Friedlaenders Kritik der Mode direkt wie formal: so spricht er einerseits etwa vom ›Sonette Schmieren‹, andererseits äußert er beispielsweise ästhetische Bedenken in der kritisierten Gattung und erzielt unter anderem durch den Kontrast zwischen der eingehaltenen petrarkistischen Verpflichtung zum umschlingenden Reim in den Quartetten und den harten Enjambements einen komischen Effekt. (Vgl. auch Alexander von Bormann, »›Wer heut Sonette schreibt ...‹. Hinweise zur historischen Semantik einer lyrischen Form«, in: *Literaturwissenschaft und Geschichtsphilosophie. Festschrift für Wilhelm Emrich*, hrsg. von Helmut Arntzen [u. a.], Berlin / New York 1975, S. 146–159).

ROBERT NEUMANN (1897–1975)

Geboren in Wien, dort auch Studium der Medizin, Chemie und Germanistik. Versuchte sich erfolglos in mehreren Berufen, u. a. als Schokoladenfabrikdirektor. Danach Schriftsteller, 1927 bzw. 1932 Veröffentlichung der Parodiensammlung *Mit fremden Federn* und *Unter falscher Flagge*. 1933 Verbot und Verbrennung seiner Bücher. 1934 Emigration nach England; später nach Locarno übergesiedelt. Vizepräsident des Internationalen PEN-Clubs. Gestorben in München.

Parodien I. Mit fremden Federn. Reinbek bei Hamburg: Rowohlt, 1978. S. 37.

Mimikry: von griech. μίμησις: ›Nachahmung‹; Schutz wehrloser Tiere, die in Körpergestalt und Färbung andere Tiere nachahmen. – *sodomit:* Sodomie, Geschlechtsverkehr mit Tieren. – *Gonorrhöe:* Geschlechtskrankheit. – *erectil:* von »Erektion«.

Formal, in der Lexik und Thematik verarbeitet Robert Neumann für seine Parodie zwei Gedichte Gottfried Benns:

Chaos

Chaos – Zeiten und Zonen
bluffende Mimikry,
großer Run der Äonen
in die Stunde des Nie –
Marmor Milets, Travertine,
hippokratischer Schein,

Leichenkolombine:
die Tauben fliegen ein.

Ebenbild, inferniertes,
Erweichungsparasit,
Formen-onduliertes
lachhaft und sodomit
lobe –: die Hirne stümmeln
leck im Sursumscharnier,
den Herrn –: die Hirne lümmeln
Leichenwachs, Adipocire.

Bruch. Gonorrhoische Schwarten
machen das Weltgericht:
Waterloo: Bonaparten
paßte der Sattel nicht –
Fraß, Suff, Gifte und Gase –
wer kennte Gottes Ziel
anders als: Ausgang der Blase
erektil?

Fatum. Flamingohähne,
Geta am Darm kommod,
anderweit Tierschutzmäzene
kommt, ersticht ihn beim Kot –
Fraß, Suff, Seuchen und Stänke
um das Modder-Modell –
à bas die Kränke:
individuell.

Keine Flucht. Kein Rauschen.
Chaos. Brüchiger Mann.
Fraß, Suff, Säfte tauschen
ihm was Lebendes an,
mit im Run der Äonen
in die Stunde des Nie
durch der Zeiten und Zonen
leere Melancholie.

Gesammelte Werke in vier Bänden. Hrsg. von Dieter Wellershoff. Bd. 3. Stuttgart: Klett-Cotta, [6]1981. S. 82 f.

Als zweite Vorlage diente das Gedicht:

Der Sänger

Keime, Begriffsgenesen,
Broadways, Azimut,
Turf- und Nebelwesen
mischt der Sänger im Blut,
immer in Gestaltung,
immer dem Worte zu
nach Vergessen der Spaltung
zwischen ich und du.

Neurogene Leier,
fahle Hyperämien,
Blutdruckschleier
mittels Koffein,
keiner kann ermessen
dies: dem einen zu,
ewig dem Vergessen
zwischen ich und du.

Wenn es einst der Sänger
dualistisch trieb,
heute ist er Zersprenger
mittels Gehirnprinzip,
stündlich webt er im Ganzen
drängend zum Traum des Gedichts
seine schweren Substanzen
selten und langsam ins Nichts.

Gesammelte Werke in vier Bänden. Hrsg. von Dieter Wellershoff. Bd. 3. Stuttgart: Klett-Cotta, [6]1981. S. 59.

An den Prinzen von Theben 123

Parodien I. Mit fremden Federn. Reinbek bei Hamburg: Rowohlt, 1978. S. 42. © Agentur Dr. Ruth Liepmann, Zürich.

Sardanapal: griechischer Name des Assyrerkönigs Assurbanipal. – *Dogaressa:* Titel der Gemahlin des Dogen in Venedig.

Textklassenparodie auf die Dichtung der Lasker-Schüler, der sie nicht nur formal mit der charakteristischen Zweierzeile nachgebildet ist, sondern auf die sie auch mit zahlreichen Anspielungen verweist. Neben der häufig verwendeten Interjektion »o« und dem nicht minder häufigen Adverb »immer« (vgl. etwa auch das Gedicht *Franz Werfel*) sind dies u. a.: »An den Prinzen von Theben« vgl. *Der Prinz*

von Theben. Ein Geschichtenbuch. – »glänzt dein Mondgesicht« vgl. »Wie das Mondlicht wandele dein Antlitz« (in: *Die Stimme Edens*). – »in süßerlei Abendfarben« vgl. »In süßerlei Abendfarben« (in: *Hans Ehrenbaum-Degele*). – »und heißest wohl Franz von Assisi«: vgl. »Er war wohl Martin Luther« (in: *Georg Trakl*). – »In deinem Nabel wohnt vielleicht der Brunnen von Hebron«: vgl. »Wie ein heimlicher Brunnen murmelt mein Blut« (in: *Mein Liebeslied*). – »Einmal werde ich deine Ohren rauben«: vgl. »Einmal möchte ich mit meiner ziellosen Hand über dein Gesicht fassen« (in: *Dem Herzog von Leipzig*). – »ich möchte an deinem Daumen saugen«: vgl. »Möchte an deinem Munde brennen« (in: *Dann*).
Auch die Widmung am Schluß des Gedichtes nimmt eine Eigenart der Lasker-Schüler auf und komisiert sie durch die Substitution (vgl. dazu etwa: »Die Gedichte des Styx schenke ich Ludwig von Ficker, dem Landvogt von Tyrol und seiner schönen Schwedin«). Besonders deutlich wird der komische Kontrast bei »Dogaressa Blanka Fischl in Prag«. (Immerhin hatte Else Lasker-Schüler das Gedicht *Mein Drama* der in Berlin tätigen Lektorin »Grete Fischer aus Prag« gewidmet.)

Unter dem Wasserhahn 123

Parodien I. Mit fremden Federn. Reinbek bei Hamburg: Rowohlt, 1978. S. 60. © Agentur Dr. Ruth Liepmann, Zürich.

Mit seiner Einzeltextparodie spielt Robert Neumann auf Kraus' Tätigkeit als Herausgeber und Autor der *Fackel* ebenso an wie auf dessen weitgehend epigonale eigene Lyrik. Vorlage ist hier Karl Kraus' Gedicht:

Unter dem Wasserfall

Wer vor mir ließ von diesem Wasserfall,
von dieser Sonne sich begnaden!
Wer vor mir stand, das Haupt im All,
stolz an der Ewigkeit Gestaden!

Von Gott bin ich hier eingeladen,
so hoch in Gunst wie jedes Tier,
und hier ist niemand außer mir,
hier will ich frei von mir mich baden!

Was ich mir selbst schuf, nahm mich selbst nicht auf,
und Wort und Weib, sie wiesen nach den Schatten

und alles Leben wurde ein Ermatten,
zurück in mich lief meiner Welten Lauf.

Nun bin ich zu den Wundern heimgegangen
und auf der Gotteswelt allein.
Hier dieser Sonnenstrahl ist mein.
Wie hat die Schöpfung festlich mich empfangen!

Lust ohne Leiden, Liebe ohne Last,
Naturdrang ohne Scham und Schranken –
ich bin an Gottes goldnem Tisch zu Gast
und hab' mir nichts mehr zu verdanken!

Weit hinter mir ist alles Weh und Wanken.
Wie hat der Wasserfall Bestand!
Wie segnet dieses Sonnenland
vor meiner Nacht mir die Gedanken!

Werke. Hrsg. von Heinrich Fischer. Bd. 7: Worte in Versen. München: Kösel, 1959. S. 249.

The Mahagonny-Ay-Ay-Song 124

Parodien II. Unter falscher Flagge. Reinbek bei Hamburg: Rowohlt, 1979. S. 32 f. © Agentur Dr. Ruth Liepmann, Zürich.

Gewiß erfüllt dieser Text Robert Neumanns Vorstellung von der Parodie als einer »un-gutmütigen, unhumorigen Aggression« nicht weniger, als all die anderen Parodien, die sich mit Brechts Dichtung und der von ihm eingestandenen »Laxheit in Dingen des geistigen Eigentums« beschäftigen. Dabei wird im Gegensatz etwa zu Kästners Parodie (vgl. in der vorliegenden Ausgabe S. 128 f.) jede Anspielung auf Kipling, Villon oder Rimbaud vermieden. Auch wird der von Alfred Kerr gegen Brecht erhobene Plagiatsvorwurf bezüglich Ammers Villon-Übersetzungen nicht explizit thematisiert. Die Vorlagen selbst – Brechts Mahagonny-Songs – kommen nur mit ein paar Floskeln zu Wort. Statt dessen wird ausgiebig ein allseits bekannter Autor mit einem wohlbekannten Gedicht zitiert: durch das Mißverhältnis von Fremdem und Eigenem soll Brechts »Laxheit« überspitzt vor Augen geführt werden. Nicht Vorlage im strikten Sinne, wohl aber Mittel zur Parodierung sind hier die drei ersten Strophen von Johann Wolfgang Goethes *Mailied*:

Wie herrlich leuchtet
Mir die Natur!

Wie glänzt die Sonne!
Wie lacht die Flur!

Es dringen Blüten
Aus jedem Zweig
Und tausend Stimmen
Aus dem Gesträuch

Und Freud und Wonne
Aus jeder Brust.
O Erd, o Sonne!
O Glück, o Lust!

Gedenkausgabe der Werke, Briefe und Gespräche. Hrsg. von Ernst Beutler. Bd. 1. Zürich/Stuttgart: Artemis, ^{2}1961. S. 52.

Daß ausgerechnet dieser Mahagonny-Song in einem von Robert Neumann fingierten Lyrik-Wettbewerb den Lenz-Lyrik-Preis gewinnt, stellt eine zusätzliche Pointe gegenüber Brechts Übernahmen dar.

Ein Sohn, etwas frühreif, schreibt an Frau Großhennig 125

Parodien II. Unter falscher Flagge. Reinbek bei Hamburg: Rowohlt, 1979. S. 78. © Agentur Dr. Ruth Liepmann, Zürich.

Vorlage ist Erich Kästners Gedicht:

Frau Großhennig schreibt an ihren Sohn

Mein lieber Junge! Das war natürlich sehr schade,
daß Du zu meinem Geburtstag nicht kamst. Und nur schriebst.
Die Nelken waren sehr schön. Und Bratwurst hatten wir grade.
Weil ich doch hoffte Du kämst. Und Du doch Bratwurst so liebst.

Tante Isolde hat mir eine Lackledertasche geschenkt.
Nur Vater der hatte es gänzlich vergessen.
Ich war erst traurig. Wo er doch sonst stets an alles denkt.
Aber es gab viel zu tun, mit dem Kaffee, und dann mit dem Abendessen.

Und wie geht es Dir sonst und bist Du den trockenen Husten los?
Das macht mir Sorgen mein Kind. Und das darf man nicht hinhängen lassen.

Nächstens schick ich Dir Umlegekragen. Waren die letzten zu
groß?
Ja wenn Du zu Hause wärst dann würden die Kragen schon
passen.

Ach Krauses älteste Tochter hat kürzlich ein Kind gekriegt!
Wer der Vater ist weiß kein Mensch. Und sie soll es selber nicht
wissen.
Ob denn das wirklich nur bloß an der Gymnasialbildung liegt?
Und schick bald die schmutzige Wäsche. Der letzte Kartong
war schrecklich zerrissen.

Mein Kostüm habe ich umfärben lassen. Jetzt ist es marineblau.
Laß Dein Zimmer heizen. Wir machen schon lange Feuer.
Das Fleisch das kaufe ich jetzt bei unsrer Gemüsefrau
Da ist es zehn Pfennige billiger. Ich finde es trotzdem noch
teuer.

Drei Monate bist Du nun schon nicht zu Hause gewesen.
Läßt es sich wirklich nicht mal und wenns auf zwei Tage ist
machen?
Erst vorgestern habe ich eine Berliner Zeitung gelesen.
Fritz sieh Dich bloß vor! Da passieren ja gräßliche Sachen!

Ist das Essen auch gut in dem Restaurant wo Du ißt?
Laß Dir doch abends von Deiner Wirtin zwei Eier auf Butter
braten.
Das wird alles anders, wenn Du erst richtig verheiratet bist.
Ich weiß schon Du hast keine Lust. Das ist schade da läßt sich
nicht raten.

Unser neuer Zimmerherr der hat eine richtige Braut.
Die ist mitunter bei ihm. Sonst bin ich mit ihm ganz
zufrieden.
Die Hausmannsfrau hat sie gesehn. Und sagte gestern ganz
laut,
das wäre nicht immer dieselbe. Ich müßte das endlich
verbieten.

Hast Du in eurem Geschäft schon wieder mal Ärger gehabt?
Schreib mir nur alles und sieh Dich recht vor mit den
Mädelsgeschichten.

Es wäre doch schade um Dich. Denn Du bist doch sonst so
begabt.
Wie schnell ist was los mit dem Arzt und den
Vormundschaftsgerichten.

Sonst geht es uns allen wenn man das Schlechte nicht rechnet
famos.
Ich hoffe dasselbe von Dir. Was wollte ich gleich noch sagen?
Das Papier ist zuende. Leb wohl! Bei Ehrlichs ist wieder was
los.
Ich will nur den Brief noch ganz schnell in den Bahnhofs-
briefkasten tragen.

Da fällt mir noch etwas ein. Doch es geht schon gar nicht mehr
her.
Kannst Dus auch lesen? Frau Fleischer Stefan traf ich jetzt im
Theater.
Was die Erna ist, ihre Tochter. Die liebt Dich längst schon.
Und sehr.
Ich find sie recht nett. Na schon gut. Auch viele Grüße von
Vater!

Gesammelte Schriften für Erwachsene. Bd. 1. Zürich: Atrium, 1969. S. 62–64.

Robert Neumann schreibt seine Parodie als Antwortbrief in einem fingierten Briefwechsel, wobei die Nachricht des Sohnes an die Mutter zum Bericht über Kästner im Stile Kästners wird. Damit gibt es nicht nur die Möglichkeit zu Anspielungen auf dessen sozialkritische Gedichte, sondern auch auf die Kinderbücher *Emil und die Detektive* und *Pünktchen und Anton* sowie auf den 1931 erschienenen Roman *Fabian* – der in der Tat die schnoddrige Plauderei der Gedichte fortsetzt, mit der Kästner am Anfang der dreißiger Jahre zum Liebling des Kurfürstendamms wurde. Neumanns Wortspiel zum Schluß: »Halb ein Bürgerschreck und halb ein erschrockener Bürger« – übrigens von Kästner durchaus akzeptiert – ist zumindest amüsanter zu lesen, als Urteil aber vielleicht auch gerechter als das Walter Benjamins: »Die linksradikalen Publizisten vom Schlage der Kästner, Mehring oder Tucholsky sind die proletarischen Mimikry des zerfallenen Bürgertums« (Walter Benjamin, *Angelus Novus*, Frankfurt a. M. 1966. S. 458).

FRIEDRICH NICOLAI (1733–1811)

Geboren in Berlin als Buchhändlerssohn. Nach Buchhandelslehre in Frankfurt a. d. Oder und autodidaktischer Weiterbildung 1752 Eintritt in Verlag und Buchhandlung seines Vaters in Berlin; ab 1758 deren Leiter. Verband sich mit Lessing und Moses Mendelssohn zu großen literarischen Unternehmungen. Machte seine Buchhandlung von um 1755 bis um 1770 zum Mittelpunkt des geistigen Lebens seiner Zeit. 1781 Reise durch Deutschland und die Schweiz. 1784 Mitglied der Akademie der Wissenschaften in München und 1799 in Berlin, wo er auch gestorben ist.

Eyn feyner kleyner ALMANACH [. . .]. Hrsg. von Daniel Seuberlich [. . .] [d. i. Friedrich Nicolai]. Erster Jargang. Berlynn vnndt Stettynn: Verlegts Friedrich Nicolai, 1777. Nr. XIX. S. 113–115.

Eyn feyner kleyner ALMANACH [. . .]. Hrsg. von Daniel Seuberlich [. . .] [d. i. Friedrich Nicolai]. Zweyter Jargang. Berlynn vnndt Stettynn: Verlegts Friedrich Nicolai, 1778. Nr. XVII und XXXI. S. 77–79 und 148 f.

In Nicolais Volkslieder-Parodien »zeigt sich das spezifische Berlinertum nicht grade von seiner vorteilhaftesten Seite« – dies meint jedenfalls Georg Ellinger in seiner Einleitung zum Neudruck des »kleinen feinen Almanachs« (Georg Ellinger, »Einleitung«, in: *Friedrich Nicolai's kleyner feyner Almanach 1777. Erster Jahrgang*, Berlin 1888, S. V–XXXVI). Die für einen Herausgeber eigentlich ungewöhnliche Distanz macht deutlich, wie sehr der parodistische Angriff auf den Volksliederkult auch noch hundert Jahre später als unangenehmer Übergriff des »platten Rationalisten« zu gelten hatte.
Unmittelbarer Anlaß für Nicolais Parodien war Gottfried August Bürgers *Herzensausguß über Volkspoesie* von 1776, doch sollte auch schon mit dem ersten Jahrgang Herder und sein Freundeskreis getroffen werden. Deutlicher wird die Spitze gegen Herder noch im zweiten Jahrgang des Almanachs. Überraschenderweise tauchen dort nämlich die beiden von uns abgedruckten Gedichte Simon Dachs auf – ein Vorgang, der nur darin motiviert sein kann, daß auch Herder in seiner zwischenzeitlich erschienenen Sammlung *Volkslieder* einige Gedichte Dachs aufgenommen hatte. Dabei ging

es Nicolai nicht einmal primär um ein Verächtlichmachen der Volkslieder selbst; sein Ziel war es vielmehr, zu zeigen, daß Volkslieder als Lieder des Volkes – und das war für ihn auch der Pöbel – nicht den Maßstab für Kunstpoesie abgeben konnten:
»Wie die Volkslieder ihrem Inhalte nach, so suchte Nicolai auch die äußere Form, in der die älteren Lieder überliefert waren, lächerlich zu machen. Durch eine Karikatur der Schrift des sechzehnten Jahrhunderts wollte er den Laien einen Begriff geben, wie die so gepriesenen Volsklieder in den Originaldrucken aussahen, daß sie in der äußeren Form ganz die gleiche Rohheit zeigten, wie die Mehrzahl im Inhalt. Die häßlichen und unsrem Auge störenden Konsonantenverbindungen, wie sie in Drucken des sechzehnten Jahrhunderts hin und wieder angewandt werden, führte er in der ganzen Sammlung durch. Die Schreibung: vnndt, die allerdings unsrem Auge unangenehm ist, wird von den Druckern des sechzehnten Jahrhunderts neben: vnd, vndt, auch vnt, gebraucht: Nicolai behält sie fast durchaus bei. Manche Schriftsteller des sechzehnten Jahrhunderts wenden für unser i den Vokal: y an, so z. B. Luther in der Septemberbibel. Nicolai führt es auch da durch, wo seine Vorlage i aufweist; er schreibt z. B. gyebt, sye, während die Bergkreyen »giebt«, »sie« haben. – Ebenso gibt die Interpunktion ein Zerrbild der Interpunktion des sechzehnten Jahrhunderts; die in dem letzteren allerdings häufig wiederkehrenden Unregelmäßigkeiten und Schwankungen in der Interpunktion werden hier zum Gesetz erhoben und beständig durchgeführt« (Ellinger, S. XXIV; vgl. auch: Georg Ellinger, »Einleitung«, in: *Friedrich Nicolai's kleyner feyner Almanach. Zweyter Jargang*, Berlin 1888, S. V–XII; sowie Johannes Bolte, »Nachwort«, in: *Eyn feyner kleyner Almanach [. . .]*, Bd. 3: *Friedrich Nicolais Volkslieder-Almanach 1777–1778. Wiedergabe der Reichsdruckerei*, Weimar: Gesellschaft der Bibliophilen, 1918, S. 3 bis 45).

HANS REIMANN (1889–1969)

Geboren in Leipzig; Studium in Berlin; 1924–29 Herausgeber der satirischen Zeitschrift *Das Stachelschwein*; seit 1952 Herausgeber der jährlich erschienenen literaturkritischen *Literazzia*. Gestorben in Schmalenbeck bei Hamburg.

Kobolz. Grotesken von Hans Reimann. Leipzig: Kurt Wolff, 1917. (Der jüngste Tag. 39/40.) S. 74.

Vorlage dieser Einzeltextparodie ist Heinrich Heines *Lore-Ley*-Gedicht:

Ich weiß nicht, was soll es bedeuten,
Daß ich so traurig bin;
Ein Märchen aus alten Zeiten,
Das kommt mir nicht aus dem Sinn.

Die Luft ist kühl und es dunkelt,
Und ruhig fließt der Rhein;
Der Gipfel des Berges funkelt
Im Abendsonnenschein.

Die schönste Jungfrau sitzet
Dort oben wunderbar,
Ihr goldnes Geschmeide blitzet,
Sie kämmt ihr goldenes Haar.

Sie kämmt es mit goldenem Kamme
Und singt ein Lied dabei;
Das hat eine wundersame,
Gewaltige Melodei.

Den Schiffer im kleinen Schiffe
Ergreift es mit wildem Weh;
Er schaut nicht die Felsenriffe,
Er schaut nur hinauf in die Höh'.

Ich glaube, die Wellen verschlingen
Am Ende Schiffer und Kahn;
Und das hat mit ihrem Singen
Die Lore-Ley getan.

Heinrich Heines Sämtliche Werke. Hrsg. von Ernst Elster. Bd. 1. Leipzig: Bibliographisches Institut [1890]. S. 95 f.

Die suggestive, volksliednahe Poesie des Vorbildes – Grund für seine äußerst erfolgreiche Wirkungsgeschichte – wird durch ein betont umständliches, alle Sangbarkeit zerstörendes Vokabular aufgehoben.

Klirr Hah Rubinenes 115

Von Karl May bis Max Pallenberg in 60 Minuten. München: Kurt Wolff, 1923. S. 15.

Textklassenparodie auf die exzessive Rhetorik der frühen Gedichte Johannes R. Bechers, für die nicht allein die aufgelöste Syntax und die Vielzahl der Neologismen, sondern auch die zu einem eigenen Ausdrucksträger werdende Interpunktion charakteristisch ist; als Illustration mag der folgende Auszug aus *Paradiesischer Tag* dienen:

Horizonte voll Dörfer Geschwärl.
Der Dichter aber zückt geschliffenen Gesang.

Gen dich, o verruchte Zeit, Zeit du der Asche und Trümmer!
Schwätzer ihr blökend Krieg von Tribünen.

Kindische Hetzer. O furchtbare Bürger!
Antlitz durchfretzt von Falten: Morästen:

Borsten Wildnis: Rotgedunsenes: Eingejauchtes: Pickel
Unsaat:
Kröten-Schwarte . . . Klöß-Schwamm-Scheusal-Physiogno-
mie! –

Meer unterwächst die tauchende Hydra.
Gletscher zernaget Gräben System.

Hah! Mütter sie schleifen trockener Brüste.
Kinder verdorren, Zerrissene von Sand.

Hah! Skalp nur und Gurgel! Bomben! Sing-Sing.
Dröhnende Beule. Städte Kot.

Das Neue Gedicht. Auswahl [1912–1918]. Leipzig: Insel, 1918. S. 185.

JOACHIM RINGELNATZ (Hans Bötticher, 1883–1934)

Geboren in Wurzen bei Leipzig als Sohn eines Zeichners und humoristischen Schriftstellers; nach der Schulzeit vier Jahre Seemann, dann Kaufmann. 1909 erstmals beim Kabarett des Münchner *Simpl*; 1914–1918 wieder im Marinedienst. In den zwanziger Jahren zunächst beim *Simpl*, dann an der Kleinkunstbühne *Schall und Rauch* in Berlin. Dort auch gestorben.

und auf einmal steht es neben dir. Gesammelte Gedichte. Berlin: Henssel, 1950. S. 124.

Vorlage dieses mit absurden Verdoppelungen, Variationen und Wortspielen operierenden Beispiels parodistischer Unsinnspoesie ist das bekannte Volkslied:

Flug der Liebe

Wenn ich ein Vöglein wär,
Und auch zwei Flügel hätt,
Flög ich zu dir.
Weils aber nicht kann sein,
Bleib ich allhier.

Bin ich gleich weit von dir,
Bin ich doch im Schlaf bei dir
Und red mit dir;
Wenn ich erwachen tu,
Bin ich allein.

Es vergeht kein' Stund in der Nacht,
Da nicht mein Herz erwacht
Und an dich gedenkt,
Daß du mir viel tausendmal,
Dein Herz geschenkt.

Deutscher Liederhort. Hrsg. von Ludwig Erk und Franz Magnus Böhme. Hildesheim / New York: Olms, 1972. (2. reprogr. Nachdr. der Ausg. Leipzig 1893.) Bd. 2. S. 333.

Eine spätere, von der Parodie Ringelnatz' wohl nicht ganz unabhängige Adaption gibt es auch von Ernst Meister:

Pedantisch

Wenn ich ein Vöglein wär'
und auch zwei Flügel hätt',
flög' ich zu dir.
Weil's aber drei esind
oder auch vier esind . . .
wart' mal, ich zähl'.

Günter Bruno Fuchs (Hrsg.): Die Meisengeige. München: Hanser, 1964. S 178.

RUDOLF RODT (Ludwig Eichrodt, 1827–1892)

Geboren zu Durlach in Baden. Studierte Jura in Heidelberg, hier mit Victor Scheffel Burschenschafter, dann in Freiburg; seit 1871 Oberamtsrichter in Lahr; veröffentlichte vorwiegend in den Münchener *Fliegenden Blättern*. Gestorben in Lahr. Mit seinen *Gedichten des schwäbischen Schullehrers Gottlieb Biedermaier und seines Freundes Horatius Treuherz* prägte Eichrodt die spätere Epochenbezeichnung.

Ludwig Eichrodt: Biedermaiers Liederlust. Lyrische Karikaturen [1869]. Nachw. von Werner Kohlschmidt. Stuttgart: Reclam, 1981. (Reclams Universal-Bibliothek. 7717 [2].) S. 42–49. – Die Passagen in eckigen Klammern entstammen einer früheren Fassung: »Ultramontanes Genie oder ein Gesang aus Amaranth«, in: Rudolf Rodt, *Gedichte in allerlei Humoren*, Stuttgart: Scheitlin, 1853, S. 1–13. Vorlage ist das 1849 erschienene Versepos *Amaranth* von Oscar Freiherr von Redwitz (1823–91), dessen süßlich-romantische Verklärung des Mittelalters und streng katholische Tendenz zunächst beachtlichen Erfolg hatte. (1864 erschien das Epos bereits in der dreiundzwanzigsten Auflage.) Auf diesen Erfolg spielt Rodt auch in einem seiner Distichen an (*Gedichte in allerlei Humoren*, S. 82):

An die Deutschen des 19. Jahrhunderts

Schiller und Göthe hat gar nicht gelebt, ihr deutschen Barbaren?!
Amaranth lest ihr und hört Schülern des Loyola zu.

Für seine Parodie übernimmt Rodt nicht nur den Titel und die – nun ins Lächerliche gezogene – fromm-patriotische Tendenz der Vorlage. Übernommen werden vielmehr auch die Namen zweier Hauptfiguren (Walther; Chismonda, d. i. Gismund), das Thema der mißglückten Liebesprobe sowie charakteristische Sätze bzw. Syntagmen und gewisse stilistische Eigenarten. Ein besonders prägnantes Beispiel für solche Stil-Adaptionen bei gleichzeitiger Übererfüllung sind die Zeilen »Der hält die schwere Platte« bis »Der schimmert im Brokat«, die auf die folgende Stelle aus *Amaranth* zurückgehen:

Wie sich die welschen Herren vor ihr brüsten!
Der streicht den krausen Bart sich ihr zur Schau;
Der wiegt vor ihr in heimlichem Gelüsten
Der straffen Glieder stolz gedrungnen Bau;
Der träumt sich, daß ihn ihre Lippen küßten,
Sein Aug' rollt schwärzer unter dunkler Brau';
Und scheu nach ihr, den Arm voll goldner Schalen,
Ihr Page blickt, und bebt in süßen Qualen.

Oscar von Redwitz: Amaranth. Mainz: Kirchheim & Schott, [23]1864. S. 141.

Agraffe: Schmuckspange oder Schnalle. – *Koller:* Wams. – *Pilaster:* flacher Wandpfeiler. – *Schabrake:* verzierte Decke über oder unter dem Sattel. – *Heremitage:* kleines Gebäude in ländlicher Umgebung; zunächst Ort religiöser Andacht für adelige Personen. – *Sorbet:* früher eisgekühltes Fruchtsaftgetränk; heute eine Sorte Eis.

Ludwig Eichrodt: Biedermaiers Liederlust. Lyrische Karikaturen [1869]. Nachw. von Werner Kohlschmidt. Stuttgart: Reclam, 1981. (Reclams Universal-Bibliothek. 7717 [2].) S. 18 f.

Brake: Jagdhund. – *Kolk:* großes Wasserloch.

Textklassenparodie auf das lyrische Werk Annette von Droste-Hülshoffs, worauf schon das Wortspiel mit dem Namen der Dichterin hinweist. Deutliche Beziehungen gibt es zu dem Gedicht *Durchwachte Nacht*; die von Rodt parodistisch vorgeführten thematischen Präferenzen, die spezielle Lexik, die Lautmalereien und Interjektionen findet man aber auch in anderen Texten der Droste, wie etwa *Die Mergelgrube, Der Knabe im Moor, Das Fräulein von Rodenschild* oder *Vorgeschichte (Second sight).*

GOTTFRIED GÜNTHER RÖLLER (1783 – nach 1840)

Geboren in Schönfels bei Zwickau als Sohn eines Pastors. Studium in Leipzig, seit 1818 Oberlehrer am evangelischen Gymnasium in Glogau, wo er auch starb. Unter anderem übersetzte er Schillers *Das Lied von der Glocke* ins Lateinische (1817).

Almanach der Parodieen und Travestien. Hrsg. von Carl Friedrich Solbrig. Leipzig: Franz, 1816. S. 25–59.

Vorlage der Einzeltextparodie ist Schillers schon genanntes Gedicht *Das Lied von der Glocke* (vgl. Friedrich Schiller, *Sämtliche Werke*, hrsg. von Gerhard Fricke und Herbert G. Göpfert, Bd. 1, München: Hanser, [4]1965, S. 429–442).

Das in diesem Fall recht schlichte, auf Substitution beruhende Verfahren ist exemplarisch für einen Großteil der parodistischen Stücke der Almanach-Tradition des 19. Jahrhunderts, die das substituierte Thema mit einem Griff aus der Speisekammer gewinnt. Dabei scheint das Kaffee-Kochen und -Trinken für die parodistische und travestierende Herabsetzung besonders prominent zu sein – man denke etwa an die Kaffee schlürfende Dido in Aloys Blumauers *Aeneis*-Travestie (1783–1786). Daß dieses Verfahren solche Vorlagen wie Schillers *Glocke* ›beschädigen‹ bzw. ihre Rezeption erheblich stören kann, hat Röller in einem Text selber artikuliert, indem er eine Pastorin klagen läßt:

> Ja, ich hass' ihn, liebes Männchen.
> So das Schöne zu entweihn!
> Immer fällt das Kaffeekännchen
> Mir bei Schillers Glocke ein.

(*Almanach der Parodieen und Travestien. Zweyter Almanach*, hrsg. von Gottfried Günther Röller, Leipzig: Franz, 1818, S. 7 ff.: »Die Feinde der Parodie«; vgl. auch zu Röller: Verweyen/Witting, S. 28 f. u. ö.)

LUDWIG RUBINER (1881–1920)

Geboren wahrscheinlich in Berlin. Dort als freier Schriftsteller lebend; Sozialist, Publizist und Kriegsgegner; Aufenthalt in Paris; 1914–18 in der Schweiz. In Berlin gestorben. Die Vagheit der Angaben ist erklärbar. Der Herausgeber der expressionistischen Lyrikanthologie *Menschheitsdämmerung* berichtet in seinem Anhang »Biographisches und Bibliographisches«: »LUDWIG RUBINER wünscht keine Biographie von sich. Er glaubt, daß nicht nur die Aufzählung von Taten, sondern auch die von Werken und von Daten aus einem hochmütigen Vergangenheits-Irrtum des individualistischen Schlafrock-Künstlertums stammt. Er ist der Überzeugung, daß von Belang für die Gegenwart und die Zukunft nur die anonyme, schöpferische Zugehörigkeit zur Gemeinschaft ist.« (Kurt Pinthus, Hrsg., *Menschheitsdämmerung. Symphonie jüngster Dichtung*, Berlin o. J., 15.–20. Tsd., S. 304.)

FRIEDRICH EISENLOHR (1889–1954)

Geboren in Freiburg i. Br., siedelte nach Berlin über, hier Leiter der Theaterabteilung eines Verlages; in Berlin gestorben (nach Braun/Scholz).

LIVINGSTONE HAHN (1887/88 – um 1960)

Geboren als Sohn eines Amerikaners; Schulzeit in Köln, Studium in München und Bonn. 1910 nach Spanien, wo er um 1960 nach einem Leben als erfolgreicher Geschäftsmann gestorben ist (nach Braun/Scholz sowie dem Nachwort zur Neuausgabe: München: Klaus G. Renner, 1979, S. 56).

Kriminal-Sonette. Hrsg. von Rudolf Braun und Günter E. Scholz. Stuttgart/Bern/Wien: Scherz, 1962. S. 14; S. 82.

Die erstmals 1913 in Leipzig erschienenen *Kriminal-Sonette* sind nach einer Bemerkung Kurt Hillers, die Rudolf Braun und Günter E. Scholz mitteilen, als »Protest gegen die lyrische Konvention und Jux« entstanden. Nimmt man an, daß sie nicht – oder zumindest nicht unvermittelt – auf »die Böcklin-Plüsch-Ära und den martialischen Stumpfsinn der Kaiseranbetung« bezogen sind, wie die angeführten Herausgeber der Sammlung (S. 93) meinen, sondern auf die Sonettmode der Zeit (vgl. dazu unsere Hinweise über Mynonas Sonettparodie von 1918 in der vorliegenden Ausgabe S. 228 f.), dann lassen sich die *Kriminal-Sonette* durchaus als Parodien verstehen. Erwin Rotermund hat in ihnen »interessante Beispiele für die Parodierung klassischer Gattungen im Expressionismus und Dadaismus« gesehen (Erwin Rotermund, Hrsg., *Gegengesänge. Lyrische Parodien vom Mittelalter bis zur Gegenwart*, München 1964, »Einleitung«, S. 35); und Hartmut Kircher faßt sie als »parodistische Groteskonette« (Hartmut Kircher, Hrsg., *Deutsche Sonette*, Stuttgart 1979, S. 521) auf. Der parodistische Effekt kommt dann durch den thematischen Austausch zustande, der der mit der Gattung im Laufe der Gattungsgeschichte assoziierten Werthaftigkeit ihrer Inhalte nicht entspricht. Dabei erfährt dieser Zug durch die Aufnahme des moritatenhaften Sprechgestus eine gewisse Unterstreichung.

PETER RÜHMKORF (* 1929)

In Dortmund geboren, aufgewachsen in Norddeutschland; lebt seit langem in Hamburg. Dort auch Studium der Literatur, Psychologie, Pädagogik und Kunstgeschichte. Schon während dieser Zeit Mitarbeit an Studentenbühne, am *Studentenkurier* und an der ihn ablösenden »Unabhängigen Zeitschrift für Kultur und Politik« *konkret*. Später Lektor im Rowohlt-Verlag. Danach freier Schriftsteller. Mitglied der *Gruppe 47*. Mehrere Literaturpreise, u. a. Erich-Kästner-Preis und Amt des Stadtschreibers von Bergen-Enkheim.

Irdisches Vergnügen in g. Fünfzig Gedichte. Hamburg: Rowohlt, 1959. S. 59. © 1959 by Rowohlt Verlag, Hamburg.

Quendel: Bezeichnung für verschiedene Pflanzenarten, vor allem den Feldthymian. – *Lemuren:* nach altrömischer Vorstellung die Seelen der Verstorbenen, die in der Nacht als Geister umherirren.

Die Parodie – eine Textklassenparodie – hat eine den Anlaß sehr viel konkreter wiedergebende Fassung, die unter dem Pseudonym Hans Hingst erschienen ist:

Naturlyrik

Kalmusduft kommt wild und würzig
Kraut und Rüben gleich Gedicht,
Wenn die Gruppe Siebenundvierzig
Spargel sticht und Kränze flicht.

Abendland hat eingeladen
Suppengrün und Fieberklee –
Auf die Quendelbarrikaden,
Engagée, engagée!

Wenn die Abendglocken läuten,
Wenn die grüne Heide blüht, –

Lattich den Geworfenheiten,
Pfefferminze fürs Gemüt.

Weyrauch duftet süß und Bender,
und es dämmern Laich und Eich.
Sachte rutscht der Abendländer
In den sanften Ententeich.

Studenten-Kurier. Nr. 5. Juni 1957. S. 5.

Durch diese frühere Fassung und den Ort ihrer Veröffentlichung wird der Zusammenhang von *Lied der Naturlyriker* mit einem bestimmten Kontext sichtbar: Im *Studenten-Kurier* vom Dezember 1956 beispielsweise attackiert Rühmkorf bei Karl Krolow den »entschiedenen Zug zur Verharmlosung und Verniedlichung« (vgl. »Leslie Meiers Lyrik-Schlachthof«, in: *Studenten-Kurier*, Dezember 1956, Nr. 8, S. 5); er setzt die Polemik gegen die »Oberhirten« der »Schäfergilde« etwa in der Mai/Juni-Ausgabe 1957 (S. 4) mit einer Kritik Wolfgang Weyrauchs fort und treibt sie in den Artikeln mit dem Titel *Ultra-Romantik* (vgl. *konkret*, Mai 1958, Nr. 5, S. 10; Juni 1958, Nr. 6, S. 10) auf die Spitze, wobei er der *Gruppe 47* – deren Mitglied er zwei Jahre später selber geworden ist – »Kleinmalerei mit Existentialistenpose« vorwirft. Sie nun ist in *Lied der Naturlyriker* Gegenstand antithematischer Behandlung, die hier insbesondere mit Verfahren der Übererfüllung operiert.

Auf eine Weise des Joseph Freiherrn von Eichendorff 139

Gesammelte Gedichte. Reinbek bei Hamburg: Rowohlt, 1976. S. 96. © 1976 by Rowohlt Verlag GmbH, Reinbek bei Hamburg. – [Die Parodie wurde Oktober 1960 auf der Tagung der *Gruppe 47* in Aschaffenburg vorgetragen. (Vgl. *Almanach der Gruppe 47. 1947–1962*, hrsg. von Hans Werner Richter, Reinbek bei Hamburg 1964, S. 361 f.) Sie erschien dann noch vor ihrer Publikation in *Kunststücke* in *konkret* (Heft 6, 20. März 1961, unpaginierte Rückseite).]

Kollergang: Bezeichnung für Maschine zur Zerkleinerung mittelfeiner Feststoffe. – *Effendi:* türkische Anrede; entspricht dem deutschen »Herr«; bekannt geworden durch Karl Mays Romane. – *in statu nascendi:* (lat.) im Entstehungszustand. – *Jahoo:* Yahoos; die verabscheuungswürdige Klasse affenähnlicher Wesen in Jonathan Swifts Satire *Gulliver's Travels* (1726), die vollkommen dem menschlichen Geschlecht gleicht. – *Sütterlin:* Sütterlinschrift, eine von dem Berliner Graphiker Ludwig Sütterlin (1865–1917) geschaffene »deutsche« Schreibschrift; seit 1915 an preußischen Schulen, 1935–1941 allgemein als Grundschrift in den Schulen eingeführt. – *Bessemer:* Sir Henry Bessemer (1813–98), englischer Ingenieur; erfand 1855 den nach ihm benannten *Bessemerprozeß*, der die Massenerzeugung von Flußstahl in einem birnenförmigen Gefäß, der »Bessemerbirne«, ermöglichte.

Die Vorlage der Einzeltextparodie ist Joseph von Eichendorffs Gedicht:

Das zerbrochene Ringlein

In einem kühlen Grunde
Da geht ein Mühlenrad,
Mein Liebste ist verschwunden,
Die dort gewohnet hat.

Sie hat mir Treu versprochen,
Gab mir ein'n Ring dabei,
Sie hat die Treu gebrochen,
Mein Ringlein sprang entzwei.

Ich möcht als Spielmann reisen
Weit in die Welt hinaus,
Und singen meine Weisen,
Und gehn von Haus zu Haus.

Ich möcht als Reiter fliegen
Wohl in die blutge Schlacht,
Um stille Feuer liegen
Im Feld bei dunkler Nacht.

Hör ich das Mühlrad gehen:
Ich weiß nicht, was ich will –
Ich möcht am liebsten sterben,
Da wärs auf einmal still!

Werke. Hrsg. von Wolfdietrich Rasch. München: Hanser, 1955. S. 309.

Wie die Wirkungs- und Rezeptionsgeschichte Eichendorffs erwiesen hat (vgl. Eberhard Lämmert, »Eichendorffs Wandel unter den Deutschen«, in: Hans Steffen, Hrsg., *Die deutsche Romantik*, Göttingen 1967, S. 219–252), werden in solchen Vorlagen, indem man sie aus ihrem ursprünglichen pragmatischen Kontext herauslöst, Paradigmen einer fast zeitlos gültigen Selbstaussprache gesehen, deren »soziale Breiten- und Tiefenwirkung« (Eberhard Lämmert, S. 223) kaum zu überschätzen ist. Daß diese Wirkungsgeschichte ästhetisch vermittelte Subjektivität erschwert und deswegen zum Gegenstand übererfüllender Herabsetzung wird, hat Rühmkorf selber betont (vgl. Peter Rühmkorf, »Selbstinterpretation«, in: *Doppelinterpretationen*, hrsg. von Hilde Domin, Frankfurt a. M. 1979, S. 236–241) und läßt Dieter E. Zimmers Auffassung der *Variation* als Kontrafaktur unbefriedigend erscheinen (vgl. Dieter E. Zimmer, »Interpretation«, in: *Doppelinterpretationen*, hrsg. von Hilde Domin, Frankfurt a. M. 1979, S. 242–245). Mit der Parodie soll jene in der Wirkungsgeschichte vorgeprägte Rezeption erschwert werden, und zwar mittels eines Montageverfahrens, das zu Verfremdungen, Oppositionen, Diskrepanzen und Vermischungen verschiedener Ebenen führt (vgl. Verweyen/Witting, S. 176–187).

Variation auf »Abendlied« von Matthias Claudius 140

Gesammelte Gedichte. Reinbek bei Hamburg: Rowohlt, 1976. S. 97 f. – Das Gedicht erschien zuerst in *konkret* vom 5. Juli 1961 auf der unpaginierten Rückseite.

Antäus: in der griechischen Mythologie Sohn der Gäa; sooft er den Boden, d. h. seine Mutter Erde, berührte, gewann er neue Kräfte. – *Gäa:* griech. Γαῖα, die Göttin der Erde.

Als Vorlage der Parodie diente Matthias Claudius' Gedicht:

Abendlied

Der Mond ist aufgegangen,
Die goldnen Sternlein prangen
  Am Himmel hell und klar;
Der Wald steht schwarz und schweiget,
Und aus den Wiesen steiget
  Der weiße Nebel wunderbar.

Wie ist die Welt so stille,
Und in der Dämmrung Hülle
  So traulich und so hold!
Als eine stille Kammer,
Wo ihr des Tages Jammer
  Verschlafen und vergessen sollt.

Seht ihr den Mond dort stehen? –
Er ist nur halb zu sehen,
   Und ist doch rund und schön!
So sind wohl manche Sachen,
Die wir getrost belachen,
   Weil unsre Augen sie nicht sehn.

Wir stolze Menschenkinder
Sind eitel arme Sünder,
   Und wissen gar nicht viel;
Wir spinnen Luftgespinste,
Und suchen viele Künste,
   Und kommen weiter von dem Ziel.

Gott, laß uns *dein* Heil schauen,
Auf nichts Vergänglichs trauen,
   Nicht Eitelkeit uns freun!
Laß uns einfältig werden,
Und vor dir hier auf Erden
   Wie Kinder fromm und fröhlich sein!

Wollst endlich sonder Grämen
Aus dieser Welt uns nehmen
   Durch einen sanften Tod!
Und, wenn du uns genommen,
Laß uns in Himmel kommen,
   Du unser Herr und unser Gott!

So legt euch denn, ihr Brüder,
In Gottes Namen nieder;
   Kalt ist der Abendhauch.
Verschon uns, Gott! mit Strafen,
Und laß uns ruhig schlafen!
   Und unsern kranken Nachbar auch!

Sämtliche Werke. Bd. 1. Hrsg. von Carl Redlich. Gotha: F. A. Perthes, [14]1907. S. 257 f.

Rühmkorfs Parodie gehört in einen spezifischen politisch-pragmatischen Kontext, der hier nur angedeutet werden kann: Auf das erste erfolgreiche Mondfluguntemehmen der sowjetischen Raumfahrtwissenschaft vom 13. September 1959 folgt in Ost und West eine Flut von Mond-Gedichten. Unter anderem druckt die Tageszeitung

Die Welt einige Tage später Matthias Claudius' Text mit der Überschrift *Mond* ab – ein Vorgang, den Rühmkorf als »die abendländische Lösung«, als »Rückzug aufs Altenteil« verstanden hat. Gegen die metaphysische »Trostkonserve«, zu der das *Abendlied* in der Rezeption verkommen ist, wie gegen die ästhetische »Trostlosigkeit« der das Ereignis feiernden Literatur setzt Rühmkorf die betont schnoddrige Artistik seiner Parodie (vgl. auch »Abendliche Gedanken über das Schreiben von Mondgedichten. Eine Anleitung zum Widerspruch«, in: Peter Rühmkorf, *Kunststücke*, S. 89–134, sowie Theodor Verweyen, *Eine Theorie der Parodie. Am Beispiel Peter Rühmkorfs*, München 1973, S. 27–49).

ARNOLD RUGE (1802–1880)

Geboren in Bergen auf der Insel Rügen. Studierte in Halle, Jena und Heidelberg, als Burschenschafter mehrfach in Haft. 1832 Privatdozent in Halle; 1838 Herausgabe der den Junghegelianern nahestehenden *Hallischen Jahrbücher für deutsche Wissenschaft und Kunst* zusammen mit Theodor Echtermeyer, 1841 wegen Zensur als *Deutsche Jahrbücher* in Dresden fortgesetzt. Nach deren Verbot Aufenthalt in Paris und in der Schweiz; 1849 Rückkehr nach Leipzig, Teilnahme am Aufstand und Flucht. 1850 ließ sich Ruge in Brighton (Großbritannien) nieder, dort auch gestorben.

Theodor Echtermeyer / Arnold Ruge: Der Protestantismus und die Romantik. Ein Manifest. Hrsg. von Norbert Oellers. Hildesheim: Gerstenberg, 1972. (Reprogr. Nachdr. der Ausg. Halle 1839–40). S. 58.

Als Vorlage dienten die letzten acht Zeilen aus Tiecks *Abschied von Rom*, die Echtermeyer und Ruge der Parodie vorangestellt haben (in eckigen Klammern der Beginn der Strophe):

[Schon erhebt sich der Tag
Und] weit hinter uns liegt Rom,
Auch mein Freund ist ernst,
Der mit mir nach Deutschland kehrt,
Der mit allen Lebenskräften
Sich in alte und neue Kunst gesenkt,

Der edle Rumohr,
Des Freundschaft ich in mancher kranken Stunde
Trost und Erheitrung danke.

Ludwig Tieck: *Gedichte*. Dritter Teil. Faks.-Dr. nach der Ausg. Dresden 1821–23. Heidelberg: L. Schneider, 1967. S. 240.

Die vermutlich von Ruge allein stammende Parodie ist nicht nur eine witzige Replik im Stile des angesprochenen Tieck; sie ist vielmehr Teil einer äußerst heftigen Kritik an der Romantik und einigen ihrer Dichter, die zumindest das Romantik-Bild des 19. Jahrhunderts stark beeinflußt hat (vgl. Norbert Oellers, »Vorwort«, in: Echtermeyer/Ruge, S. II). Bezeichnend für Echtermeyers und Ruges Auffassung der Romantik als einer antiaufklärerischen Haltung sind ihre Erläuterungen im Anschluß an die Parodie auf Tiecks »italienische Kunstübung«, bei denen die ästhetische in die politische Wertung umschlägt: »Aus einer Lyrik, die unmittelbar nicht besser ist, würde aller Reim und Rhythmus nichts anderes, als wieder dieselbe Prosa gestalten; Tieck mußte doch wissen, daß solche Dinge weder selbst ›Lieder‹ noch der Inhalt von Liedern sein können. Wollen wir indes billig sein, so umnebelt ihn die stinkende Herrlichkeit der spanischen Treppe und der ganze süße romantische Duft dieses verfaulten Italiens mit seinen Knierutschern, seinen Götzendienern, seinen Quersack-Überbleibseln aus der frommen Unmittelbarkeit und aus der Poesie des römischen Augurenglaubens [...]. Italien ist ein schönes, heiteres Land, und das Volk von der Natur mit Liebenswürdigkeit und Genie gesegnet; aber der Fluch geistiger Knechtschaft und politischer Verkommenheit gönnt weder dem Lande die reine Luft der Kultur, noch dem Volke eine mehr als untergeordnete Bewegung in Wissenschaft und Kunst; es ist selbst die Ruine von sich, und nichts in der Welt kann abenteuerlicher sein, als die romantische Berauschung in dem Moder dieses ruinierten Geistes« (Echtermeyer/Ruge, S. 58 f.).

DIETER SAUPE (* 1932)

Geboren in Sachsen; »Lehrer in Dänemark, Arbeiter in europäischen Häfen, Vertreter, Verkäufer, Mitarbeiter am ›Simplicissimus‹, Feuilletonschreiber und Bücherleser« (Saupe, *Autorenbeschimpfung*, S. [1]).

Autorenbeschimpfung und andere Parodien, München: Deutscher Taschenbuchverlag, 1972. S. 75 f. © Dieter Saupe.

Manfredo: (nicht ganz korrekte) ›Japanisierung‹ des Vornamens. – *San:* entspricht dem deutschen »Herr«, »Frau«, »Fräulein«, wird nachgestellt bei Vor- und Familiennamen verwendet. – *Haiku:* dreizeiliges Gedicht, in der Regel mit der Silbenzahl 5–7–5; nichtkomischer Inhalt, allerdings mit volkstümlicherer Thematik als beim *Tanka*, zumeist Naturbezug. – *Hokku:* dreizeiliger Anfangsteil eines längeren Gedichtes, aus dessen Verselbständigung das Haiku entstand.

Als Vorlagen für die von uns ausgewählten Einzeltextparodien dienen die »Übertragungen« japanischer Lyrik von Manfred Hausmann, wobei Dieter Saupe das vorangestellte Motto fast unverändert aus dem Vorwort zu dieser Anthologie übernimmt. Parodiert werden im einzelnen:

OTOMO NO YAKAMOCHI

Aus Wolkenschleiern
sinken Flocken nieder.
Und dennoch schlägt
in meinem Garten
leise die Nachtigall.

ENOMOTO KIKAKU

Das Flämmern der Blitze,
gestern geschah's im Osten,
heute im Westen.

UNBEKANNTER DICHTER

Langsam läßt sie das Kleid
von ihren blassen Brüsten sinken,
ganz langsam.

MUKAI KYORAI

Ich bin hinausgeritten
und blicke verzückt in den Mond.
Mein Pferd frißt unterdessen Gras.

Matsuo Basho

Ein uralter Weiher.
Der Sprung eines Frosches
vertieft das Schweigen.

Liebe, Tod und Vollmondnächte. Japanische Gedichte. Übertr. von Manfred Hausmann. Frankfurt a. M.: S. Fischer, 1951. S. 13; 42; 20; 43; 45.

Charakteristisch für die Parodien sind – neben der Substitution einzelner Wörter – vor allem die Adjektionen, mit denen Dieter Saupe auf ein Problem anspielt, das Hausmann zwar in seinem Vorwort erwähnt, aber mit seiner »Übertragung« kaum gelöst hat: die nur andeutenden japanischen Verse verführen in der Übersetzung zu einer gewissen interpretativen Geschwätzigkeit, wie gerade bei dem wohl berühmtesten Haiku, Bashos *Furu ike ya* deutlich wird. Das Gedicht, als Antwort auf die Frage seines Zen-Lehrers verfaßt, müßte wörtlich übersetzt etwa lauten:

Ein alter Weiher
Ein Frosch springt hinein
Geräusch des Wassers.

Die letzte Parodie weicht von diesem Verfahren ab; hier verarbeitet Dieter Saupe eine Erläuterung Manfred Hausmanns aus dem Vorwort der Anthologie: »Das Hokku, wie die neue Gedichtform heißt, besteht mithin aus drei Zeilen mit der Silbenzahl 5–7–5. Manchmal erscheint es auch in den Abwandlungen 7–7–5 oder 7–5–5 oder 5–9–5. Wenn es sich um ein Gedicht mit scherzhaftem Inhalt handelt, spricht man von einem Haiku, was soviel wie ›komischer Vers‹ bedeutet, oder auch von einem Haikai, womit man ganz allgemein ein humoristisches Gedicht zu bezeichnen pflegt« (Manfred Hausmann, S. 8). Die Erläuterung ist zum Parodieren deshalb besonders gut geeignet, weil sie (wie auch Hausmanns Ausführungen zum *Uta*) schlicht falsch ist. Hausmann verwechselt hier das *Haiku* mit dem *Senryu* – eine Verwechslung, die insofern folgenreich war, als sie in das *Sachwörterbuch der Literatur* (hrsg. von Gero von Wilpert, München [5]1969, S. 310 f.) eingegangen ist.

AUGUST WILHELM SCHLEGEL (1767–1845)

Geboren in Hannover als Neffe von Johann Elias Schlegel, älterer Bruder von Friedrich Schlegel. Studium zunächst der Theologie, dann der Philologie in Göttingen, nicht zuletzt bei dem führenden Altphilologen der Zeit, Christian Gottlob Heyne; Umgang mit Gottfried August Bürger. 1791–95 Hauslehrer in Amsterdam; danach in Jena. Bis 1797 Mitarbeit an Schillers *Horen*, dem *Musen-Almanach* und der Jenaer *Allgemeinen Litteratur-Zeitung*. Nach der Habilitation 1798 ao. Prof. in Jena. 1796–1803 verheiratet mit Caroline Böhmer, geb. Michaelis, die nach der Scheidung Schelling heiratete. Mit seinem Bruder Herausgeber der Zeitschrift *Athenäum*. 1801 Privatgelehrter in Berlin. Seit 1804 Reisebegleiter der Madame de Staël: Genfer See, Italien, Frankreich, Skandinavien und England. 1808 Vorlesungstätigkeit in Wien. 1812 Flucht mit Madame de Staël vor Napoleon. Geheimer Sekretär des Kronprinzen Carl Johan [Jean-Baptiste Bernadotte] von Schweden. 1816–17 Studium des Sanskrits in Paris; ab 1818 Prof. für Kunst- und Literaturgeschichte in Bonn, wo er Herausgeber der *Indischen Bibliothek* wurde und wo ihn Heinrich Heine hörte. Dort auch gestorben.

Schillers Lob der Frauen 33

Sämmtliche Werke. Hrsg. von Eduard Böcking. Bd. 2. Hildesheim / New York: Olms, 1971. (Reprogr. Nachdr. der Ausg. Leipzig 1846.) S. 172.

Schlegels Parodie – in seinem Nachlaß gefunden und 1846 publiziert – bezieht sich auf das Gedicht *Würde der Frauen* von F. Schiller, das erstmals in dessen *Musen-Almanach für das Jahr 1796* erschienen ist. Daraus zitieren wir die der Parodie zugrunde liegenden ersten beiden Strophen:

> Ehret die Frauen! Sie flechten und weben
> Himmlische Rosen ins irdische Leben,
> Flechten der Liebe beglückendes Band.
> Sicher in ihren bewahrenden Händen
> Ruht, was die Männer mit Leichtsinn verschwenden,
> Ruhet der Menschheit geheiligtes Pfand.

> Ewig aus der Wahrheit Schranken
> Schweift des Mannes wilde Kraft,
> Und die irren Tritte wanken

Auf dem Meer der Leidenschaft.
Gierig greift er in die Ferne,
Nimmer wird sein Herz gestillt,
Rastlos durch entlegne Sterne
Jagt er seines Traumes Bild.

Musen-Almanach für das Jahr 1796. Hildesheim: Olms, 1969. (Reprogr. Nachdr. der Ausg. Neustrelitz 1796.) S. 186.

Daß Schlegels Parodie nicht – wie gelegentlich durch die Forschung nahegelegt wurde – als ein etwas ärgerlicher, im ganzen aber bloßes Gaudium erregender Ulk aufzufassen ist, macht ihr Kontext deutlich: Bald nach Erscheinen des Schillerschen Almanachs sprach Caroline in einem Brief an Luise Gotter (10. 2. 1796) von dessen Gedichten als »gereimten Metaphysiken und Moralen«, von versifizierten »Humboldeschen Weiblichkeiten«. Und über ein anderes, durchaus in diesen Kontext gehörendes Gedicht, *Das Lied von der Glocke*, »sind wir gestern Mittag« – so ebenfalls Caroline, und zwar in einem Brief an ihre Tochter – »fast von den Stühlen gefallen vor Lachen«. Solchen »hochfahrenden Poesien« rücken die Parodien, die August Wilhelm wohl nicht ohne Anregungen seiner Frau verfaßt hat, mittels des aus der Tradition der Schülerbierzeitung und des Biertischwitzes bekannten Verfahrens der Banalisierung zu Leibe, um eine Norm zu brechen, die in den *Athenäum*-Fragmenten von 1798 wie folgt artikuliert ist: »Die Frauen werden in der Poesie ebenso ungerecht behandelt wie im Leben. Die weiblichen sind nicht idealisch, und die idealischen sind nicht weiblich« (vgl. – auch für die Zitate – Verweyen/Witting, S. 162–167).

Des vers un peu plus longs que les Alexandrins 42

Sämmtliche Werke. Hrsg. von Eduard Böcking. Bd. 2. Hildesheim / New York: Olms, 1971. (Reprogr. Nachdr. der Ausg. Leipzig 1846.) S. 235.

Alexandriner: Sechshebiger, steigend alternierender Vers mit Zäsur nach der dritten Hebung. Der in der französischen Literatur schon des Mittelalters verwendete Vers prägte dank der Literaturreform des Martin Opitz (1597–1639) die deutsche Poesie des Barock und wurde erst Mitte des 18. Jahrhunderts von *Hexameter* und *Blankvers* verdrängt.

Mit seiner Parodie – auf deutsch: »Über Verse, die etwas länger als Alexandriner sind« – verspottet Schlegel, selbst ein Kenner des Sanskrits, die Sanskrit-Übertragungen Friedrich Rückerts, indem er

Bildung und Exotik des Wortmaterials der Vorlage übererfüllend imitiert. Die »Weilandheiligenrömischenreichsdeutschernationsperioden« sind außerdem eine Anspielung auf Rückerts vaterländische Gedichte: *Heiliges Römisches Reich deutscher Nation* war die offizielle Bezeichnung des 1806 durch Verzicht des letzten Kaisers Franz II. – seit 1804 als Franz I. Kaiser von Österreich – aufgelösten ersten deutschen Kaiserreiches.

ROLF SCHNEIDER (* 1932)

Geboren in Chemnitz, wuchs in Wernigerode (Harz) auf. Studium der Germanistik und Pädagogik in Halle (Saale); Redakteur an der Monatsschrift *Aufbau*; seit 1958 freier Schriftsteller in Berlin.

Aus zweiter Hand. Literarische Parodien. Berlin: Aufbau-Verlag, 1958. S. 42 f. © Rolf Schneider, Schöneiche (DDR).

Einzeltextparodie, die primär auf der Übererfüllung des spezifischen naturlyrischen Vokabulars und der charakteristischen Kompositabildungen der Vorlage beruht. Vorlage ist das 1926 entstandene Gedicht Peter Huchels (1903–81):

Die Magd

Wenn laut die schwarzen Hähne krähn,
vom Dorf her Rauch und Klöppel wehn,
rauscht ins Geläut rehbraun der Wald,
ruft mich die Magd, die Vesper hallt.

Klaubholz hat sie im Wald geknackt,
die Kiepe mit Kienzapf gepackt.
Sie hockt mich auf und schürzt sich kurz,
schwankt barfuß durch den Stoppelsturz.

Im Acker knarrt die späte Fuhr.
Die Nacht pecht schwarz die Wagenspur.
Die Geiß, die zottig mit uns streift,
im Bärlapp voll die Zitze schleift.

Ein Nußblatt wegs die Magd zerreibt,
daß grün der Duft im Haar mir bleibt.

Riedgras saust grau, Beifuß und Kolk.
Im Dorf kruht müd das Hühnervolk.

Schon klinkt sie auf das dunkle Tor.
Wir tappen in die Kammer vor,
wo mir die Magd, eh sie sich labt,
das Brot brockt und den Apfel schabt.

Ich frier, nimm mich ins Schultertuch.
Warm schlaf ich da im Milchgeruch.
Die Magd ist mehr als Mutter noch.
Sie kocht mir Brei im Kachelloch.

Wenn sie mich kämmt, den Brei durchsiebt,
die Kruke heiß ins Bett mir schiebt,
schlägt laut mein Herz und ist bewohnt
ganz von der Magd im vollen Mond.

Sie wärmt mein Hemd, küßt mein Gesicht
und strickt weiß im Petroleumlicht.
Ihr Strickzeug klirrt und blitzt dabei,
sie murmelt leis Wahrsagerei.

Im Stroh die schwarzen Hähne krähn.
Im Tischkreis Salz und Brot verwehn.
Der Docht verraucht, die Uhr schlägt alt.
Und rehbraun rauscht im Schlaf der Wald.

Die Sternenreuse. Gedichte 1925–1947. München: R. Piper, 1967. S. 12 f.

CHRISTOPH OTTO FREIHERR VON SCHÖNAICH (1725–1807)

Geboren in Amtitz bei Guben (Niederlausitz). Offizier. In Anerkennung seines »Heldengedichtes« *Hermann* 1752 auf Betreiben Gottscheds zum Poeta Laureatus Caesareus gekrönt – eine der letzten Dichterkrönungen auf deutschem Boden. Gestorben in Amtitz.

Das Neueste aus der anmuthigen Gelehrsamkeit. Wonnemond 1753. Leipzig 1753. S. 387–392.

Quintilianus: Marcus Fabius Quintilianus; der erste staatlich besoldete Lehrer der Rhetorik (um 35–96 n. Chr.). Aus seinem Lehrbuch *Institutio oratoria* (10, 2, 2) stammt das Motto; die Übersetzung Helmut Rahns lautet: »Unser Leben zeigt ja überall den Grundsatz, daß wir das, was wir bei anderen gut finden, auch selbst tun wollen.« (Vgl. M. Fabius Quintilianus, *Ausbildung des Redners*, hrsg. und übers. von Helmut Rahn, 2. Teil, Darmstadt 1975, S. 487.)

Wie bereits der Publikationsort zeigt – Johann Christoph Gottsched (1700–1766) gab die Zeitschrift von 1751 bis 1762 heraus –, gehört die Parodie in den Kontext jener »literarischen Fehden«, die zwischen dem Kreis um Gottsched auf der einen und den verschiedenen Verfechtern einer neuen Poesie, wie Bodmer, Breitinger und Klopstock, auf der anderen Seite ausgetragen wurden. Dabei ist Anlaß und Ziel der Parodie jener »Ton«, den ein Zeitgenosse noch 1781 so beschrieb: »Was Klopstock sang, ist alles groß, erhaben, mächtig und von schöpferischem Genie beseelt; allenthalben ist Reichtum der Phantasie und überströmende Empfindung; der Schwung seiner Gedanken ist unerreichbar, er mag zu religiösen Hymnen im Geiste der Psalmen, oder zu Gesängen im Tone der alten Cheruskerbarden, oder zu Liedern der Freundschaft und teutschen Vaterlandsliebe die Laute rühren [. . .]. Einfalt und Hoheit im Ausdruck, heiliges Gefühl der Religion, mannigfaltige Dichtung, neue Metaphern, unerwartete Züge des Pathetischen und Zärtlichen, kühne Inversionen, emphatische Wiederholungen, Magie im Mechanischen des Versbaues – alles vereinigt sich, das Herz des Hörenden zu erwärmen für den Göttlichen, den er singt« (vgl. *Klopstocks Oden und Elegien*, hrsg. von J.-U. Fechner, Stuttgart 1974, S. 14* f.). Schönaich hat Klopstocks Dichtung nicht allein parodiert, sondern gegen sie zur selben Zeit auch explizit polemisiert. So schreibt er zu dem Neologismus *Hallelujahgesang* etwa: »Wir wollen hoffen, daß ein jeder *Messianer* diesen *Hallelujahgesang* besser verstehet, als viele fromme und ehrliche Christen das *Kyrieleison* und *Sela.* Wir gestehen unsere Schwäche, und rühmen uns derselben: wir wissen nicht, was das heiße einem *Jauchzend* mit *Hallelujahgesängen* entgegensegnen. [. . .]. Denn in einem Atem zu *jauchzen*, und auch *Halleluja* zu schreien, deucht uns für die stärkste *Bierkehle* unmöglich. *Jauchzen* und *singen*; *singen* und *jauchzen* kann nur ein *ewiger Jauchzer*, wie St. Klopstock ist« (Christoph Otto von Schönaich, *Die ganze Aesthetik in einer Nuß oder Neologisches Wörterbuch* [1754], hrsg. von Albert Köster, Berlin 1900, S. 173) – ein charakteristisches Beispiel der das ganze *Neologische Wörterbuch* beherrschenden

Polemik. Sie kommt schon in Schönaichs Widmung zum Ausdruck: »Dem Geist-Schöpfer, dem Seher, dem neuen Evangelisten, dem Träumer, dem göttlichen *St. Klopstocken*, dem Theologen; wie auch dem Syndflutenbarden, dem Patriarchendichter, dem rabbinischen Märchen-Erzähler, dem Vater der mizraimischen und heiligen Dichtkunst, dem zweihundertmännischen Rate *Bodmer*« (Schönaich, *Die ganze Aesthetik in einer Nuß oder Neologisches Wörterbuch*, S. 3).

Vorlage der mit thematischer Substitution und Untererfüllung operierenden Einzeltext-Parodie, deren Prosavorwort mit dem ironischen Hinweis auf Kopenhagen als Entstehungsort auch auf den korrigierenden *Vorbericht* Klopstocks anspielt, ist die Ode:

An GOtt.

Vorbericht

Man hat diese Ode nach einer sehr unrichtigen Abschrift gedruckt, ohne den Verfasser auch nur im geringsten zu veranlassen, es zu erlauben. Sie war weder ehmals für das Publikum geschrieben, noch hernach demselben bestimmt. Man schreibt oft nur für sein eignes Herz, und für sehr wenige Freunde, und Arbeiten von der Art haben so wenig die Miene, öffentlich zu erscheinen, als jenes berühmte kleine Haus des Sokrates für ganz Athen gebaut war. Da aber diese nun einmal bekannt gemacht ist; so hat sie der Verfasser zum wenigsten nach seiner Handschrift herausgegeben, und einige vielleicht zu vergeßliche Leser an Sokrates kleines Haus erinnern wollen. Kopenhagen, im März 1752. *Klopstock.*

Milton

A nice and subtile happiness, I see,
Thou to thyself proposest in the Choice
Of thy Associates –

Ein stiller Schauer deiner Allgegenwart
Erschüttert, GOtt, mich! Sanftgerührt bebt mein Herz
Und mein Gebein! Ich fühl', ich fühl' es,
Daß du auch hier, wo ich weine, GOtt! bist.

Von deinem Antlitz wandelt, Unendlicher,
Dein Blick, der Seher, durch mein eröffnet Herz!
Sei vor ihm heilig, Herz! sei heilig,
Seele! vom ewigen Hauch entsprungen!

Täuschet mein Herz mich? Oder ist's wirklich wahr,
Was ein Gedanke lispelnd dem andern sagt?
Empfindung! bist du wahr? als dürft' ich
Frei mit dem Schöpfer der Seele reden!

Gedanken GOttes, welche der Ewige,
Der Weis', itzt denket! wenn ihr den menschlichen
Gedanken zürnet: o, wo sollen
Sie vor euch, Gottes Gedanken! hinfliehn?

Flöhn sie zum Abgrund; siehe, so seid ihr da!
Eilten sie bebend, tief ins Unendliche;
Auch da, auch da, im Unbegrenzten,
Wärt ihr, Allwissende! sie zu schauen!

Nähmen sie Flügel, Flügel der Seraphim,
Und flögen aufwärts, in die Versammlungen,
Hoch ins Getön, ins Halleluja,
In die Gesänge der Harfenspieler:

Auch da ereilt ihr, göttliche Hörer, sie!
So flieht denn nicht mehr, seid ihr gleich menschlicher!
Flieht nicht! der ewig ist, der weiß es,
Daß er in enge Bezirk' euch einschloß!

Welch ein Gedanke! Welche Beruhigung,
Daß meine Seele, GOtt! mit dir reden darf!
Daß vor dir darf mein Mund sich öffnen,
Töne des Menschen herab zu stammeln!

Ich wag's, und rede! GOtt, doch du weißt es ja,
Schon lange weißt du, was mein Gebein verzehrt!
Was, in mein Herz tief hingegossen,
Meinen Gedanken ein ewig Bild ist!

Nicht heut erst sahst du meine mir lange Zeit,
Dir Augenblicke, weinend vorübergehn!
Du bist es, der du warst, Jehova
Heißest du! aber ich Staub vom Staube!

Staub, und auch ewig! denn die Unsterbliche,
Die du mir, GOtt! gabst, gabst du zur Ewigkeit!
Ihr hauchtest du, dein Bild zu schaffen,
Hohe Begierden nach Ruh und Glück ein!

Ein drängend Heer! Doch Eine ward herrlicher
Vor allen andern! Eine ward Königin
Über die andern, deines Bildes
Letzter und göttlichster Zug, die Liebe!

Die grubst du Adam tief in sein Herz hinein!
Nach seinem Denken von der Vollkommenheit,
Ganz ausgeschaffen, ihm geschaffen,
Brachtest du, GOtt! ihm der Menschen Mutter!

Die Liebe grubst du auch in mein Herz hinein!
Nach meinem Denken von der Vollkommenheit,
Ganz ausgeschaffen, mir geschaffen,
Führst du sie weg, die mein ganzes Herz liebt!

Der meine Seele ganz sich entgegengießt!
Mit allen Tränen, welche sie weinen kann,
Die volle Seele ganz zuströmet!
Führst du sie mir, die ich liebe, GOtt weg!

Weg, durch dein Schicksal, welches sich, unsichtbar
Dem Auge, fortwebt, immer ins Dunkl're webt!
Fern weg den ausgestreckten Armen,
Aber nicht weg aus dem bangen Herzen!

Und dennoch weißt du, welch ein Gedank' es war,
Als du ihn dachtest, und ihn zur Wirklichkeit
Erschaffend riefst, – der, daß du Seelen
Fühlender, und füreinander schufest!

Das weißt du, Schöpfer! Aber dein Schicksal trennt
Die Seelen, die du so füreinander schufst,
Dein hohes, unerforschtes Schicksal,
Dunkel für uns, doch anbetungswürdig!

Zwar gleicht das Leben gegen die Ewigkeit
Dem schnellen Hauche, welcher dem Sterbenden
Entfließt; mit ihm entfloß die Seele,
Die der Unendlichkeit ewig nachströmt!

Einst löst des Schicksals Vater in Klarheit auf,
Was Labyrinth war; dann ist kein Schicksal mehr!
Ach dann, beim trunknen Wiedersehen,
Gibst du die Seelen einander wieder!

Gedanke! wert der Seel', und der Ewigkeit!
Wert, auch den bängsten Schmerz zu besänftigen!
  Dich denkt mein Geist in deiner Größe;
    Aber mein Herz fühlt zu sehr das Leben,

Das ich hier lebe! Gleich der Unsterblichkeit,
Dehnt, was ein Hauch war, fürchterlich mir sich aus!
  Ich seh', ich sehe meine Schmerzen,
    Grenzenlos dunkel, vor mir verbreitet!

Mach GOtt dies Leben, mach es zum leichten Hauch!
Oder gib die mir, die du mir gleich erschufst!
  Ach gib sie mir, dir leicht zu geben!
    Gib sie dem bebenden bangen Herzen!

Dem süßen Schauer, der ihr entgegenwallt!
Dem stillen Stammeln der, die unsterblich ist,
  Und sprachlos, ihr Gefühl zu sagen,
    Kaum noch in Tränen hin bang zerfließet!

Gib sie den Armen, die ich voll Unschuld oft,
In meiner Kindheit zu dir gen Himmel hub,
  Wenn ich mit heißer Stirn voll Andacht,
    Dir um die ewige Ruhe flehte.

Mit einem Winke gibst du, und nimmst du ja
Dem Wurm, dem Stunden sind wie Jahrhunderte,
  Sein kurzes Glück! dem Wurm, der Mensch heißt,
    Jahre lebt, blühet, verblüht, und Staub wird.

Von ihr geliebet, will ich die Tugend schön
Und selig nennen! will ich ihr himmlisch Bild
  Mit unverwandten Augen anschaun,
    Und nur das, Glück, das, Ruhe nennen,

Was sie mir zuwinkt! Auch dich, o frömmere,
Dich auch, o die du ferner und höher wohnst,
  Als unsere Tugend, will ich reiner,
    Unbekannt, GOtt nur bemerket, ehren!

Von ihr geliebet, will ich dir feuriger
Entgegenjauchzen! will ich mein volles Herz,
  In heißen Halleluja-Liedern,
    Ewiger Vater, vor dir ergießen!

Dann, wenn sie mit mir deinen erhabnen Ruhm
Gen Himmel weinet, betend, mit schwimmendem,
Entzücktem Auge; will ich mit ihr
Hier schon das höhere Leben fühlen!

Das Lied des Sohnes, trunken in ihrem Arm
Von reiner Wollust, will ich erhabener
Enkeln, die gleich uns lieben, gleich uns
Christen sind, seligen Enkeln singen!

Klopstocks Oden und Elegien. Faks.-Dr. der Ausg. Darmstadt 1771. Mit einem Nachw. und Anm. hrsg. von Jörg-Ulrich Fechner. Stuttgart: Metzler, 1974. (Sammlung Metzler. 126.) S. 7–12 (Doppeldruckvariante *b*).

KURT SCHWITTERS (1887–1948)

Geboren in Hannover. 1904–14 Studium an der Kunstakademie in Dresden. Mitarbeiter der expressionistischen Zeitschrift *Der Sturm*. 1920 Begegnung mit Hans Arp. 1923–27 Herausgeber der dadaistischen Zeitschrift *Merz*. 1935 Emigration nach Norwegen, 1940 Flucht nach England. In Ambleside (Westmoreland) gestorben.

Das literarische Werk. Hrsg. von Friedhelm Lach. Bd. 1. Köln: DuMont Schauberg, 1973. S. 40. – Zuerst erschienen in: Der Sturm. Juni 1919.

Zweifellos ist der Text für eine Klassifizierung recht schwierig; Schwitters imitiert zwar einerseits August Stramms lyrische Sprechweise aus der *Sturm*-Zeit, scheint diese aber andererseits durch Verse wie »O, wenn ich das Fischlein baden könnte!« mit ihrer deutlichen Sexualsymbolik wieder zu destruieren. Dementsprechend haben verschiedene Autoren von einem ›Sprengen der Ernsthaftigkeit‹, von einem Unterlaufen des »Pathos Strammscher Diktion« oder von »Ridikülisierung« (Hans-Georg Kemper, *Vom Expressionismus zum Dadaismus. Eine Einführung in die dadaistische Literatur*, Kronberg i. Ts. 1974, S. 231) gesprochen. Demgegenüber sieht Kurt Möser in dem Gedicht lediglich eine Weiterführung der Eros- und Tod-Thematik Stramms, spricht aber immerhin auch von »partieller Ablösung« von der »kosmisch-mystischen Thematik« (Kurt Möser, *Literatur in der Epoche der »großen Abstraktion«. Kunsttheorien,*

Poetik und »abstrakte Dichtung« im »Sturm« 1910–1930 [Diss., erscheint demnächst], S. 230). Dies aber scheint uns von der parodistischen Untererfüllung zumindest nicht weit entfernt zu sein.

SITA STEEN (* 1919)

In Manfred Hankes Arbeit über die Schüttelreimer erwähnt: »gebürtige Hamburgerin, Hausfrau, Mutter dreier Kinder und jetzt am Westhang des Harzes zu Hause« (Manfred Hanke, *Die Schüttelreimer. Bericht über eine Reimschmiedezunft*, Stuttgart 1968, S. 141); die bei den Freunden des Schüttelreims ohnehin vorherrschende Neigung zum Pseudonym könnte man auch hier vermuten.

Ein Glied von Schillers Locke 145

Mit dem Kopfe geschüttelt. Stuttgart: Deutsche Verlags-Anstalt, 1971. S. 38. Mit freundlicher Genehmigung der Deutschen Verlags-Anstalt GmbH, Stuttgart.

Der Titel des Buches spielt einmal auf die bekannte Anthologie Wendelin Überzwerchs [d. i. Karl Fuß'], *Aus dem Ärmel geschüttelt!* an, nimmt zudem wohl auch die Leserreaktionen auf solche Vers-Kunststücke vorweg. Vorlage der Parodie ist Schillers *Das Lied von der Glocke*, und zwar im besonderen die Verse 116–132:

Und drinnen waltet
Die züchtige Hausfrau,
Die Mutter der Kinder,
Und herrschet weise
Im häuslichen Kreise,
Und lehret die Mädchen
Und wehret den Knaben,
Und reget ohn Ende
Die fleißigen Hände,
Und mehrt den Gewinn
Mit ordnendem Sinn.
Und füllet mit Schätzen die duftenden Laden,
Und dreht um die schnurrende Spindel den Faden,
Und sammelt im reinlich geglätteten Schrein
Die schimmernde Wolle, den schneeigten Lein,
Und füget zum Guten den Glanz und den Schimmer,
Und ruhet nimmer.

Die hier zum Ausdruck gebrachte hehre Vorstellung weiblicher Tätigkeiten wird in der Parodie in einer dem Original wenig bekömmlichen Weise ›durchgeschüttelt‹.

LUDWIG THOMA (1867–1921)

In Oberammergau geboren. Studium zunächst der Forstwissenschaft, dann der Rechte in München und Erlangen; Dr. jur.; Rechtsanwalt in Dachau und München. Mitarbeiter an der *Jugend* und am *Simplicissimus*, bei dem er 1899 Redakteur wurde, 1907 Mitherausgeber des *März*; schließlich freier Schriftsteller in München und in Rottach, wo er auch starb.

Gesammelte Werke. Red. Albrecht Knaus. Bd. 8. München: Piper, 1956. S. 174.

Mit seinem Text parodiert Thoma den poetischen Dilettantismus Ludwigs I., vor allem die »übeln Partizipialwendungen seiner Gedichte« (Richard M. Meyer, Hrsg., *Deutsche Parodien*, München 1913, S. 212), die gleichwohl eine stattliche Zahl von Übersetzungen, u. a. auch ins Lateinische, Griechische und Gotische, nicht verhindern konnten. Ein besonders markantes Beispiel für den königlichen Partizipialstil ist das von Richard M. Meyer (ebd.) zitierte Distichon:

Die von Michael Angelo verfertigte Bildsäule Moses
in San Pietro in Vincoli

Solcher zermalmender Kraft bist, Moses, du sicher gewesen,
Dich darstellend hiermit zeiget der Künstler sich selbst.

Daß solche Eigentümlichkeiten die parodistische Bearbeitung geradezu herausfordern, zeigt auch – neben den *Lobgesängen auf König Ludwig*, dem »angestammelten König« – Heinrich Heines Epitaph auf »Atta Troll« (*Heinrich Heines sämtliche Werke*, hrsg. von Ernst Elster, Bd. 2, Leipzig/Wien: Bibliographisches Institut, [1890], S. 415):

Der ***** setzt ihm
In Walhalla einst ein Denkmal,
Und darauf, im *****
Lapidarstil, auch die Inschrift:

»Atta Troll, Tendenzbär; sittlich
Religiös; als Gatte brünstig;
Durch Verführtsein von dem Zeitgeist,
Waldursprünglich Sansküllotte;

Sehr schlecht tanzend, doch Gesinnung
Tragend in der zott'gen Hochbrust;
Manchmal auch gestunken habend;
Kein Talent, doch ein Charakter!«

Thematisch behandelt Thoma in seiner Parodie eine für den Monarchen verhängnisvolle Liaison mit der »spanischen Fliege« Lola Montez (an sich Schottin von Geburt), deren Erhebung in den Adel (zur Gräfin Landsfeld) Anlaß zur Empörung und zu zahlreichen Schmähschriften war, wie die folgende anonyme Flugschrift zeigt: »Hat dieser Bundestag dem scheinheiligen, schuldbefleckten Wasserdichter von Bayern in seinem finsteren Treiben und schamlosen Wandel, als er selbst eine spanische Hure, zur Schmach des deutschen Volkes, zur Gräfin machte, gehemmt? – *Nein!*« (Walter Grab, Hrsg., *Die Revolution von 1848/49. Eine Dokumentation*, München 1980, S. 38). In den ersten Märztagen des Jahres 1848 veranlaßte das Gerücht, die ausgewiesene Tänzerin sei zurückgekehrt, erhebliche Unruhen in München, in deren Folge Ludwig I. am 20. März die Regierung zugunsten seines Sohnes Maximilian niederlegte. Richard Wagner, später dem Hause Wittelsbach durchaus verbunden, kommentierte dies Ereignis mit einem umgearbeiteten Goethe-Vers (R. W., *Gedichte*, Berlin 1905, S. 26):

Lola Montez

Das unbegreifliche
hier bleibt es wunder;
das ewig-weibliche
bringt uns herunter.

CHRISTIAN FRIEDRICH TIMME (1752–1788)

Geboren in Arnstadt, gestorben als Privatgelehrter in Erfurt. Er war der erste Rezensent von Schillers Schauspiel *Die Räuber* (im Januar 1782 uraufgeführt) und hat »das prophetische Wort« gesprochen: »Haben wir je einen deutschen Shakespeare zu erwarten, so ist es dieser« (vgl. Karl Goedeke, *Grundriß zur Geschichte der deutschen Dichtung aus den Quellen*, Bd. 4, Abt. 1, Dresden ³1916, S. 605).

Der Empfindsame Maurus Pankrazius Ziprianus Kurt, auch Selmar genannt. Ein Moderoman. 4 Tle. Erfurt: Keyser, 1781–83. – Zit. aus: T. 1. S. 261–264.

Timmes Roman – eine Satire auf die zur »Empfindelei« verkommene Literaturströmung der »Empfindsamkeit«, von Joachim Heinrich Campe schon 1779 »der große heurige Modetummelplatz« gescholten, »auf welchem müssige Zungen und müssige Federn seit einiger Zeit ihr Wesen treiben!« (vgl. Gerhard Sauder, *Empfindsamkeit*, Bd. 3: *Quellen und Dokumente*, Stuttgart 1980, S. 3) – enthält eine Reihe solcher Parodien auf Sprache, Stil und Gestus der Dichtung der Empfindsamkeit. Einige der übererfüllenden Herabsetzung ausgesetzte charakteristische Merkmale führt der Erzähler im Anschluß an die hier ausgewählte Parodie an:
»Es muß wahr sein, daß die Poesie, wie die Musik, nicht bloß begeistert, sondern auch beruhigt. Pankraz hatte kaum dieses rührende Gedicht mit allen seinen empfindsamen Exklamationen niedergeschrieben, so fand er sich merklich ruhiger, und seinen Schmerz um ein großes vermindert. Er freute sich selbst über dieses Produkt, las es verschiedenemal; und je häufiger er es las, je besser gefiel es ihm. Ganz besonders erquickte er sich an dem Anblick der häufigen Gedankenstriche und Ausrufezeichen, in denen, nach der Aussage einiger neuerer Schriftsteller, eine vorzüglich empfindsame Kraft liegen soll. Es sagte zwar einst ein mutwilliger Rezensent: Bei den Gedankenstrichen in der Stölzelschen Ode auf den Sterbemorgen einer hohen Dame müsse der geneigte Leser denken: Hier hat der Verfasser nichts gedacht. Aber damit bewies der Rezensent bloß, daß er kein Schenie sei. Eben das habe ich von einem andern Kritiker angemerkt, der bei dem Anblick so vieler Frage- und Ausrufezeichen allezeit ausruft: Hier hat der Verfasser nichts empfunden. Aber damit beweist er auch nichts weiter, als daß er nicht empfindsam ist.
Pankraz empfand weit richtiger; und da doch einmal die gemeine Menschensprache mit ihren gewöhnlichen Sprachzeichen, für die Sprache des Schenies und der Empfindsamkeit viel zu arm und zu kalt ist: so gab ihm sein Genius den glücklichen und hochwichtigen Gedanken ein, auf eine allgemeine Sprache für empfindsame Schenies zu denken, bei welcher man gar keiner Worte bedürfe, und die

aus lauter solchen Strichen und Zeichen bestehe. Er setzte sich, um den Augenblick einen Versuch mit einer Stanze zu machen, die so aussahe:

! – !
! – ! ! – !
– ! ! – ! ! – ? –
! ! – ! – – ! – – ! !
– ! ! ! – ? – ! ! ! – ? – ? –
! – – ! ! ! ! – ! ! ! ! – – !
– ! – ? ? – – ? ?
! ! – ! – ! !
– ! –
– – –
!

Ich will keinen erklärenden Schlüssel beifügen, damit ich nach dem Exempel Klopstocks in seiner Gelehrtenrepublik, jedem scheniereichen Leser das wonnige Vergnügen lasse, sich selbst nach Herzenslust, und so lange es ihm beliebt, mit deren Dechifferierung zu amüsieren« (vgl. Timme, *Der Empfindsame*, T. 1, S. 264–266).

FRIEDRICH TORBERG (Friedrich Kantor-Berg, 1908–1979)

Geboren in Wien, Studium der Philosophie in Prag; 1938 Emigration in die Schweiz, später in die USA. Kehrte 1951 als amerikanischer Staatsbürger nach Wien zurück; Mitglied des österreichischen PEN-Clubs, seit 1965 korrespondierendes Mitglied der *Deutschen Akademie für Sprache und Dichtung*; mehrere Auszeichnungen für seine Tätigkeit als Publizist und Schriftsteller.

Angewandte Lyrik von Klopstock bis Blubo. Eine Literaturgeschichte in Beispielen [1932]. In: PPP. Pamphlete, Parodien, Post Scripta. München/Wien: Langen-Müller, 1964. S. 214. © 1964 by Albert Langen – Georg Müller Verlag GmbH, München.

in horazischem Takt: Klopstocks Ode ist im asklepiadeïschen Versmaß verfaßt, das auch Horaz benutzte (genannt nach dem griechischen Dichter Asklepiades).

Einzeltextparodie; die erste Zeile wird dabei unverändert übernommen aus Klopstocks tatsächlich »in horazischem Takt« verfaßter

Ode *Der Zürchersee* (*Klopstocks Werke*, Dritter Teil, hrsg. von Richard Hamel, Berlin/Stuttgart [1884], S. 65).

Angewandte Lyrik von Klopstock bis Blubo. Eine Literaturgeschichte in Beispielen [1932]. In: PPP. Pamphlete, Parodien, Post Scripta. München/Wien: Langen-Müller, 1964. S. 214. © 1964 by Albert Langen – Georg Müller Verlag GmbH, München.

Als Vorlage dient hier Schillers sehr umfangreiche Ballade *Der Kampf mit dem Drachen*; parodistisch verarbeitet werden insbesondere die folgenden Zeilen: »Was rennt das Volk, was wälzt sich dort« (V. 1); »Bringt man geschleppt ein Ungeheuer / Ein Drache scheint es von Gestalt« (V. 8–9); »Und bäumet sich und will nicht weichen« (V. 208); »Denn nahe liegt, zum Knäul geballt« (V. 209) (Friedrich Schiller, *Sämtliche Werke*, hrsg. von Gerhard Fricke und Herbert G. Göpfert, Bd. 1, München ^{4}1965, S. 390–399).

Angewandte Lyrik von Klopstock bis Blubo. Eine Literaturgeschichte in Beispielen [1932]. In: PPP. Pamphlete, Parodien, Post Scripta. München/Wien: Langen-Müller, 1964. S. 214. © 1964 by Albert Langen – Georg Müller Verlag GmbH, München.

Ghaséle: Ghasel, beliebteste Dichtgattung der persischen Literatur; der Reim des ersten Verspaares wird in jeder geraden Zeile wieder aufgenommen. – *Kayam:* Khayyam; berühmter persischer Dichter (gestorben 1132); herausragender Vertreter der Vier-Zeilen-Dichtung. – *Said:* Abū Sa'īd; persischer Mystiker (967–1049). – *Makâmen:* Gattung der arabischen Kunstprosa; ihre klassische Form erhielt sie durch *Hariri* (Abu Muhammad al Kasim ibn al 'Ali al Hariri: arabischer Sprachgelehrter, lebte in Basra, 1054–1121).

Auffälligstes Merkmal der parodistischen Verarbeitung ist hier die Übernahme der Ghaselen-Form, deren Import nicht zuletzt auf Rückerts Übersetzungen und Nachdichtungen orientalischer Lyrik zurückgeht. »Weisheit des Brahmanen« ist Anspielung auf Rückerts unter dem Titel *Die Weisheit des Brahmanen* zusammengefaßte Sprüche, Gleichnisse und Erzählungen im orientalischen Stil (1836–39); Vorarbeit dazu war die Übersetzung *Die Makamen des Hariri* von 1826; »Heil, Bier und Sieg« ist Anspielung auf Rückerts im Kampf gegen Napoleon 1814 geschriebene *Geharnischte Sonette*.

Uhland 130

Angewandte Lyrik von Klopstock bis Blubo. Eine Literaturgeschichte in Beispielen (1932). In: PPP. Pamphlete, Parodien, Post Scripta. München/Wien: Langen-Müller, 1964. S. 214. © 1964 by Albert Langen – Georg Müller Verlag GmbH, München.

»Hirtenknab« und »König« sind bei Uhland in der Tat »von vertrauter Art« – erinnert sei hier nur an *Die Kapelle*, *Das Schloß am Meer*, *Des Sängers Fluch* usw.; »Wann lau die Lüfte wehn« und »Darüber rauschen Bäume«: solche topischen Landschaftsschilderungen tauchen bei Uhland in den verschiedensten Formulierungen auf – vgl. etwa *Frühlingsglaube* und *Frühlingsahnung* sowie *Das Thal* oder *Merlin der Wilde*.

Platen 131

Angewandte Lyrik von Klopstock bis Blubo. Eine Literaturgeschichte in Beispielen (1932). In: PPP. Pamphlete, Parodien, Post Scripta. München/Wien: Langen-Müller, 1964. S. 214 f. © 1964 by Albert Langen – Georg Müller Verlag GmbH, München.

Busento: Fluß in Kalabrien. – *Cosenza:* Hauptstadt der italienischen Provinz Kalabrien. – *Harmosan:* Held in einer Dichtung Platens. – *Sassaniden:* persische Dynastie.

Die beiden ersten Zeilen der Parodie sind eine Aufzählung des ›exotischen‹ Vokabulars aus Platens Balladen *Das Grab im Busento* und *Harmosan*, dem in der letzten Zeile der vollständige Name Platens als nicht minder exotisch hinzugefügt wird.

Preußische Barden 131

Angewandte Lyrik von Klopstock bis Blubo. Eine Literaturgeschichte in Beispielen (1932). In: PPP. Pamphlete, Parodien, Post Scripta. München/Wien: Langen-Müller, 1964. S. 215. © 1964 by Albert Langen – Georg Müller Verlag GmbH, München.

Vgl. dazu die Anfangszeilen »Der Gott, der Eisen wachsen ließ / Der wollte keine Knechte« von Ernst Moritz Arndts *Vaterlandslied* (Ernst Moritz Arndt, *Werke*, Bd. 3, hrsg. von Heinrich Meisner, Leipzig 1894, S. 325).

Volksschul-Lesebuch 131

Angewandte Lyrik von Klopstock bis Blubo. Eine Literaturgeschichte in Beispielen (1932). In: PPP. Pamphlete, Parodien, Post

Scripta. München/Wien: Langen-Müller, 1964. S. 215. © 1964 by Albert Langen – Georg Müller Verlag GmbH, München.

Die ersten Zeilen sind eine Zitat-Montage nach Art des Centos: Zu »Burg Niedeck ist im Elsaß« vgl. die gleichlautende erste Zeile aus Adelbert von Chamissos Ballade *Das Riesenspielzeug*; »Zu Breslau in der Stadt« ist Übernahme aus Wilhelm Müllers Ballade *Der Glockenguß zu Breslau*; »Zu Limburg auf der Feste« ist Gedichtanfang von Ludwig Uhlands *Der Schenk von Limburg*.

Die Moderne 132

Angewandte Lyrik von Klopstock bis Blubo. Eine Literaturgeschichte in Beispielen (1932). In: PPP. Pamphlete, Parodien, Post Scripta. München/Wien: Langen-Müller, 1964. S. 216. © 1964 by Albert Langen – Georg Müller Verlag GmbH, München.

Vorlage ist hier die erste Strophe von Richard Dehmels Gedicht:

Der Arbeitsmann

Wir haben ein Bett, wir haben ein Kind,
mein Weib!
Wir haben auch Arbeit, und gar zu zweit,
und haben die Sonne und Regen und Wind.
Und uns fehlt nur eine Kleinigkeit,
um so frei zu sein, wie die Vögel sind:
Nur Zeit.

Gesammelte Werke in drei Bänden. Bd. 1. Berlin: S. Fischer, 1913. S. 159.

Stefan George 132

Angewandte Lyrik von Klopstock bis Blubo. Eine Literaturgeschichte in Beispielen (1932). In: PPP. Pamphlete, Parodien, Post Scripta. München/Wien: Langen-Müller, 1964. S. 216. © 1964 by Albert Langen – Georg Müller Verlag GmbH, München.

georg bondi: Verleger Stefan Georges.

Textklassenparodie; das von Torberg besonders geschätzte Verfahren der direkten Polemik im Stile des Parodierten liegt auch hier vor.

Hofmannsthal 132

Angewandte Lyrik von Klopstock bis Blubo. Eine Literaturgeschichte in Beispielen (1932). In: PPP. Pamphlete, Parodien, Post Scripta. München/Wien: Langen-Müller, 1964. S. 216. © 1964 by Albert Langen – Georg Müller Verlag GmbH, München.

Einzeltextparodie von Hugo von Hofmannsthals Gedicht *Ballade des äußeren Lebens* (vgl. dazu in der vorliegenden Anthologie S. 279 f.), freilich mit deutlicher Anspielung auf das *Lebenslied* (»Lamm« und »Pfau«). Vgl. dazu auch die anonymen Parodien auf das *Lebenslied* in unserer Anthologie S. 102 sowie S. 158–161.

Angewandte Lyrik von Klopstock bis Blubo. Eine Literaturgeschichte in Beispielen (1932). In: PPP. Pamphlete, Parodien, Post Scripta. München/Wien: Langen-Müller, 1964. S. 217. © 1964 by Albert Langen – Georg Müller Verlag GmbH, München.

Gonorrhoe: Geschlechtskrankheit.

Textklassenparodie auf expressionistische Großstadtlyrik, wobei charakteristische Merkmale wie Zeilenstil und Lakonie der Aussagen, die Vorliebe für bestimmte Requisiten (Fabriken, Schlote, Hurenhaus, Bettler) und die gewaltsame Mondmetaphorik übernommen sind.

DANIEL WILHELM TRILLER (1695–1782)

Geboren in Erfurt als Sohn eines Polyhistors und Arztes, Professors der Mathematik und Poetik. Studium der Medizin in Leipzig und Halle. 1730 Hofmedikus, 1744 Leibarzt, 1749 Professor der Medizin in Wittenberg. Dort auch gestorben.

Der Wurmsaamen. Ein Helden-Gedicht. Erster Gesang. Welchem bald noch XXIX. folgen sollen. [...]. Frankfurt/Leipzig 1751. S. 3–8. – Vgl. auch Georg Witkowski (Hrsg.): Der Wurmsaamen. Sechs poetische Streitschriften aus den Jahren 1751 und 1752. Leipzig 1908 (Mitteilungen der Deutschen Gesellschaft zur Erforschung Vaterländischer Sprache und Altertümer in Leipzig, Bd. 10). S. 21 bis 25.

Wurmsamen: nach Johann Christoph Adelungs *Wörterbuch* Samen verschiedener Pflanzen, welche »die Würmer aus dem menschlichen

Leibe abführen«; Triller hat dem Ausdruck jedoch später die dem damaligen Leser fernliegende Bedeutung »Same, aus welchem Würmer entstehen« gegeben. – *Horat.:* Quintus Horatius Flaccus, römischer Lyriker (65–8 v. Chr.). Die Hexameter aus der Poetik *De arte poetica* (455 f.) lauten in der Übersetzung der Heimeran-Ausgabe: »So weicht, wer gescheit ist, dem wahnwitzigen Dichter aus und rettet sich; höchstens hänseln die Buben ihn und sind so unvorsichtig, ihm nachzulaufen« (Horaz, *Sämtliche Werke*, lateinisch/deutsch, hrsg. von Hans Färber, München 1960). – *Miltonisch:* nach dem englischen Dichter John Milton (1608–1674). – *Phöbus:* Apollon; griech. Gott der Musik, aller Harmonie und Ordnung, auch der Sonne. – *Seraff:* Verballhornung von »Seraph«, einer Bezeichnung für Engel im Alten Testament. – *pythagoreische Sphären:* Pythagoras, griechischer Philosoph im 6. Jh. v. Chr., nach Auffassung seiner Schüler, der *Pythagoreer*, hingen musikalische Harmonien mit den Bewegungen der Planeten zusammen. – *Galimathias:* sinnloses, verworrenes Gerede. – *Olympisch:* Olymp, nordgriechischer Berg, im Altertum als Wohnsitz der Götter gedacht. – *Noah:* Titel einer »Helden-Dichtung« (1750) von Johann Jakob Bodmer. – *Sündflut:* Der genaue Titel der Dichtung Bodmers lautet *Die Synd-Fluth. Ein Gedicht* (1751). – *der Frühling:* Titel eines Hexameter-Gedichtes (1749) von Ewald Christian von Kleist. – *Herrnhut:* Herrnhuter Brüdergemeine, trug u. a. durch Kirchenlieder und Erbauungsschriften zur Literatur des *Pietismus* bei. – *Jakob Böhme:* deutscher Mystiker; von Beruf Schuhmacher (1575–1624). – *Aurora:* römische Göttin der Morgenröte; Titel des ersten Werkes (1612) von Jakob Böhme. – *Centauren:* Fabelwesen der griechischen Sage mit menschlichem Oberkörper und Pferdeleib. – *Zese:* Philipp von Zesen, deutscher Barockdichter (1619–89). – *Clajus:* Johann Klaj, deutscher Barockdichter (1616–56).

Textklassenparodie auf die durch Bodmers Milton-Übersetzung inspirierte Bibelepik, deren Höhepunkt Klopstocks *Der Messias* – die ersten Gesänge erschienen 1748 – bildete. Zugleich ist die Parodie ein vielleicht etwas ungewöhnliches Dokument für die »querelle« zwischen Alt und Neu, d. h. zwischen der Gruppe um Gottsched einerseits und Bodmer/Breitinger andererseits, und geht darin noch über die biblische Poesie hinaus: »Schon das Titelblatt zeigte die Richtung des Angriffs: durch den Hieb gegen die in Aussicht gestellten weiteren Gesänge des *Messias*, durch die Anspielung auf die Züricher *Discourse der Mahlern*, auf die Lieblingsworte der Schweizer *Schöpfer* und *schöpferisch* als Bezeichnung des echten

Dichters, entsprechend dem französischen *Esprit créateur*, auf das im *Noah* Bodmers mehrmals in ungewöhnlichem Sinne gebrauchte Adjektiv *männlich*, auf die Behauptung, daß die Regeln entbehrlich seien« (Witkowski, S. 8 f.).

Vorlagen: Johann Jacob Bodmer: Johann Miltons Episches Gedichte von dem Verlohrnen Paradiese. Faks.-Dr. der Bodmerschen Übers. von 1742. Hrsg. von Wolfgang Bender. Stuttgart: Metzler, 1965. – Friedrich Gottlieb Klopstock: Werke und Briefe. Hist.-krit. Ausg. Abt. Werke. Bd. 4,1: Der Messias. Text. Hrsg. von Elisabeth Höpker-Herberg. Berlin / New York: de Gruyter, 1974. – Johann Jacob Bodmer: Noah ein Helden-Gedicht [Gesang 1 und 2]. Frankfurt/Leipzig 1750.

Im besonderen machen wir auf folgende Anspielungen und Zitate aufmerksam: Triller wählt den Titel *Der Wurmsamen* als Kontamination aus Bodmers Milton-Übersetzung: vgl. »der den erwählten Samen zuerst gelehrt« und »Der höllische Wurm« (Bodmer, S. 1 bzw. S. 3). Ebenso wird der Musenanruf dem des *Verlorenen Paradieses* parodistisch nachgebildet (Bodmer, S. 1: »Singe, himmlische Muse, von dem ersten Ungehorsam des Menschen«). »Ein Seraff, aller Seraffen Oberhaupt« ist kalauernde Anspielung auf Bodmers Text (S. 89). – Die in der Parodie als Zitat kenntlich gemachten Übernahmen sind in Wirklichkeit Zusammensetzungen aus zahlreichen Einzelwörtern, Syntagmen und Sätzen aus den Vorlagen; hierzu als Beispiel (die Kursive bezieht sich auf Trillers Parodie): die Beziehung auf Klopstocks *Messias*. »Da herrscht *die Mitternacht* ewig *einsiedlerisch*, dunkel, *und Wolken*« (Gesang 1,588) »*Fließen von* ihm, *wie ein sinkendes Meer, unaufhörlich herunter*« (1, 589); »Und keine *wehenden Flammen*« (1,620) »bleiben an *menschenlosen Gestade*« (1,612); »Denn *er ergrimmt und seufzet vor Wut, die traurigen Auen / Liegen vor ihm in entsetzlichem* Dunkel, *unbildsam und öde, / Ewig unbildsam, unendliche lange Gefilde voll Jammer*« (2,385–87); »*Dies* ist sein *Wille*, damit er des *Chaos* Tiefen *bewohnet*« (2,327). Und für die Beziehung der Parodie auf Bodmers *Noah* sei aus diesem »Heldengedicht« zitiert: »Fortzusetzen: Sie waren gleich damals beschäftigt, die Sämgen, / Eh sie den Staub verspritzten, von einfarbrötenden Tulpen / Abzubrechen, hernach mit dem Mehl weißfarbener Tulpen / [usw. bis zu] noch ihren hochzeitlichen Sitten« (S. 50).

KURT TUCHOLSKY (1890–1935)

Geboren in Berlin; juristisches Studium in Berlin und Jena, seit 1913 Mitarbeiter an der *Schaubühne*, der späteren *Weltbühne*, deren Herausgeber er 1926 wurde. 1929 Emigration nach Schweden, 1933 Ausbürgerung und Verbrennung seiner Bücher, 1935 Freitod in Schweden.

Gesammelte Werke. Hrsg. von Mary Gerold-Tucholsky und Fritz J. Raddatz. Reinbek bei Hamburg: Rowohlt, [1961]. Bd. 3. S. 544.

Cowgoys: vermutlich Wortspiel mit hebr. *Goi* für Nichtjude, Christ. – *Rudyard Brecht:* Anspielung auf Brechts Abhängigkeit vom Werk Rudyard Kiplings.

Über die möglichen Motive für seine Parodie hat Tucholsky 1928 – also zwei Jahre vor deren Erscheinen – selbst Auskunft gegeben. In einer Rezension von Brechts *Hauspostille* schreibt er u. a.: Die Gedichte »vermitteln den stärksten Eindruck, den unsereiner in der letzten Zeit in deutscher Lyrik gefunden hat«; er macht dann aber eine entscheidende Einschränkung: »Was das Land *Mahagonny* angeht, so ist es ein gut bürgerliches Land, es blüht daselbst der Nußbaum und die gute Eiche, aus der man die Bücherregale macht. Die *Drei Soldaten* heißen George, Freddy und John und mit Nachnamen Kipling; und es ist ein großer Unterschied, ob ein Angelsachse solch ein Leben der Soldaten mitlebt oder ob ein Bayer, der seine Dumpfheit niemals ganz los wird, sie nachlebt [. . .]. Der Rest dieser Gattung ist – mit Ausnahme der wunderschönen Ballade von des Cortez' Leuten –: Freiligrath [. . .]. Wie da die Liebe zum fremden Land erst ursprünglich war, dann immer mehr benutzt wird, wenn das Eigene nicht reicht – wie da die fremden Namen auf den verblüfften Leser herunterdonnern [. . .], wie da dem fremden Kontinent alles, alles zugemutet wird, nur kein Spießer, während doch grade die bei den Cowboys genau so wild wachsen wie bei den Skatindianern, nur eben in andern Formen –: diese bunten Lieder Brechts sind bester Freiligrath und schwächster Brecht« (Kurt Tucholsky, »Bert Brechts Hauspostille«, in: K. T., *Gesammelte Werke*, Bd. 6, S. 60 f.).
Mit der Parodie nimmt sich Tucholsky der Kraftmeierei und des Exotismus der Songs aus *Aufstieg und Fall der Stadt Mahagonny* noch einmal an: Entsprechend seiner Überzeugung, daß »sehr große

Lyrik« eben nicht »komponiert werden« will, stellt er den Strophen seiner Parodie jeweils ein paar nachgeahmte Takte Musik voran – ein Verfahren, das auch beim Kabarettvortrag nicht unbekannt ist. Hier hat es zugleich noch die Funktion, den in den Songs zum Ausdruck gebrachten Habitus der ›ganzen Kerle‹ lächerlich zu machen. Abgeschlossen werden die Strophen durch einen Refrain, der dem der Vorlage nachgebildet ist (vgl. Bertolt Brecht, »Aufstieg und Fall der Stadt Mahagonny. Oper«, in: *Gesammelte Werke*, Bd. 2, Frankfurt a. M. 1967, S. 499–564); und zwar mit einer bezeichnenden Substitution: So wie »Mahagonny« als Name der Stadt unweigerlich an Mahagoni-Holz denken läßt, weckt »Estremadura« als Name einer spanischen Landschaft die Erinnerung an das dort hergestellte Estremadura-Garn. (Vgl. auch Karl Riha, *Moritat – Song – Bänkelsang. Zur Geschichte der modernen Ballade*, Göttingen 1965, S. 94–96.)

GRETHI T. TUNNWIG (* 1940)

Geboren im Thurgau (Schweiz), zunächst Diätassistentin in Zürich; lebt heute als freie Schriftstellerin (Frauenliteratur) in Berlin.

Männer-Reproduktionen. Berlin: Wendelgard-Verlag, 1979. S. 17.

Vorlage der Parodie ist die erste Strophe von Hermann Hesses Gedicht:

Liebeslied

Ich bin der Hirsch und du das Reh,
Der Vogel du und ich der Baum,
Die Sonne du und ich der Schnee,
Du bist der Tag und ich der Traum.

Nachts aus meinem schlafenden Mund
Fliegt ein Goldvogel zu dir,
Hell ist seine Stimme, sein Flügel bunt,
Der singt dir das Lied von der Liebe,
Der singt dir das Lied von mir.

Gesammelte Werke. Bd. 1. Frankfurt a. M.: Suhrkamp, 1970. (edition suhrkamp werkausgabe.) S. 75.

Das Parodistische der Nachahmung besteht darin, daß im Sinne einer Übererfüllung und Mechanisierung die Metaphorik der Vorlage fortgeführt wird. Dabei ist die – zunächst an die ›semantischen Gedichte‹ Morgensterns erinnernde – Schlußzeile der Parodie mehr als nur unverbindliche Spielerei: der auch in der Poesie sich artikulierende männliche Überlegenheitswahn wird allein durch die unterschiedliche Quantität der beiden Silben des Autornamens sinnfällig vor Augen geführt.

HANS HEINRICH VON TWARDOWSKI

Pseudonym; eine Anspielung in dem seiner Anthologie vorausgeschickten *Offenen Brief an Moriz Seeler* und die Namensnennung in den *Literarischen Porträts* lassen vermuten, daß der Autor eigentlich Georg Bernhard hieß. (Womit noch nicht viel gewonnen ist, da wir über ihn auch keine biographischen Angaben finden konnten.) Gewählt wurde das Pseudonym vielleicht aus Sympathie mit jenem Adligen, der – als ein polnischer Faust – zur Strafe für sein frevelhaftes Tun zwischen Himmel und Erde schweben mußte. Nicht auszuschließen ist, daß Vischers Faust-Parodie – dort wird der polnische Adlige kurz erwähnt – an dieser Wahl nicht ganz unschuldig war. Wie auch immer, für einige Zeitgenossen scheint v. Twardowski weniger mysteriös gewesen zu sein, als er dies für uns heute ist; Else Lasker-Schüler jedenfalls widmete ihm ein eigenes, trotz nicht ganz korrekter Schreibung des Nachnamens von Vertrautheit sprechendes Gedicht:

Hans Heinrich von Twardowsky

Ein Flamingo holte sich als Spielzeug
Den Hans Heinrich aus dem Teich.

Der Mondmann tanzt im goldenen Frack
Mit seinen Sternen Zick und Zack
Wenn Heinrich reimt im Chapeau Claque
In unserer Tacktick.

Er dichtet bis in Herrgottsfrüh
Liebenswürdige Parodie
Wolkenleicht und voll Esprit.

Glücklich schlägt seine Zuckeruhr;
Seine Augen lassen blaue Spur,
Adelige Vergißmeinnie.

Else Lasker-Schüler: Sämtliche Gedichte. Hrsg. von Friedhelm Kemp. München: Kösel, 1966. S. 157 f.

Monolog eines jungen Mannes von vierzig Jahren 112

Der rasende Pegasus. Zweite, stark vermehrte Ausgabe. Berlin: Axel Juncker, 1919. S. 18.

Die Parodie beruht primär auf Übererfüllung einer bestimmten stilistischen Eigenart in Hofmannsthals Lyrik, nämlich auf der mit »und« eingeleiteten syndetischen Reihung der Zeilen, die zwar bei zahlreichen Gedichten vorliegt, vor allem aber für die *Ballade des äußeren Lebens* konstitutiv ist:

Und Kinder wachsen auf mit tiefen Augen,
Die von nichts wissen, wachsen auf und sterben,
Und alle Menschen gehen ihre Wege.

Und süße Früchte werden aus den herben
Und fallen nachts wie tote Vögel nieder
Und liegen wenig Tage und verderben.

Und immer weht der Wind, und immer wieder
Vernehmen wir und reden viele Worte
Und spüren Lust und Müdigkeit der Glieder.

Und Straßen laufen durch das Gras, und Orte
Sind da und dort, voll Fackeln, Bäumen, Teichen,
Und drohende, und totenhaft verdorrte …

Wozu sind diese aufgebaut? und gleichen
Einander nie? und sind unzählig viele?
Was wechselt Lachen, Weinen und Erbleichen?

Was frommt das alles uns und diese Spiele,
Die wir doch groß und ewig einsam sind
Und wandernd nimmer suchen irgend Ziele?

Was frommts, dergleichen viel gesehen haben?
Und dennoch sagt der viel, der »Abend« sagt,
Ein Wort, daraus Tiefsinn und Trauer rinnt

Wie schwerer Honig aus den hohlen Waben.

Hugo von Hofmannsthal: Gesammelte Werke in Einzelausgaben. Gedichte und lyrische Dramen. Hrsg. von Herbert Steiner. Frankfurt a. M.: Fischer, 1963. S. 16. © Insel Verlag, Frankfurt a. M.

Demgegenüber sind die semantisch-thematischen Beziehungen zur Vorlage allenfalls vage: »Und Traueraffen aus den Bäumen fallen« ist wohl eine parodistische Umformulierung der Zeile »Und fallen nachts wie tote Vögel nieder«, womit sich die augenfälligen Ähnlichkeiten aber schon erschöpfen. Statt dessen gibt es jedoch einige Anspielungen auf Hofmannsthals literarische Tätigkeit, wie etwa auf die für Richard Strauß verfaßten Libretti oder auf seinen Versuch, mit *Jedermann* die Tradition des geistlichen Spiels zu erneuern. Vor allem aber thematisiert Twardowski hier noch einmal den Aspekt aus seinen *Literarischen Porträts*: »HUGO VON HOFMANNSTHAL – ein gestickter Pfau im Abenduntergang (Was hätte aus dem werden können, wenn er mit achtzehn Jahren gestorben wäre . . . !)« (Twardowski, *Der rasende Pegasus*, S. 12.)

Die Schlacht 113

Hans Heinrich von Twardowski: Der rasende Pegasus. Zweite, stark vermehrte Ausgabe. Berlin: Axel Juncker, 1919. S. 37 f.

»AUGUST STRAMM – ein Stoßvogel mit ekstatischem Gewürge« – so Twardowskis Kurzporträt von Stramm (Twardowski, *Der rasende Pegasus*, S. 13). Dementsprechend werden in der Parodie dessen auf Zerstörung der Syntax beruhende Reihungen, aber auch gewisse morphologische Extravaganzen mechanisiert und die von solchen Verfahren kaum noch getragene Länge einzelner Gedichte vor Augen geführt (vgl. dazu vor allem *Weltwehe*). Besonders deutlich erkennbar ist die Mechanisierung in den Zeilen »winseln weinen / wispern hispern / lispern kispern / knispern, knispern / klappen pappen / schnappen happen« – aber selbst dafür gibt Stramms Lyrik noch das Vorbild ab (vgl. etwa »Trudeln krudeln«; »Weben schweben wallen ballen« aus *Weltwehe* oder »Gähnen klappen Klappen schnappen« aus *Die Menschheit*). Während mit dem Titel auf Stramms *Schlacht* angespielt wird, ist der Schluß in Analogie zu den letzten Zeilen von *Die Menschheit* gebildet:

[...]
In
Die
Tränen Tränen Tränen
In die
Tränen
In den Raum
In den Raum
In den Raum!

Tränen kreist der Raum!

August Stramm: Das Werk. Wiesbaden: Limes, 1963. S. 55.

Freilich zeigt diese Analogiebildung auch, wie schwer es ist, solch »ekstatisches Gewürge« überhaupt noch durch Übererfüllung zu parodieren.

FRIEDRICH THEODOR VISCHER (1807–1887)

Geboren 1807 in Ludwigsburg als Pfarrerssohn aus unbemittelter württembergischer ›Honoratioren‹-Familie. Landesübliche theologische Ausbildung 1821–30, u. a. im Tübinger Stift; Freundschaft mit Mörike und David Friedrich Strauß; Studium in Philosophie, Ästhetik, Literatur. Habilitierte sich in Tübingen 1836. 1848 Abgeordneter der gemäßigten Linksdemokraten in der Frankfurter Nationalversammlung. 1855 Ruf an das Polytechnikum in Zürich; 1866–77 Ordinarius für Ästhetik und Literatur am Polytechnikum in Stuttgart und zeitweilig auch in Tübingen. Gestorben in Gmunden am Traunsee. Mitarbeit an den von Arnold Ruge herausgegebenen linkshegelianischen *Hallischen Jahrbüchern*; Freund Gottfried Kellers.

Ausgewählte Werke in acht Teilen. Hrsg. von Theodor Kappstein. Leipzig: Hesse & Becker, [1920]. T. 3. S. 20–25.

Datpheus: vgl. Vischers erste Moritat *Wie Johann Georg Philipp Datpheus von Stuttgart den 29. September 1824 daselbst den Spinnhausaufseher Heinrich Gebhard Grempenfort ermordete und hierauf den 21. Februar 1825 hingerichtet wurde*, die sich auf einen Zeitungsbericht bezieht. – *mauderig:* trübselig. – *Ank:* Nacken. – *knarveln:* knarf(l)en (schwäb.): knirschen (der Zähne).

Textklassenparodie, die am Ausgangspunkt einer neuen Art der Moritat steht, indem sie »mit der Nachahmung des Bänkelsangs weder politische noch soziale Tendenzen« verbindet, vielmehr »ihren Zweck in der komischen Behandlung der Moritat« erfüllt. Die vom fiktiven Bänkelsänger Philipp August Schartenmayer vorgetragene Moritat über Leben und Tod des Joseph Brehm fällt in die Seminaristen- und Studentenzeit Vischers – in eine Zeit, in der, wie Erwin Sternitzke vermutet, der Bänkelsänger »durch die ständig wachsende Vergröberung seiner Manieren der Lächerlichkeit anheim« fiel (vgl. generell Erwin Sternitzke, *Der stilisierte Bänkelsang*, Marburg 1933, S. 53–63). Nicht zuletzt diesem Umstand und der hervorragenden »Eignung des Bänkelsängerstils für die komische Darstellung« verdankt die »parodistische Moritat« ihre seit den zwanziger Jahren einsetzende und im ganzen 19. Jahrhundert unvermindert anhaltende Beliebtheit. Dabei beruht die Komik der »Schartenmayergesänge« Vischers einmal darauf, »den Bänkelsängerstil so zu gebrauchen, daß alle seine spaßhaft wirkenden Besonderheiten in ihrer charakteristischen Art hervorgehoben werden, in ihrer ganzen Komik zur Geltung kommen, andererseits darauf, den Schein des Ernstes noch in einem Maße zu wahren, der die Vorstellung nicht zerstört, in dem Vortragenden einen ernsthaft deklamierenden Bänkelsänger zu sehen. Da sind in erster Linie der übertrieben pathetische Ton, das marktschreierische Anrufen des Publikums, die sensationelle Ankündigung in den Titeln, die den Kontrast zwischen Stoff und Behandlung, tatsächlicher und beigegebener Bedeutung steigern. Als Komik wird auch die Umständlichkeit in der Art des Erzählens, das Betonen unwichtiger Einzelheiten empfunden« (Sternitzke, S. 53 f.).

Vischers Moritaten – beispielsweise in *Musenklänge in Deutschlands Leierkasten* (1849) illustriert erschienen – haben viele Nachahmungen gefunden. So bekennt Rudolf Rodt (d. i. Ludwig Eichrodt) in *Biedermaier an Schartenmeier*:

Den sie nennen Biedermaier,
Ihm war's immer Himmelslust,
Schartenmeier mit der Leier
Sich zu werfen an die Brust.

(Ludwig Eichrodt / Adolf Kußmaul / Samuel Friedrich Sauter: Das Buch Biedermaier. Neue Ausgabe. Stuttgart [Karlsruhe]: K. A. E. Müller, 1911. S. 139 f.)

Und eindringlich erinnert Eichrodts Epitaph auf Vischer, *Nachklang*, an das Ende der parodistischen Moritat (Eichrodt [u. a.], S. 141):

»Schartenmeier ist hinüber!«
  Seufzet »Biedermaier« jetzt,
Und die Zeit erscheint ihm trüber,
  Die ihm diesen Schlag versetzt.

Und es hängt auch »Biedermaier«,
  Welchen nicht mehr alles freut,
An die Holzwand seine Leier,
  Denn es ist nun andre Zeit.

Faust. Der Tragödie dritter Teil. (Neudr. der 2. Aufl. 1886.) Hrsg. von Fritz Martini. Stuttgart: Reclam, 1978. (Reclams Universal-Bibliothek. 6208 [3].) S. 60 f.; 131 f.

Dem parodistischen *Chorus mysticus* hat als Vorlage der Schlußgesang von *Faust II* (V. 12104–12111) gedient:

Chorus Mysticus

Alles Vergängliche
Ist nur ein Gleichnis;
Das Unzulängliche,
Hier wird's Ereignis;
Das Unbeschreibliche,
Hier ist's getan;
Das Ewigweibliche
Zieht uns hinan.

Adaption und Transformation bestimmen die Bezugnahme auf diesen Schlußchor: Einerseits werden die Abstrakta der Vorlage durch solche mit minderwertigeren Konnotationen ersetzt wie »das Ewig-Weibliche / das ewig Langweilige«; andererseits wird der im Zweiten Teil überreich verwendete Superlativ eben an jener Stelle eingesetzt, wo ihn Goethe gerade vermieden hatte. Letzteres ist das an die zeichnerische Karikatur erinnernde Verfahren der Übererfüllung, für die sich in den kritischen Untersuchungen Vischers zu Goethes *Faust* von 1875 sehr genaue Analysen und deutliche Bewertungen finden lassen: Es handle sich hier um nichts anderes als »Versalzung, Überwürzung, Manier«, im speziellen Fall um eine »Superlativaffektation«, im allgemeinen um »ein falsches Bild der klassischen Ruhe«.

Daß Vischers explizite und in der Parodie demonstrierte Kritik an Goethes Alterswerk über die rein sprach- und stilkritische Intention hinausgehen soll, zeigen Äußerungen, in denen er seinen Überdruß an der »Ausbeutung der Rumpelkammer der Legende«, dem »Übergehen in die Mysterienform«, dem »von Heiligen, Kirchenvätern, Engeln wimmelnden Goldgrund« von *Faust II* polemisch artikuliert.

Der Gesang unsichtbarer guter Geister bezieht sich zunächst auf die Chorgesänge der Engel im Ersten Teil mit dem folgenden Mittelstück (V. 757–761):

Chor der Engel

Christ ist erstanden!
Selig der Liebende,
Der die betrübende,
Heilsam- und übende
Prüfung bestanden.

Zu den lexikalischen Übereinstimmungen bzw. zum übereinstimmenden Vers am Beginn bzw. zum Schluß beider Textstücke (»erstanden, Selig, Der« bzw. »Prüfung bestanden«) kommt eine Reihe von Elementen der Sekundärstrukturierung wie etwa »gleitende Mehrfachreime« (Fritz Martini, »Nachwort«, in: Friedrich Theodor Vischer, *Faust. Der Tragödie dritter Teil*, S. 255) hinzu, die die Engelgesänge des Originals in besonderer Weise beherrschen (vgl. *Faust I*, 737–41; 797–807; *Faust II*, 11699 ff. u. ö.) und die nun von Vischer bis an »den Rand von ›Unsinnspoesie‹« (Martini, S. 252) mechanisiert werden. Allerdings ist die parodistische Kritik am Ersten Teil zunächst erstaunlich, da Vischer in ihm ein Werk von »absolutem poetischem Werte« sah. Sie wird aber sogleich einsichtig, wenn man mit Vischer schon hier Tendenzen angelegt findet, die im Zweiten Teil »zum Phantastisch-Dunklen und zu katholischem Mystizismus« führen (Martini, S. 256; vgl. auch Verweyen/Witting, S. 167–176).

Ein Beispiel für die ungemein empörte Reaktion auf Vischers Parodie ist Grillparzers Epigramm *Vischers dritter Teil des Faust*:

Die Bibel müßte schon die Lehre ein dir flößen:
Die Scham des Vaters sollst du nicht entblößen.

(Franz Grillparzer, *Sämtliche Werke*, hrsg. von August Sauer, Stuttgart: J. G. Cotta, [1902], Bd. 3, S. 225.)

VOLKSVERMÖGEN

Abgedr. nach: Peter Rühmkorf: Über das Volksvermögen. Exkurse in den literarischen Untergrund. Reinbek bei Hamburg: Rowohlt, 1967. S. 177; 185; 187. © 1967 by Rowohlt Verlag GmbH, Reinbek bei Hamburg.

Die Vorlagen dieser drei Schlagerparodien sind:

Fahr mich
In die Ferne, mein blonder Matrose,
Bei dir
Will ich sein auch im Wellengetose.
Wir gehören zusammen
Wie der Wind und das Meer.
Von dir mich zu trennen,
Ja, das fällt mir so schwer.

Was eine Frau im Frühling träumt,
Klingt oft so dumm und ungereimt.
Doch so ein Traum erfüllt sich schnell,
Eventuell.

Trink, trink, Brüderlein trink,
Laß doch die Sorgen zu Haus!
Trink, trink, Brüderlein trink,
Zieh doch die Stirn nicht so kraus.
Meide den Kummer und meide den Schmerz
Dann ist das Leben ein Scherz.

Es ist charakteristisch für diese drei Beispiele der Schlagerparodie, daß eine markante Zeile der Vorlage in einen neuen Kontext eingebettet wird. Dabei handelt es sich nicht – wie etwa bei den Schiller-Parodien der Almanach-Tradition – um eine Banalisierung des Erhabenen; vielmehr wird hier der »sehr diffuse Stimmungsakkord« in eindeutiger Weise konkretisiert. Daß dies oft durch eine obszöne Wendung geschieht, ist nicht verwunderlich. Als »Psychoanalyse des kleinen Mannes [. . .] versucht der Antischlager die Wirklichkeitsattrappen der Schnulzenindustrie auf jene Wirklichkeit rückzuverweisen, die sie verschleiern hilft« (Rühmkorf, S. 176).

Abgedr. nach: Peter Rühmkorf: Über das Volksvermögen. Exkurse in den literarischen Untergrund. Reinbek bei Hamburg: Rowohlt, 1967. S. 244 f.

Die nahe Verwandtschaft der Reklameparodie mit der Schlagerparodie hat Peter Rühmkorf zu Recht betont. So wird beispielsweise auch bei der Neckermann-Parodie der bekannte Slogan in einen neuen Kontext gestellt und damit die Verheißung unbegrenzter Wunscherfüllung ad absurdum geführt. Und zwar nicht allein, weil der Wunsch im Rahmen der Angebote dieses Versandhauses nicht erfüllbar ist, sondern weil er in diesen künstlichen Paradiesen als höchst unfein gilt, wie elementar er auch an sich sein mag (vgl. auch Verweyen/Witting, S. 155 f.).

JOHANN HEINRICH VOSS (1751–1826)

Geboren in Sommersdorf bei Waren (Mecklenburg) als Sohn eines armen Pächters; 1769 Hauslehrer; ermöglichte sich unter großen Mühen 1772 das Studium der Theologie, dann Philologie und Literatur in Göttingen (bei dem führenden Klassischen Philologen Christian Gottlob Heyne); Mitbegründer des *Göttinger Hain*; 1775 Redakteur des Göttinger *Musenalmanach*; Zusammenkünfte mit Klopstock, Claudius, Friedrich Leopold von Stolberg, Goethe u. a. in Hamburg, Wandsbek, Eutin, Weimar. Seit 1778 Rektor und ab 1786 Hofrat. Nach seiner Pensionierung 1802 Privatgelehrter in Jena, siedelte mit einem Ehrensold des Großherzogs von Baden 1805 nach Heidelberg über, wo er auch starb. Hartnäckiger Kritiker der Heidelberger Romantiker und von Friedrich Leopold von Stolbergs Übertritt zum Katholizismus.

An einen Meerschaumkopf 22

Sämtliche Gedichte. Dritter Theil: Oden und Elegien. Königsberg: Fr. Nicolovius, 1802. S. 9 f.

pythischer Dreifuß: Kultgerät der Pythia in Delphi. – *Medusenhaupt:* Medusen, Gorgonen; sind geflügelt, haben Schlangenhaare und mächtige Zähne; ihr Blick läßt jeden, der sie sieht, zu Stein werden.

Über das erstmals 1773 im Göttinger *Musenalmanach* erschienene Gedicht hat Voß selbst in den »Anmerkungen« der genannten Ausgabe (S. 285) gesagt: »Eine scherzhafte Nachahmung von Horazens *O fons Bandusiae*«.

Der Bandusiaquell

O Bandusiaquell, glänzender als Kristall,
Wert des süßesten Weins, festlicher Blumen wert,
  Morgen fällt dir ein Böcklein,
    Das der keimende Schmuck der Stirn

Schon zu Kämpfen bestimmt, Kämpfen und Liebesglück.
Ach, das ist nun umsonst! Denn mit dem warmen Blut
  Färbt der muntre Geselle
    Bald dir purpurn dein kaltes Bett.

Machtlos bricht sich an dir sengenden Hundsterns Glut,
Reichst dem lechzenden Stier, wenn er vom Pfluge kehrt
  Reichst der schweifenden Herde
    Ewig kühl deine Labung zu.

Zu den Bronnen des Ruhms zählt man auch dich einmal,
Da mein Lied dich besingt, Eiche und Felsenspalt,
  Draus dein silberner Sprudel
    Aus der Höhe geschwätzig springt.

Horaz: Sämtliche Werke. Lateinisch und deutsch. Hrsg. von Hans Färber. München: Heimeran, 1960. S. 143.

Das Gedicht Voß' gehört also in die weit verbreitete Horaz-Rezeption, die »durch Namen wie Hagedorn, Lange, Gleim, Uz, Ramler, Klopstock, Lessing, Wieland und Herder dokumentiert« werden kann. (Vgl. Eckart Schäfer, *Deutscher Horaz – Conrad Celtis, Georg Fabricius, Paul Melissus, Jacob Balde. Die Nachwirkung des Horaz in der neulateinischen Dichtung Deutschlands*, Wiesbaden

1976, S. VII.) Dennoch dürfte es sich wohl nicht nur um eine einfache Horaz-Imitatio handeln: Durch die Übernahme des hohen bzw. mittleren Odenstils bei gleichzeitiger Substitution eines ›niedrigen‹ (d. h. nicht-odenwürdigen) Gegenstandes – man könnte hier im Sinne Michail M. Bachtins von Familiarisierung sprechen – entsteht eine durchgängige Komik des Kontrastes.

Bußlied eines Romantikers 34

Der Göttinger Dichterbund. T. 1: Johann Heinrich Voß. Hrsg. von August Sauer. Berlin/Stuttgart: W. Spemann, [1887]. (Deutsche National-Litteratur. 49.) S. 342–346.

Zoren: der Zores (jidd. *die Zore*): Leiden, Qual, Bedrängnis, Unglück, Not.

Als Vorlage der Ende 1801 entstandenen Einzeltextparodie diente die Übersetzung der lateinischen, in der katholischen Kirche zum Bestandteil jeder Totenmesse zählenden Hymne *Dies irae*, die August Wilhelm Schlegel zuerst im *Musen-Almanach für das Jahr 1802* veröffentlicht hatte:

Vom jüngsten Gericht

Jenen Tag, den Tag des Zoren,
Geht die Welt in Brand verloren,
Wie Propheten hoch beschworen.

Welch ein Grau'n wird sein und Zagen,
Wenn der Richter kommt, mit Fragen
Streng zu prüfen alle Klagen.

Die Posaun' im Wundertone,
Wo auch wer im Grabe wohne,
Rufet alle her zum Throne.

Tod, Natur mit Staunen sehen
Dann die Kreatur erstehen,
Zur Verantwortung zu gehen.

Und ein Buch soll sich entfalten,
So das Ganze wird enthalten,
Ob der Welt Gericht zu halten.

Wann der Richter also richtet,
Wird, was heimlich war, berichtet,
Ungerochen nichts geschlichtet.

Ach, was werd' ich Armer sagen?
Wer beschirmt mich vor den Klagen,
Da Gerechte selber zagen?

König, furchtbar hoch erhaben,
Frei sind deiner Gnade Gaben:
Woll' auch mich mit ihnen laben.

Milder Jesu, woll' erwägen,
Daß du kamest meinetwegen,
Um mein Heil alsdann zu hegen.

Ich war Ziel ja deines Strebens,
Kreuzestod der Preis des Lebens;
So viel Müh sei nicht vergebens.

Richter der gerechten Rache,
Nachsicht üb' in meiner Sache,
Eh zum Letzten ich erwache.

Reuig muß ich Angst erdulden,
Tief errötend vor den Schulden:
Sieh mich Fleh'nden, Gott, mit Hulden.

Du, der lossprach einst Marien,
Und dem Schächer selbst verziehen,
Hast mir Hoffnung auch verliehen.

Mein Gebet gilt nicht so teuer;
Aber laß mich, o du Treuer,
Nicht vergehn in ew'gem Feuer.

Zu den Schafen laß mich kommen,
Fern den Böcken, angenommen
Dir zur Rechten, bei den Frommen.

Wann Verworf'nen ohne Schonung
Flammenpein wird zur Belohnung,
Ruf' mich in des Segens Wohnung.

Herz, zerknirscht im tiefsten Grunde,
Bete, daß ich noch gesunde,
Sorge für die letzte Stunde.

Tränen bringt der Tag des Zoren,
Wo aus Staub wird neugeboren
Zum Gericht der Mensch voll Schulden.
Darum sieh ihn, Gott, mit Hulden;
Jesu, milder Herrscher du,
Gib den Toten ew'ge Ruh.

Sämmtliche Werke. Hrsg. von Eduard Böcking. Hildesheim / New York: Olms, 1971. (Reprogr. Nachdr. der Ausg. Leipzig 1846.) Bd. 3. S. 191 bis 193.

Voß – nicht zuletzt seiner Sorge »für die Interessen der bürgerlichen Freiheit« wegen für Heinrich Heine »der größte Bürger in der deutschen Litteratur« nach Lessing (Heinrich Heine, »Die romantische Schule«, in: *Sämtliche Werke*, hrsg. von Ernst Elster, Leipzig/Wien [1890], Bd. 5, S. 241) – hat sich über Anlaß und Zielsetzung seiner Parodie öffentlich geäußert, und zwar in der Vorbemerkung *Für die Romantiker*, die er im *Morgenblatt für gebildete Stände* (14. Januar 1808) dem *Bußlied eines Romantikers* vorausschickte: »Die folgende Parodie eines verdeutschten Mönchsliedes, welches nicht durch Poesie, sondern wie die meisten der Art, durch frommen Inhalt, berühmte Musik und feierliche Aufführung Ansehen gewann, ist die Frucht einer heitern Stunde, worin der Verfasser vor sieben Jahren die neu erschienene Verdeutschung mit unwillkürlichen Veränderungen vorlas. Es war die Zeit, da ein Schwarm junger Kräftlinge, wozu ein paar Männer sich herabließen, nicht nur unsere edelsten Dichter, jene tapfern Anbauer und Verherrlicher des deutschen Geistes, sondern sogar die großen, seit Jahrtausenden bewunderten Klassiker, mit Verkleinerung und Hohn zu behandeln sich unterfing, und jeden, wer Gnade wünschte, öffentlich zur Teilnahme des Bundes einlud. Den reinen Naturformen, in welchen des Altertums freier Genius sich verklärt darstellt, wurden die unförmigen Vermummungen des dumpfen, von Hierarchen und Damen abhängigen Rittergeistes, – der beseelten Gestalt des Urschönen, des zur Göttlichkeit gesteigerten Menschlichen ward ihres Ideals düsteres Phantom, dem Klassischen das wilde Romantische, dem Antiken das Moderne, ja wenn sie noch schamloser sich aussprachen, dem Irdischen ihr Geistiges, dem Heidnischen ihr Christkatholisches vorgezogen und in den klingenden Tonweisen der Fidelare und

Meistersänger erhöht [...]. Weil man dem nachgegaukelten Veitstanze ein baldiges Ende zutrauete, so blieb diese Parodie, die zum Besprechen des Unwesens dienen konnte, in der Schreibtafel zurück. Jetzt, da das seltsame Bundesfieber noch ansteckender um sich greift, und mitunter einen feinsinnigen Jüngling in den Tanz fortrafft, haben es bedachtsame Freunde für zuträglich erklärt, daß man den Befallenen dies wenigstens unschädliche Heilmittel nicht vorenthalte, ihnen, die mit inniger Religion und Andacht ihre Sprünge zu machen vorgeben, empfehle sich diese Gabe des Morgenblattes zur nüchternen Morgenandacht. Für den geistreichen Verdeutscher des Mönchsliedes kann der wohlmeinende Scherz keiner Mißdeutung fähig sein. Er selbst, wissen wir, hat Ekel an den erkünstelten Verzuckungen jener abenteuerlichen Romantiker. Wofern er, der das Höchste der Kunst, das Klassische, bei Alten und Neueren, bei Homer und Ariost, bei Sophokles und Shakespeare, bei Pindar und Klopstock zu würdigen versteht, jemals die Verächter des Klassischen in Laune oder Sorglosigkeit zu begünstigen schien; so wird er, was ihm entfuhr, mit so mutigem Biedersinne, wie sein Urteil über den deutschen Homer, dem einwohnenden Gotte getreu, zurücknehmen« (*Der Göttinger Dichterbund*, S. 342 f.).

Klingsonate 36

Der Göttinger Dichterbund. T. 1: Johann Heinrich Voss. Hrsg. von August Sauer. Berlin/Stuttgart: W. Spemann, [1887]. (Deutsche National-Litteratur. 49.) S. 347 f.

Klingsonate: Sonate (von ital. *sonata* ›Klingstück‹, im Gegensatz zu *cantata* ›Singstück‹): Instrumentalstück, besonders für Klavier. – *grave, scherzando, maestoso:* musikalische Vortragsbezeichnungen, aus dem Italienischen: ernst, feierlich, gemessen; scherzend, tändelnd; majestätisch, feierlich getragen. – *Sonett:* aus dem Italienischen stammende Gedichtform, bestehend aus vierzehn Versen, die sich – anders als bei Shakespeare – in zwei vierzeilige Quartette mit nur zwei Reimen in umschlingender Stellung (abba abba) und zwei dreizeilige Terzette mit variantenreicher Reimung gliedern. – *Toskana:* Region in Mittelitalien. – *Tramontana:* in Italien frische, kühle Nordwinde. – *Amoretten:* den antiken Eroten nachgebildete geflügelte Kindergestalten. – *Mana:* das; Ausdruck, um ›eine Macht oder eine Einwirkung, nicht physisch und in gewissem Sinne übernatürlich‹ zu bezeichnen. – *Kampanien:* historische Landschaft in Italien. – *Menuett:* alter Volkstanz, Hof- und Gesellschaftstanz; in der Kunstmusik ein Bestandteil der Suite. – *Charis:* Anmut, Liebreiz; auch Göttin der Anmut.

Die Sonettparodie erschien zunächst in *Jenaische Allgemeine Litteraturzeitung* (4. Juni 1808) am Schluß einer Rezension von Gottfried August Bürgers Sonetten: »Aber wenn ich der Anwendung des Bürgerschen Wortes: Er spricht vom Sonett wie der Fuchs von den Trauben! mich entziehn, und meinen Beweisen Gehör schaffen will; so muß ich schon selbst einmal den fesselnden Schellen mich hergeben. Wohlan! es gelte, daß, wie von Kunst nur der Künstler, von Kunstmacherei nur der Kunstmacher urteilen dürfe. Hört denn, andächtige Kunstjüngerlein, was ihr noch nie hörtet, den Wunderklang meiner überkünstlichen Klingsonate« (*Der Göttinger Dichterbund*, S. 347). Mit dieser Kritik reihte sich Voß im »Sonettenkrieg« nicht nur in die Schar der Sonettgegner ein, die wie Herder schon 1803 auf den »neuern Klingklang in Schellen und Reimen« schimpften oder wie Jean Paul kein Sonett mehr hören oder sehen konnten (vgl. Hartmut Kircher, Hrsg., *Deutsche Sonette*, Stuttgart 1979, S. 435), sondern er demonstrierte zugleich seine Kritik an »den fesselnden Schellen« des Sonetts, indem er sich ihnen ›hergab‹, also Kritik in der kritisierten Form übte – und zwar so, daß er die formalen Erwartungen an die Gattung ständig unterläuft: durch Detraktionen, die die Verse auf das pure Reimwort oder gar nur die pure Reimsilbe reduzieren; durch einseitige Wortwahl; durch Wortspiele; durch die aus der Musik übernommenen Anweisungen und die makkaronischen Wendungen, die auf den italienischen Ursprung auch der neueren »Sonettwut« – Bürger hat sich wiederholt auf Petrarca berufen – anspielen sollen.

FRIEDRICH KARL WAECHTER (* 1937)

Geboren in Danzig. Nach Ausbildung zum Grafiker in Hamburg und Freiburg ab 1962 Mitarbeiter bei Zeitschriften wie *Pardon*, *Konkret*, *Twen* und dem Satiremagazin *Titanic*. Neben eigenen Buchveröffentlichungen seit 1974 auch Filme und Theaterstücke für Kinder.

Die Geschichte von den Daumenlutschern 144

Der Anti-Struwwelpeter. Zürich: Diogenes, 1982. S. 18–20. © Friedrich Karl Waechter, Frankfurt a. M.

Vorlage dieser erstmals 1970 erschienenen Parodie ist Heinrich Hoffmanns:

Die Geschichte vom Daumenlutscher

»Konrad«, sprach die Frau Mama,
»ich geh aus und du bleibst da.
Sei hübsch ordentlich und fromm,
bis nach Haus ich wieder komm.
Und vor allem, Konrad, hör!
lutsche nicht am Daumen mehr;
denn der Schneider mit der Scher
kommt sonst ganz geschwind daher,
und die Daumen schneidet er
ab, als ob Papier es wär.«
Fort geht die Mutter und
wupp! den Daumen in den Mund.

Bauz! Da geht die Türe auf,
und herein in schnellem Lauf
springt der Schneider in die Stub
zu dem Daumen-Lutscher-Bub.
Weh! Jetzt geht es klipp und klapp
mit der Scher die Daumen ab,
mit der großen, scharfen Scher!
Hei! da schreit der Konrad sehr.

Als die Mutter kommt nach Haus,
sieht der Konrad traurig aus.
Ohne Daumen steht er dort,
die sind alle beide fort.

Der Struwwelpeter. Frankfurt a. M.: Literarische Anstalt, 1847. S. 15 f.

Friedrich Karl Waechters Text steht in einer langen Reihe von Struwwelpeter-Verarbeitungen; anders als etwa bei Von Miris (vgl. in der vorliegenden Ausgabe S. 96 f.) attackiert er eindeutig die mittlerweile fragwürdig gewordene Pädagogik der Vorlage und ruft zugleich die Kinder zum Kampf gegen die Anstandsregeln der Erwachsenen auf. Dabei spielt – wie auch in diesem Beispiel – die sexuelle Emanzipation eine wichtige Rolle (vgl. auch Helmut Müller, »›Struwwelpeter‹ und Struwwelpetriaden«, in: *Das Bilderbuch. Geschichte und Entwicklung des Bilderbuchs in Deutschland von den Anfängen bis zur Gegenwart*, hrsg. von Klaus Doderer und Helmut Müller, Weinheim/Basel 1973, S. 168 f.).

ERICH WEINERT (1890–1953)

Geboren in Magdeburg; zunächst Schlosserlehre, dann Ausbildung an der Zeichenlehrer-Akademie in Berlin; Maler, Graphiker und Buchillustrator, Kabarettdichter; Mitarbeiter zahlreicher kommunistischer Blätter, u. a. der *Linkskurve*. 1933 Exil in der Schweiz und in Frankreich, dann in der Sowjetunion. Teilnahme am Spanischen Bürgerkrieg, 1943–45 Präsident des *Nationalkomitees Freies Deutschland*; 1946 Rückkehr nach Berlin, Vizepräsident der Zentralverwaltung für Volksbildung in der DDR. Gestorben in Berlin.

Gesammelte Gedichte. Hrsg. von der Akademie der Künste der Deutschen Demokratischen Republik. Bd. 1. Berlin/Weimar: Aufbau-Verlag, 1970. S. 164 f.

Cento, also »Flickgedicht«, aus einer Vielzahl von Texten. Dies sind u. a.: Matthias Claudius' *Mein Neujahrslied*, Ernst Moritz Arndts *Das Lied vom Feldmarschall*, Joseph von Eichendorffs *Abschied* und *Das zerbrochene Ringlein*, Johann Gabriel Seidls *Die Uhr* sowie zahlreiche Volkslieder.

Was sie beim nächsten Kriegsausbruch dichten werden! Vorausgeahnt von Erich Weinert. In: Gesammelte Gedichte. Hrsg. von der Akademie der Künste der Deutschen Demokratischen Republik. Bd. 4. Berlin/Weimar: Aufbau-Verlag, 1973. S. 86.

Einzeltextparodie auf Gerhart Hauptmanns Gedicht von 1914, das zusammen mit der Parodie im November 1932 in der Wochenzeitung *Norddeutsches Echo* erschien:

Aus großer Zeit

Komm, wir wollen sterben gehen,
In das Feld, wo Rosse stampfen,
Wo die Donnerbüchsen stehen
Und sich tote Fäuste krampfen.

Lebe wohl, mein gutes Weib
Und du Säugling in der Wiegen,
Denn ich darf mit trägem Leib
Nicht daheim bei euch verliegen.

Diesen Leib, den halt ich hin
Flintenkugeln und Granaten,
Eh ich nicht durchlöchert bin,
Kann der Feldzug nicht geraten.

Abgedr. nach: Erich Weinert: Gesammelte Gedichte. Hrsg. von der Akademie der Künste der Deutschen Demokratischen Republik. Bd. 4. Berlin/Weimar: Aufbau-Verlag, 1973. S. 572.

FRIEDRICH GOTTLOB WETZEL (1779–1819)

Geboren in Bautzen, Studium der Medizin, dann der Philosophie in Leipzig und Jena (hier Hörer Schellings). Lebte zeitweilig nur von den kümmerlichen Einnahmen aus seiner Schriftstellerei. Zunächst an verschiedenen Orten in Sachsen und Thüringen, dann seit 1805 in Dresden, seit 1809 in Bamberg, wo er die Redaktion des *Fränkischen Merkur* übernahm. Dort auch gestorben. Seine gesammelten Gedichte und den Nachlaß gab Z. Funck (d. i. Carl Friedrich Kunz) heraus.

Bittersüßes Schwanenlied 39

Das Buch deutscher Parodieen und Travestieen. Erster Cyclus. Hrsg. von Z. Funck [d. i. Carl Friedrich Kunz]. Erlangen: Palmsche Verlagsbuchhandlung, 1840. S. 178–180.

Belvedere: Name vieler Aussichtspunkte oder Gebäude mit schöner Fernsicht; im 18. Jahrhundert blieb kaum ein deutscher Fürstensitz ohne Belvedere. – *Elegie:* Gedichtform zunächst in Distichen; für den empfindsamen Gestus der Elegie im 18. Jahrhundert wurde die römische Elegie bestimmend: Klage über Trennung, Tod, Verlust oder Ausdruck der Sehnsucht nach Unerreichbarem. – *Elysium:* im griechischen Mythos der Ort der Seligen. – *Lethe:* im griechischen Mythos Fluß oder Quelle in der Unterwelt, woraus die Seelen Vergessen tranken.

Textklassenparodie, in der zentrale Reizwörter und bestimmte Darstellungs- und Empfindungsmuster der Lyrik Friedrich Matthissons (1761–1831) verarbeitet werden: Zum einen also Titelwörter wie »Mondscheinlied«, »Melancholie«, »Nachtstück«, »Abendgemälde«, »Rom«, »Elegie in den Ruinen eines alten Bergschlosses geschrieben«, »Alpenreise«, »Der Genfersee«, »Die Elementargeister«, »Die Gnomen«, »Elysium« und Stichworte wie »Nebel«, »Silber«, »Gold«, »Kirchhof«, »Gräber«, »Tränenweiden«. Zum anderen verarbeitet Wetzel – etwa in der zweiten Strophe – Darstellungsmuster, wie sie für das folgende Gedicht charakteristisch sind:

Beruhigung

Wo durch dunkle Buchengänge
  Blasser Vollmondschimmer blinkt,
Wo um schroffe Felsenhänge
  Sich die Efeuranke schlingt,
Wo aus halbverfallnem Turme
  Ein verlaßnes Bäumchen ragt,
Und, emporgescheucht vom Sturme,
  Schauervoll die Eule klagt;

Wo um sterbende Gesträuche
  Sich der graue Nebel dehnt,
Wo im trüben Erlenteiche
  Dürres Rohr im Winde tönt,
Wo in wildverwachsnen Gründen
  Dumpf der Waldstrom wiederhallt,
Und, ein Spiel den Abendwinden,
  Welkes Laub auf Gräber wallt;

Wo, im bleichen Sternenscheine,
  Um den frühverlornen Freund,
Einsam im Zypressenhaine,
  Hoffnungslose Sehnsucht weint:
Da, da wandelt, von den Spielen
  Angestaunter Torheit fern,
Unter ahndenden Gefühlen,
  Schwermut, dein Vertrauter gern!

Da erfüllt ein stilles Sehnen
  Nach des Grabes Ruh' sein Herz,
Da ergießt in heißen Tränen
  Sich der Seele banger Schmerz,
Und sein Blick durchschaut die trübe
  Zukunft ruhig bis ans Grab,
Und es tönt: Gott ist die Liebe!
  Jeder Stern auf ihn herab!

Friedrich Matthissons Gedichte. Hrsg. von Gottfried Bölsing. Bd. 1. Tübingen: Litterarischer Verein, 1912. (Bibliothek des Litterarischen Vereins in Stuttgart. 257.) S. 112 f.

Thematisch bezieht sich Wetzel im ständig wiederkehrenden Kindheitsmotiv insbesondere auf Matthissons 232 Verse langes Gedicht *Die Kinderjahre*, für das die Beschreibung Schillers – er sieht Matthisson als »Eingeweihten in den innersten Geheimnissen der poetischen Kunst« – durchaus zutreffend ist: »Der Charakter seiner Muse ist sanfte Schwermut und eine gewisse kontemplative Schwärmerei« (vgl. die Rezension »Über Matthissons Gedichte«, in: *Sämtliche Werke*, hrsg. von Gerhard Fricke und Herbert G. Göpfert, München [4]1967, Bd. 5, S. 992–1011, hier S. 1009). Genau auf dieses Empfindungsmuster richten sich parodistische Strategie und Intention: thematische Untererfüllung, Kalauer, Nachäffen der Redundanz der Motive bei Matthisson usw. sollen den Anspruch der Vorlage zurückweisen und der melancholisch getönten Mondscheinpoesie einen Abgesang bereiten. Wetzels *Schwanenlied* – das zeigen Verse etwa wie die in der ersten, dritten und letzten Strophe – darf als ein früher gelungener Vorläufer der Blödelparodie gelten.

MICHAEL WULFF (* 1940)

Lebt in Hamburg.

Im Märzen der Bauer 149

Klaus Peter Dencker (Hrsg.): Deutsche Unsinnspoesie. Stuttgart: Reclam, 1978, S. 343. © Michael Wulff, Hamburg.

Einzeltextparodie; als Vorlage dienten die ersten beiden Zeilen des bekannten Volksliedes:

> Im Märzen der Bauer die Rößlein einspannt;
> er bringt seine Felder und Wiesen instand.
>
> Ernst-Lothar von Knorr (Hrsg.): Deutsche Volkslieder. Stuttgart: Reclam, 1977. S. 202.

Die beiden Zeilen der Vorlage werden in zwei weiteren Zeilen mit abnehmender ›Poetizität‹ und zunehmender Höhe der Synthetisierung – im Sinne einer Untererfüllung – paraphrasiert.

Nachwort

> [. . .] daß ich sogar mich bestrebt habe, alles noch schöner zu machen; daß ich nicht leichtsinnig zu Werke gegangen, daß ich nur das Charakteristische hervorgesucht, daß ich das Geschmackvolle glücklich vermieden habe.
>
> *Rudolf Rodt, »Gedichte in allerlei Humoren«, 1853, S. XII*

In einer kleinen Rezension aus dem Jahre 1914 ist eine charakteristische Beobachtung festgehalten, die man bei Sammlungen literarischer Parodien sowohl des 19. als auch des 20. Jahrhunderts machen kann. »Richard M Punkt Meyer hat« – so schreibt ihr Autor Kurt Tucholsky über eine solche Anthologie – »(im Verlag von Müller & Rentsch) ein Büchelchen herausgegeben: ›Deutsche Parodien‹. O wären es doch welche!« Zwar ist die hier zum Ausdruck kommende Enttäuschung dann freilich nur noch in Andeutungen begründet: etwa mit dem lobenden Hinweis auf Fritz Mauthner wie den »einzigen Gumppenberg« und mit dem ausschließenden Hinweis auf die *Anti-Xenien*, die, so Tucholsky weiter, »kaum in ein Parodienbuch« gehören. Aber es wird gleichwohl in den Andeutungen hinreichend sichtbar, daß in diesem Falle der Literat auf einem engeren Parodie-Begriff beharrte, als es der jener ansonsten »höchst fesselnden Literaturhistorie« war.[1]

Der Aspekt, der hier zum Vorschein kommt, mag nun zwar trivial sein, hat sich jedoch immer schon in Auswahl und Begründung bei Anthologien parodistischer Texte grundlegend ausgewirkt. Es ist letztlich das Verhältnis von Definition und Geschichte, von begrifflicher Deutlichkeit und Vielfalt der literarischen Formenwelt, das auch diese neue Anthologie bestimmt. Soll eine solche Sammlung im Sinne Tucholskys »fesselnd« bleiben, muß sie die Geschichte ihrer Stücke, den Zusammenhang des literarischen Lebens mit der

1 Kurt Tucholsky, »Parodien?«, in: K. T., *Gesammelte Werke*, Reinbek bei Hamburg 1960, Bd. 1, S. 168 f.

Lebenswelt mitvermitteln. Sie darf mit Rücksicht darauf freilich nicht der Versuchung erliegen, die Warnung Tucholskys – »aber wo nichts ist, hat auch der Professor sein Recht verloren, statt Parodien Heine auszuschlachten« – in den Wind zu schlagen und mit einer sogenannten »liberalen« Ausweitung des Parodie-Begriffs zu arbeiten, bei der am Ende gar nicht mehr klar ist, wovon denn nun noch die Rede war oder was gesammelt werden sollte. Es liegt daher wohl nahe, vor einer Darlegung und Begründung unserer Auswahlkriterien einen kurzen Blick darauf zu werfen, was geschichtlich denn unter »Parodie« überhaupt verstanden worden ist. Verschiedene und sehr unterschiedliche Verwendungen des Ausdrucks »Parodie«, die alle bereits in der Antike vorkommen, sind dabei zu berücksichtigen.

I

Das griechische Wort παρῳδία, ein Kompositum aus dem präpositionalen Bestandteil παρά und dem nominalen Bestandteil ᾠδή, heißt schlicht übersetzt zunächst »Neben-« oder »Gegengesang« – worauf noch neuere Sammlungen wie die von Erwin Rotermund oder von Manfred Ach und Manfred Bosch mit dem Titel *Gegengesänge* bzw. *Gegendarstellungen* zurückverweisen. Allerdings hat die Parodie-Diskussion in den Altertumswissenschaften schon bald darauf aufmerksam gemacht, daß mit einer derart schlichten Auffassung wenig gewonnen ist und ihr weder in systematischer noch interpretierender Hinsicht Verbindlichkeit zukommen könne. Demgegenüber ist der Hinweis auf den unterschiedlichen Bedeutungsumfang des Kompositums παρῳδία weitreichend. Dieser resultiert aus der Breite des Bedeutungsspektrums von παρά, woraus hier insbesondere die adversative Bedeutung hervorgehoben werden soll – παρά heißt dann soviel wie »wider, entgegen«; zugleich ist aber noch eine andere Bedeutung zu betonen, in der παρά synonym ist mit »entsprechend, nach dem Vorbild von« und

die nicht wenig zum Verwirrspiel in der Begriffsgeschichte von παρῳδία beigetragen hat.[2]
Die letztere Bedeutung ist vor allem in Quintilians rhetorischem Werk *Institutio oratoria* überliefert und schon deswegen bedeutsam gewesen. Der Gesamtausdruck »parodia« bezeichnet danach die Imitation eines Musters oder die Übernahme einzelner Teile einer Vorlage; er bleibt allerdings insoweit mehrdeutig, als er zweierlei umfassen kann: die ›ernste Nachahmung‹ (die »parodia seria«) und die ›komische Nachahmung‹ (die »parodia iocosa«). Es hat dabei bisher nicht befriedigend geklärt werden können, ob das Komische der Nachahmung auf zum Vorbild Externes sich beziehen soll (wie das der schon in der antiken Literatur berühmte Fall des Vergils Jugenddichtung zugeschriebenen Textes *Sabinus ille* zeigt, in welchem die Adaption die komischen Züge der Vorlage unterstreicht, aber sich nicht gegen sie selbst richtet); oder ob das Komische der Nachahmung gegen den Vorbildtext selbst gewendet ist, womit dann freilich diese Wortbedeutung von »parodia« mit der folgenden zusammenfiele.
Die adversative Bedeutung des Ausdrucks darf demgegenüber seit der Poetik des Aristoteles als einigermaßen gesichert gelten. Wurde darunter zunächst die auf Epos-Parodie beschränkte thematische Herabstimmung eines Vorbildtextes verstanden, wandelte sich dann spätestens in der Zeit des Hellenismus »parodia« von einem Gattungs- zu einem »Stilbegriff« und umfaßte jede Art einer mit antithematischer Behandlung operierenden Bezugnahme auf eine Vorlage.
Wie verwickelt die begriffsgeschichtlichen Zusammenhänge in der Antike selbst nach unseren Vereinfachungen auf den ersten Blick auch anmuten mögen, sie hier deswegen einfach zu ignorieren, schien uns schon aus dem Grund nicht angebracht zu sein, weil Begriff und Vorstellung von »Parodie« beispielsweise in den Epochen der neueren deutschen Literatur in sehr unterschiedlicher Weise zur Geltung gekommen

2 Vgl. dazu Egert Pöhlmann, »Parodia«, in: *Glotta* 50 (1972) S. 144–56.

sind. So ist der Parodie-Begriff des 17. Jahrhunderts weitgehend im Rahmen einer Poetik der »parodia seria« verblieben, die letztlich in der antik-lateinischen und humanistischen Theorie der »imitatio« und »aemulatio« fundiert ist und allenfalls gewisse artistische Spielräume zuließ.
Das scheint demgegenüber für das 18. Jahrhundert ganz anders zu sein, vor allem wenn man sich auf Bestimmungen von »Parodie« bezieht, wie sie etwa Johann Joachim Eschenburg in seinem *Entwurf einer Theorie und Literatur der schönen Wissenschaften* gegeben hat: »Eine besondre Art der Satire ist die Parodie, welche entweder den einzelnen Versen oder dem ganzen Gedichte eines bekannten Dichters durch Änderung einzelner Wörter, oder durch Anwendung derselben auf einen anderen Gegenstand, einen veränderten Sinn gibt, oder die ganze Manier eines Dichters nachbildet, um dadurch sein Gedicht oder den Gegenstand desselben zu belachen. Gemeiniglich wählt man dazu ernsthafte Gedichte, um sie durch die Parodie komisch zu machen.«[3] Eschenburg nimmt hier nicht allein die in der schulrhetorischen Tradition überlieferten Charakterisierungen auf; er bezieht sie darüber hinaus in eine Perspektive ein, in der unzweifelhaft die Parodie als eine spezifische Form kritischer Textverarbeitung verstanden ist. In diesem Vorgang wird nun zwar ein epochaler Wandel in der Geschichte des Begriffs und der Vorstellung von »Parodie« sichtbar. Aber er setzte so spät ein – Eschenburgs Ausführungen stammen aus dem Jahre 1783 –, daß er nicht für das ganze 18. Jahrhundert in Deutschland veranschlagt werden darf. Darüber hinaus ist jedoch noch mehr zu bedenken, daß der im Hinblick auf die deutsche Literaturgeschichte als Zäsur zu bewertende Wandel die Geltung des »alten«, von den humanistisch-klassizistischen Prinzipien der »imitatio« und »aemulatio« dominierten Parodie-Begriffs lediglich einge-

3 Johann Joachim Eschenburg, *Entwurf einer Theorie und Literatur der schönen Wissenschaften. Zur Grundlage bey Vorlesungen*, Berlin/Stettin 1783. S. 87 f.

schränkt, nicht aber aufgehoben hat. Zwei Beispiele mögen dies illustrieren.
Bei dem ersten Beispiel handelt es sich um Carl Friedrich Flögels Beschreibung jener »Parodie« genannten literarischen Adaption, deren historische Wirksamkeit offenkundig noch so stark war, daß sie selbst in einer *Geschichte der komischen Litteratur* nicht übergangen werden konnte: »Überhaupt heißt Parodieren etwas nachahmen; dieses kann auf eine doppelte Weise geschehn. 1) Wenn man einen ernsthaften Gegenstand auf eine ernsthafte Weise nachahmt; so hat man unzählige Nachahmungen von guten Gedichten der Alten, welche aber nicht in der Absicht verfertigt worden, um zu spotten, oder das Originalgedicht lächerlich zu machen.«[4] Diese Bestimmung – die zweite können wir an dieser Stelle beiseite lassen – stammt aus dem Jahre 1784; an ihr mag verwundern, wie unter ein und demselben Begriff zwei sehr unterschiedliche Formen der Bezugnahme auf einen fremden Text subsumiert worden sind. Es ist indes noch erstaunlicher, daß fast hundert Jahre später – das zweite Beispiel – auch die Fortführung des Flögelschen Werkes durch Friedrich Wilhelm Ebeling zu keiner Revision der terminologischen Diskrepanzen geführt hat: Die Parodie, so heißt es da, »behält einen Teil der Ausdrücke bei, stellt neue Verbindungen zwischen diesen her, und schafft derweise ein anderes Product mit entgegengesetztem Inhalte, welcher jedoch nicht allemal einen komischen Zweck zu verfolgen braucht, sondern durchaus ernster Hinstrebung sein kann.«[5]
Die hier mit zwei Beispielen belegte Wortverwendung von »Parodie« ist alles andere als zufällig; sie ist antiker Herkunft, speist sich aus den Quellen humanistisch-klassizistischer Traditionen und geht nun in Enzyklopädien, Lexika,

4 Carl Friedrich Flögel, *Geschichte der komischen Litteratur*, 4 Bde., Liegnitz/Leipzig 1784–87, Bd. 1, S. 84 f.
5 Friedrich Wilhelm Ebeling, *Geschichte der komischen Literatur in Deutschland seit der Mitte des 18. Jahrhunderts*, Hildesheim / New York 1971 (Reprogr. Nachdr. der Ausg. Leipzig 1869), Bd. 3, S. 448.

spezielle Sachwörterbücher und Poetiken des 19. Jahrhunderts ein – sie erscheint also an Orten, durch die Unterscheidungen eingeübt und Texteinstellungen erzeugt bzw. verfestigt werden. So heißt es beispielsweise in der *Allgemeinen deutschen Real-Encyclopädie für die gebildeten Stände*: »Wir verstehen unter Parodie ein Werk, in welchem ein ernstes poetisches Werk mit Veränderungen seines Gegenstandes in ein andres selbständiges, entweder ernstes oder komisches Gedicht umgebildet wird.«[6] Und in einer der vielen für den Literaturunterricht hervorgebrachten, hier stellvertretend zitierten Poetiken der Zeit, in Conrad Beyers *Deutscher Poetik* von 1883, wird an der Unterscheidung in »ernste und komische Parodien«[7] strikt festgehalten. Aber selbst ein repräsentatives fachwissenschaftliches Lexikon folgt noch Mitte des 20. Jahrhunderts jenem weiten, unterschiedlichste Formen der Textverarbeitung berücksichtigenden Begriffsumfang, wobei hier Alfred Liede, der Autor des Artikels von 1966,[8] das Postulat seines Vorgängers in der ersten Auflage des *Reallexikon* ignoriert, zunächst sei »für die Begriffsbestimmung die gewollt komische Wirkung zu fordern und die Einbeziehung der ernstgemeinten Nachdichtung abzulehnen«. Interessant ist hierbei, daß die Forderung Hans Grellmanns, »den Begriff in diesem Sinne einseitiger zu lassen«, zu der mit Kurt Tucholskys Enttäuschung vergleichbaren Kritik an der Parodiensammlung Richard M. Meyers von 1913 geführt hat, sie gehe »gerade in dieser Hinsicht« fehl.[9]

Von diesem weiten Begriff ist nun nicht nur die Auswahl der Texte bei Meyer, sondern jene in allen Parodiensammlungen mitbestimmt, in dem Almanach von Carl Friedrich Solbrig

6 *Allgemeine deutsche Real-Encyclopädie für die gebildeten Stände*, Bd. 8, Leipzig ^{2}1830, S. 289 f., [Art.] »Parodie«.

7 Vgl. Conrad Beyer, *Deutsche Poetik*, 2 Bde., Stuttgart 1882–83, Bd. 2, S. 193 ff.

8 Vgl. Alfred Liede, »Parodie«, in: *Reallexikon der deutschen Literaturgeschichte*, Bd. 3, Berlin ^{2}1966, Sp. 12–72 (bes. Sp. 63 u. ö.).

9 Hans Grellmann, »Parodie«, in: *Reallexikon der deutschen Literaturgeschichte*, Bd. 2, Berlin 1926–28, S. 630–653, hier S. 631.

wie Karl Müchler, Georg Gottfried Röller wie Z. Funck, David Haek wie Friedrich Umlauft. Exemplarisch hierfür kann die Anthologie Röllers sein, in deren Vorwort etwa solche ›Parodien‹ unterschieden werden, »welche schönes Gefühl erregen sollen«, und wozu dann Vergils *Aeneis* als »die beste Parodie von dieser Art« gezählt wird. Solchen Einschätzungen entsprechend würde der Gymnasiallehrer allzu gern seinen Almanach eingerichtet haben, träfe es nicht leider zu, daß die Zahl der Parodien, »die bloß Lachen bewirken sollen«, überwiege, »weil sie natürlicher« seien.[10] Hätte sich darin möglicherweise ein Grund für einen etwas »einseitigeren« Parodie-Begriff finden lassen, so ist demgegenüber hier doch festzustellen, daß die für das ziemlich heterogene Textkorpus der Anthologien in der Almanach-Tradition verantwortliche Vorstellung von »Parodie« auch in die Anthologien des 20. Jahrhunderts eingedrungen ist. Beispielsweise in die umfassende Sammlung lyrischer Parodien von Erwin Rotermund oder etwa in die kleine Sammlung von Manfred Ach und Manfred Bosch, die in ihrem Nachwort mit dem gar nicht unbescheidenen Anspruch auftritt, »Beispiele und Möglichkeiten dafür aufzuzeigen, wie Parodieren heute zu handhaben ist«. Und selbst noch Walter Dietze hat sich jenem weiten Begriffsumfang nicht gänzlich entziehen können, wie aus dem Nachwort zu seiner Anthologie hervorgeht: neben »die kritische, spottende, komische Nachahmung« tritt das Beispiel des »Ernsthaft-Parodistischen« und schließlich die ›unfreiwillige Parodie‹, »die Parodie ohne Absicht«, bei der sich »die desillusionierende, entlarvende Wirkung [...] auf einmal gegen den Produzenten« kehrt.[11]

Als Resümee dieser kleinen Begriffsgeschichte der Parodie – ihre Bewertungsgeschichte haben wir hier nicht mit dargestellt – kann festgehalten werden, daß die Gleichzeitigkeit

10 Georg Gottfried Röller (Hrsg.), *Almanach der Parodieen und Travestien*, Leipzig 1818, S. XI.

11 Walter Dietze: »Versuch über die Parodie«, in: W. D. (Hrsg.), *Die respektlose Muse*, Berlin 1968, S. 807 f.; S. 828.

sehr heterogener Parodievorstellungen von einem Nebeneinander sehr unterschiedlicher Formen und Muster der Textverarbeitung in den Traditionen des Almanachs und der Anthologie begleitet ist.[12] Angesichts dieser Erfahrung hatten wir uns zu entscheiden: für oder wider das Postulat des Literarhistorikers Hans Grellmann, für oder wider den Wunsch des Kritikers und Literaten Kurt Tucholsky.

II

Daß wir uns für einen engen Parodie-Begriff entschieden und nur solche Gedichte in die Anthologie aufgenommen haben, die ›irgendwie‹ gegen die Vorlage gerichtet sind – was das im einzelnen heißt, muß noch erläutert werden –, kann nun aber neue Stoßseufzer provozieren. So wird mancher Leser, der die Almanach- und Anthologietradition ein wenig kennt, eine Reihe von Texten vermissen, die bislang immer als Parodien behandelt worden sind. Dies gilt beispielsweise für das

Freudenlied der Jünger
Lavaters in Bremen, 1787

Wie schön leucht't uns von Zürich her
der Wundertäter Lavater,
mit seinen Geistesgaben!
Sein neues Evangelium
hat uns bezaubert um und um
tut blöde Seelen laben.
Wunder,
Zunder,

12 Für den begriffsgeschichtlichen Teil vgl. v. a. Theodor Verweyen / Gunther Witting, *Die Parodie in der neueren deutschen Literatur. Eine systematische Einführung*, Darmstadt 1979, S. 4–26; S. 27–55 (bes. für den bewertungsgeschichtlichen Teil).

zum Magismus,
Prophetismus,
Zauberkuren
zeigen seines Fingers Spuren.

Das Gedicht, von dem hier ein Auszug wiedergegeben ist, erschien 1787 zunächst als anonym verfaßtes Flugblatt in Bremen und wird dem Rektor der Bremer Domschule Ludwig Ummius zugeschrieben. Es ist schon in Karl Müchlers Parodien-Sammlung aus dem Jahr 1820 abgedruckt,[13] aber auch noch in Walter Dietzes umfangreicher Anthologie von 1968 vertreten. Mit ihm wollen wir unsere Auswahlkriterien noch einmal kurz illustrieren, zumal wir uns dabei auf eine Untersuchung Albrecht Schönes *Zur Typologie der Säkularisationsformen* stützen können. Schöne geht zunächst von der Prämisse aus, daß »Parodie als Säkularisationsform« stets auf eine »Profanierung des religiösen Modells« zielt. Sie erscheint »in ihrer radikalen Ausprägung als Instrument antichristlicher Polemik [...], in ihrer harmlosen, scherzhaften Form als ein Mittel, sich gleichsam Luft zu schaffen gegenüber dem Totalitätsanspruch des Religiösen«, und ist dabei immer »gegen die Vorlage selbst oder gegen ihren Autor« gerichtet.[14]

Dies aber ist bei unserem Beispiel ganz offensichtlich nicht der Fall: »Trotz seiner Umgestaltung und Verzerrung« – so schreibt Albrecht Schöne – »bleibt der religiöse Text hier so uneingeschränkt gültig, daß er geradezu als Grundlage für die Verurteilung dient. Das macht die Überschrift deutlich: die scheinbare Parodie auf das geistliche Lied ist in Wahrheit eine Parodie auf jene ›Jünger Lavaters‹, deren Einschätzung des ›Wundertäters‹ durch die konfrontierende Parallelsetzung mit dem Jesuslied (die sie selbst vollziehen!) aufgedeckt

13 Wir zitieren die erste Strophe des Gedichtes nach dieser Sammlung; vgl. Karl Müchler (Hrsg.), *Parodieen*, Berlin 1820, S. 133.

14 Albrecht Schöne, »Zur Typologie der Säkularisationsformen«, in: A. Sch.: *Säkularisation als sprachbildende Kraft*, Göttingen [2]1968, S. 270.

und gleichzeitig abgeurteilt wird.«[15] Die Konsequenz, die Schöne daraus zieht, dürfte plausibel sein: »dort, wo die Parodie religiöser Texte sich nicht eigentlich gegen ihre Vorlage selbst richtet« – Vorlage ist hier Philipp Nicolais *Ein Geistlich Braut-Lied* –, »sondern diese nur als Instrument zur Verspottung, Entlarvung, satirischen Bekämpfung anderer Gesetze benutzt, kann von ihr als einer Säkularisationsform nicht mehr gesprochen werden.«[16]

Bezeichnenderweise spricht Albrecht Schöne auch im weiteren Verlauf seiner Ausführungen von einer »Parodie auf Lavater und seine Anhänger«, womit das Parodie-Kriterium nun nicht mehr auf die Vorlage, sondern auf den Gegenstand bezogen wird. Immerhin scheint bei dem *Freudenlied* eine solche Verwendung des Ausdrucks noch dadurch gerechtfertigt zu sein, daß, auch für die Verspotteten, Texte wie das *Braut-Lied* repräsentativ und möglicherweise sogar handlungsorientierend für die eigene schwärmerische Verehrung waren. Doch wie sieht es dann etwa mit Brechts *Adolf schlief bei seinem Neuvermählten* aus, bei einem der Moritat nachgebildeten Text, der die Ermordung Ernst Röhms im Jahre 1934 thematisiert? Hitler und seinen an der Tat beteiligten Schergen eine besondere Affinität zum Bänkelsang nachsagen zu wollen, wäre absurd genug; eher ist anzunehmen, daß Brecht dieses Darstellungsmodell allein deshalb wählte, weil er das Ereignis schon durch die Art der Darstellung als eine den Hauptakteur verspottende Mordbuben-Geschichte vor Augen führen wollte.[17]

Wenn aber die verarbeitete Vorlage nicht einmal wegen gewisser pragmatischer Funktionen für die Verspotteten von Bedeutung ist, läßt sich kaum noch sagen, daß Brecht zumindest eine Parodie auf Hitlers Röhm-Affäre geschrieben habe – sofern man den deskriptiven Gehalt von »Parodie« nicht weitgehend verspielen will. Als Lösung bleibt demnach wohl nur übrig, dem Vorschlag Hans Grellmanns

15 Ebd., S. 271.
16 Ebd., S. 270.
17 Bertolt Brecht, *Gesammelte Werke*, Frankfurt a. M. 1967, Bd. 9, S. 520.

– und dem Stoßseufzer Tucholskys – zu folgen und den Begriffsumfang des Ausdrucks erheblich einzuschränken, wobei es nicht ausreicht, lediglich die »Parodie« genannten ernsthaften Adaptionen auszuscheiden; Restriktionen muß man vielmehr gerade im Hinblick auf jene Texte fordern, die zwar mit bestimmten Komisierungen arbeiten, dabei aber einen der Vorlage externen Gegenstand zum Thema haben.[18]

Abgekürzt wollen wir daher sagen, daß bei der Parodie die Adaption stets *antithematisch* auf die Vorlage bezogen bleibt. Mit anderen Worten: die Parodie übernimmt von ihrer Vorlage nicht nur – wie jede andere Adaption auch – die relevanten Verfahren der Textkonstitution, sondern erschöpft sich zugleich thematisch in der Wendung gegen das Vorbild. Sie verkündet keine eigene Botschaft, im Grunde nicht einmal die von der Mediokrität des parodierten Textes, vielmehr werden bei ihr, wie Michail M. Bachtin schreibt, alle Aussagen in »spöttisch-fröhliche Anführungszeichen« gesetzt.[19] Und gerade weil sie nichts Eigenes verkündet, ist sie kaum angreifbar in ihren oft maßlosen Übertreibungen und alles andere als ein stets harmloses Vergnügen. Daß einige Autoren – wir denken da beispielsweise an Friedrich Torberg – den parodistischen Charakter ihrer Texte primär durch den explizit formulierten Affront gegenüber dem Autor der Vorlage signalisieren, stellt also schon eine Verletzung dieser Spielregel dar und macht wohl auch die Penetranz mancher Parodien Torbergs aus.

Vielleicht wird nach diesen Bemerkungen eher verständlich, warum wir – nicht ohne Bedauern – einen der wohl interessantesten Texte, nämlich Arno Holz' *Des Schäfers Dafnis Freß-, Sauff- und Venuslieder* von der Anthologie ausgeschlossen haben. Auf den ersten Blick könnte zwar schon die gewiß nicht weniger komisch überzeichnete Orthogra-

18 Zur Klassifizierung solcher Texte vgl. Verweyen/Witting, *Die Parodie*, S. 134 ff.

19 Michail M. Bachtin, *Die Ästhetik des Wortes*, hrsg. von Rainer Grübel, Frankfurt a. M. 1979, S. 314.

phie den Vergleich mit Friedrich Nicolais Volkslied-Parodien nahelegen; anders als bei Nicolai schien uns jedoch die Frage, was denn hier eigentlich parodiert werden soll und welche Funktion den Liedern in ihrem pragmatischen Kontext zu Beginn unseres Jahrhunderts zukommt, noch immer nicht geklärt zu sein. Unklar war uns auch, welche Rolle dieser Text im Rahmen der »Wortkunst-Theorie« von Arno Holz spielt; jedenfalls läßt sich nicht ausschließen, daß Holz tatsächlich »in der kräftigen Manier alter Holzschneider [...] die deftige Poesie seines *Dafnis* aufgezeichnet« hat,[20] um ein von ihm durchaus geschätztes ›barockes‹ Lebensgefühl der Dichtung und den Prüderien seiner Zeit entgegen zu stellen.

Parodien gibt es trotz solcher Einschränkungen noch genug: auf Gedichte, Dramen, Essays, Reden und Romane, wissenschaftliche Abhandlungen – kurz: auf jeden Text, gleichgültig zu welcher Gattung er gehört. Nicht parodierbar sind dagegen offenbar *das* Gedicht, *der* Roman oder *die* Abhandlung. Gleiches gilt auch für *das* Sonett – eine Feststellung, die nur scheinbar im Widerspruch zu der in die Anthologie aufgenommenen Sonett-Parodie steht. Denn der vermeintliche Widerspruch löst sich schnell auf, wenn man bedenkt, daß Voß eben nicht einfach *das* Sonett parodiert, sondern die Sonettform als ›welschen Import‹ in einem spezifischen pragmatischen Kontext. Generell kann man wohl davon ausgehen, daß sich Parodien nur auf Einzeltexte oder aber auf die individuelle oder historische Verwendung von Kompositionsformen schreiben lassen. Dementsprechend ist die *Einzeltextparodie*, die sich in Komposition, lexikalischem Material und thematischen Bezügen wesentlich an einem einzelnen Text als Vorlage orientiert, von der *Textklassenparodie* zu unterscheiden, bei der eine aufgrund typischer Züge gebildete Klasse von Texten (eines Autors, einer Gruppe, einer Epoche) die Vorlage abgibt.

Bevor wir anschließend auf die besondere Form der parodi-

20 Karl Krolow, »Vorbemerkung«, in: Arno Holz, *Des Schäfers Dafnis Freß-, Sauff- und Venuslieder*, München 1963.

stischen Textverarbeitung etwas näher eingehen, noch eine kurze Bemerkung zum Status der Parodie im Rahmen gattungstheoretischer Überlegungen: Nach einer in der Forschung vorherrschenden Meinung ist die Parodie eine eigene Gattung – eine Ansicht, die nun allerdings zu einer merkwürdigen Konstruktion führt, nämlich zu einer Gattung, die in verschiedenen Gattungen realisiert werden kann. Um solche Ungereimtheiten zu vermeiden, wollen wir statt dessen davon ausgehen, daß die Parodie keine Gattung, sondern eine Schreibweise ist, d. h. daß es sich bei ihr um eine konstante, zumindest potentiell stets anwendbare Verarbeitungsstrategie für Texte (bzw. Klassen von Texten) unterschiedlicher Gattungszugehörigkeit handelt. Insofern sind auch Bezeichnungen wie »lyrische Parodie«, »Prosa-Parodie« etc. irreführend, sobald sie mehr als nur eine abkürzende Façon de parler sein sollen; denn was an Gattungshaftem bei der Parodie überhaupt ins Spiel kommt, wird allein von der jeweiligen Vorlage bestimmt.

Mit »Parodie«, so kann man zusammenfassend sagen, soll das Resultat einer bestimmten Textverarbeitungsstrategie bezeichnet werden, das im Unterschied zu anderen Adaptionsformen gegen die verwendete Vorlage gerichtet ist, d. h. ihrer Herabsetzung dient. Dieser Gedanke ist an sich nicht neu, er liegt u. a. auch Sigmund Freuds Funktionsbeschreibung zugrunde: »Karikatur, Parodie und Travestie, sowie deren praktisches Gegenstück: die Entlarvung, richten sich gegen Personen und Objekte, die Autorität und Respekt beanspruchen, in irgend einem Sinne *erhaben* sind. Es sind Verfahren zur Herabsetzung, wie der glückliche Ausdruck der deutschen Sprache besagt.«[21] Nimmt man Freud allerdings strikt beim Wort, wäre der Vorrat parodierbarer Texte nur auf jene beschränkt, die wegen ihrer Erhabenheit den »Mehraufwand des feierlichen Zwanges« erfordern – eine Einschränkung, an die sich die Parodisten offenbar noch nie so recht gehalten haben! Freuds substan-

21 Sigmund Freud, »Der Witz und seine Beziehung zum Unbewußten«, in: S. F.: *Gesammelte Werke*, Frankfurt a. M. 1961, Bd. 6, S. 28.

tialistische Vorstellung läßt sich jedoch mühelos in eine relationale umformulieren. Denn vermutlich sind mit jedem Text spezifische Ansprüche an den Leser verbunden – und sei es auch nur der Anspruch, sich auf ihn überhaupt einzulassen. Solche Ansprüche werden von der Parodie unterlaufen.

Und zwar kann dies auf zweierlei Weise geschehen: Einmal dadurch, daß gewisse Züge der Vorlage durch »Unterstreichung« (Jurij Tynjanov) bloßgelegt werden. Ein Beispiel dafür wäre etwa Ludwig Thomas *Ludwig I. Eine Märzerinnerung* (vgl. in der vorliegenden Ausgabe S. 107), bei dem der »üble Partizipialstil« des Dichter-Königs gehäuft auftritt oder, wie wir gesagt haben, von dem Parodisten übererfüllt wird. Dieses Verfahren ist jedoch beispielsweise bei Röllers *Der Kaffee* (vgl. S. 42–54) zumindest nicht dominant. Insofern müssen wir unsere Redeweise von der *einen* Verarbeitungsstrategie auch etwas modifizieren. Herabsetzung der Vorlage wird hier primär dadurch erreicht, daß Schillers Lebens-Thema nun auf die Dimension eines Küchengeschehens gebracht, in seinem thematischen Anspruch also untererfüllt wird. Dabei ist das Verfahren selbst in diesem Fall ziemlich schlicht und besteht lediglich in einer Reihe einfacher Substitutionen[22] aus dem neuen Gegenstandsbereich. Zu vermuten ist wohl, daß Freud vor allem diesen Parodie-Typ vor Augen hatte; dennoch braucht man auch zu seiner Erklärung nicht auf ein substantiell definiertes »Erhabenes« zurückzugreifen, sondern muß wiederum lediglich voraussetzen, daß ein Leser im Rahmen seiner kommunikativen Kompetenz zu gewissen Ad-hoc-Hierarchisierungen imstande ist.

Daß unsere Unterscheidung zwischen einer mit Übererfüllung und einer mit Untererfüllung arbeitenden Parodie

22 Erwin Rotermund hat erstmals auf die Möglichkeit aufmerksam gemacht, die parodistische Textverarbeitung mit den vier rhetorischen Änderungskategorien (Adjektion = Erweiterung; Detraktion = Verkürzung; Substitution = Ersetzung; Transmutation = Umstellung) zu beschreiben. Vgl. E. R., *Die Parodie in der modernen deutschen Lyrik*, München 1963, S. 18 u. ö.

lediglich in typologischer Hinsicht, nicht aber in normativer Absicht geschah, und daß in der Praxis solche ›reinen‹ Typen in der Regel nicht vorkommen, so daß man allenfalls Dominanzerwägungen anstellen kann, wollen wir zum Schluß dieses Kapitels ausdrücklich betonen. Denn auch Ludwig Thomas Parodie arbeitet mit thematischer Untererfüllung, indem mit Hilfe des königlichen Partizipialstils zugleich die Liaison dangereuse mit der »spanischen Fliege« artikuliert wird.

III

Mit dem weniger großzügig gefaßten Parodie-Begriff ist, wie wir gezeigt haben, die naheliegende Konsequenz verbunden, auf die Aufnahme bestimmter Texte zu verzichten. Darüber hinaus führt die ›einseitigere‹ Auffassung noch zu einer anderen Konsequenz: Sie stellt den Zwang der Literaturgeschichtsschreibung in Frage, die Geschichte der neueren deutschen Parodie unbedingt im Barockzeitalter beginnen lassen zu müssen. Nicht als erster, aber mit Nachdruck hat Walter Dietze die Behauptung geäußert: »Es klingt wie ein Paradoxon, ist aber wahr: die Geburtsstunde der deutschen literarischen Parodie schlug im Zeitalter der Barockliteratur.« Dietze befindet sich vor ihr dann allerdings nur noch auf dem Rückzug, wenn er weiter sagt, »vieles, was damals entstand, [muß] heute als verloren gelten« oder kann »nur noch fachwissenschaftlich-historisches Interesse beanspruchen« (als ob das nicht auch für viele andere Parodien und Dichtungen überhaupt zutreffen würde); auch sei, so Dietze, »diese Parodie natürlich nicht mit einem Schlage ganz und gar ausgebildet vor die Öffentlichkeit« getreten[23] (vor welche? die zeitgenössische? die aktuelle?); am Ende bleibt dann gerade die Feststellung übrig, noch »für die Lyriker beider *schlesischer Schulen* und Martin Opitz« heiße

23 Dietze, »Versuch über die Parodie«, S. 804.

»Parodie gar nicht Spottdichtung, sondern ernsthaft versuchte Imitatio, also, ganz wörtlich, ein Lied, das einem anderen in der Form möglichst gleich ist«.[24] Und so sucht man denn in der Anthologie selber nach einer Dokumentation barocker Parodien – sie müßten unter dem stabreimenden Titel der Abteilung *Barockes bis Brockes* dann ja wohl zwischen einigen ins Deutsche übersetzten *Dunkelmännerbriefen* von 1515 und den dort abgedruckten Volkslied-Parodien Friedrich Nicolais von 1777/78 zu finden sein – vergeblich!

Auf den ersten Blick scheint eine gewisse Kompensation dieses Mangels in der Anthologie von Erwin Rotermund gegeben zu sein, zumal er auf ihre Beispiele in einem größeren Kontext über Hofmannswaldau ausdrücklich hinweist. Es wird indes bald folgendes deutlich: »die Praxis der barokken Parodie«, wie sie sich bei Hofmannswaldau mittels des Verfahrens der »Kontrastierung« in sogenannten *Gegen-Sätzen* (beispielsweise *Die Wollust – Die Tugend*) realisiert, läßt sich nur dadurch als parodistische Praxis behaupten, daß ihr als artistischer Übung des »subtilen« Verstandes gegenüber »dem neueren vulgären Parodie-Verständnis«[25] ein Sonderstatus eingeräumt wird. Hinzu kommt noch, daß in der Einleitung zur Anthologie selber diese »Gegen-Sätze« dann auch »Kontrafakturen« genannt werden, wobei die »Nähe dieses fast kunsthandwerklichen, keinerlei Kritik der Vorlage implizierenden Parodierens zum Gesellschaftsspiel« ein besonderes Charakteristikum sei.[26] Damit ist ein Phänomen der literarischen Barockkultur zwar zutreffend beschrieben, nur »Parodie« sollte man es nicht nennen.

Es liegt gerade an dieser Stelle nahe, schon jetzt auf die Funktionsproblematik einzugehen – und zwar mit den Bei-

24 Ebd., S. 807.

25 Erwin Rotermund, *Affekt und Artistik. Studien zur Leidenschaftsdarstellung und zum Argumentationsverfahren bei Hofmann von Hofmannswaldau*, München 1972, S. 231.

26 Erwin Rotermund, »Einleitung«, in: E. R. (Hrsg.), *Gegengesänge*, München 1964, S. 19.

spielen, die unsere Anthologie eröffnen. In Daniel Wilhelm Trillers Text *Der Wurmsamen* (vgl. S. 11–16) und Christian Otto von Schönaichs *Ode an den Menschen* (vgl. S. 16–21) findet wie bei Hofmannswaldaus *Gegen-Sätzen* ein thematischer Austausch statt, der ebenfalls aus den Intentionen einer weltlichen Dichtung folgt. Aber die Art der Substitutionen, die Mischungen des an verschiedene Stil- und Ausdrucksebenen gebundenen Wortmaterials, die brüsk-ironische Zitierung und Einbettung ganzer Partien aus den mit besonderer Emphase gefeierten »Heldengedichten« sowie auch die polemische Explizitheit lassen den Gedanken an eine kunsthandwerkliche, keinerlei Kritik der Vorlagen implizierende Bezugnahme gar nicht erst aufkommen – vielmehr besteht die Funktion dieser Parodien in einer über die Gegenstands- und Stilkritik verlaufenden Abwehr eines bestimmten ästhetisch-ideologischen Modells. Es sei hier noch kurz folgendes angeschlossen: Die Parodie des versgebundenen Heldengedichtes von 1751 der 1753 erschienenen *Ode an den Menschen* vorzuziehen und an den Anfang der Anthologie zu stellen, geschieht aus zwei Gründen. Einmal sind die ersten Gesänge von Klopstocks *Messias*, erschienen 1748, und Ewald von Kleists mitparodiertes Lehrgedicht *Der Frühling* aus dem Jahre 1749 von den Zeitgenossen schon deswegen als Neubeginn des lyrischen und lyrisch-epischen Sprechens aufgefaßt worden, weil beide mit dem in Lyrik, Drama und Epik verwendeten Alexandriner durch die Einführung des Hexameters brachen. Zum anderen ist die Parodie Trillers auch eine Kritik an dem vermeintlich Un-Epischen des rhapsodischen und enthusiastischen Lyrismus des *Messias* und des *Frühlings* in der kritisierten Sprache.

Im Zusammenhang mit der für die Klassifikation textverarbeitender Texte entscheidenden Funktionsfrage muß noch ein anderes Problem geklärt werden, wobei wir uns hierzu auf die Parodien des »Xenienkampfes« beziehen. Fest steht ja zunächst einmal, daß Friedrich Christian Fuldas und Matthias Claudius' parodistische Distichen wie die Parodien

Trillers und Schönaichs aus den Fehden zweier »Schulen« hervorgegangen sind und – was für die Schreibweise nicht unbedingt typisch ist – geradezu den Charakter der Invektive angenommen haben. Sie genügen jedenfalls völlig den Erwartungen an die Schreibweise, die ein anderer Anti-Xeniast, Gottlob Nathanael Fischer, in die Form eines Distichons gebracht hat:

Auf, Parodien! frisch. Ihr leichten Gesellen des Satyrs!
Reich ist Garten und Feld. Disteln zum Stechen herbei.[27]

Ist das Moment der antithematischen Bezugnahme für die Bestimmung der Parodie als einer eigenen Adaptionsform unverzichtbar, so ist nun zu fragen, inwieweit dies auch für das folgende mit der Kritikfunktion immer verbundene Problem gilt – für das Problem, das Jurij M. Lotman so formulierte: Kann die Parodie als »der seltene Fall einer Konstruktion« aufgefaßt werden, »bei der die echte innovatorische Struktur sich außerhalb des Textes befindet«? Die Schlußfolgerung, die Lotman zieht, eine Parodie könne nur dann »in ihrer vollen künstlerischen Bedeutung« rezipiert werden, »wenn in der Literatur bereits Werke vorhanden und dem Leser bekannt« seien, »die zugleich mit der Zerstörung ästhetischer Klischees diesen eine neue Struktur von größerem Wahrheitsgehalt entgegenstellen, eine Struktur, die ein angemesseneres Modell der Wirklichkeit schafft,«[28] scheint uns nur die formalistische Variante der Vorstellung von der prinzipiell »progressiven« Parodie zu sein. So hat etwa Hermann Helmers geäußert: »Die Parodie ist [...] eine gesellschaftskritische Verfremdung, die sich innerhalb des

27 Gottlob Nathanael Fischer, »Parodien auf die Xenien. Ein Körbchen voll Stachel-Rosen den Herren Goethe und Schiller verehrt, mit erläuternden Anmerkungen zum Verstande der Xenien [...]« [1797], in: Wolfgang Stammler (Hrsg.), *Anti-Xenien*, Bonn 1911, S. 13.

28 Jurij M. Lotman, *Die Struktur literarischer Texte*, [aus dem Russ. übers. von Rolf-Dieter Keil,] München 1972, S. 415.

Bereiches der Literatur bewegt. Durch die Gegenüberstellung mit einem ›verkehrten‹ Text soll der als reaktionär erkannte ältere Text der Lächerlichkeit preisgegeben werden.«[29] Diese auf den ideologischen Kontext einer bestimmten historischen Situation verweisende Aussage ist keineswegs vereinzelt. Sie findet ihre Wiederholung beispielsweise in der Behauptung Winfried Freunds, die Parodie rekurriere »auf Stile, Redeweisen und Gattungen«, »in denen sich borniertes Bewußtsein niedergeschlagen« habe. Sie sei infolge ihres Destruktionscharakters »durch und durch progressiv«.[30] Wie wenig spezifisch solche Aussagen indes sind, wie sehr sie sich zum Falsifizieren geradezu anbieten, kann – und damit kommen wir nun auf den »Xenienkampf« zurück – mit den parodistischen Distichen Fuldas und Claudius' illustriert werden. Unter anderem gibt es darüber nämlich die gleichfalls nicht sonderlich skrupulöse Bemerkung Richard M. Meyers aus dem Anhang seiner Parodiensammlung: »Die Antixenien mußten [in der Anthologie] reichlicher vertreten sein, schon weil in ihnen die unmittelbar parodistische Tendenz deutlicher zum Ausdruck kommt; auch: weil sie weniger bekannt sind – und weil sie die Angriffe der Xenien nachträglich rechtfertigen. – Wir behandeln ihre Verfasser als ›Eine einheitliche reaktionäre Masse‹.«[31] Was soeben noch als »progressiv« galt, ist hier nun »reaktionär«.[32] Daß wenig mit diesen Urteilen gewonnen ist, demonstriert nicht nur die Wechselhaftigkeit, mit der – je nach ästhetisch-ideologischer Herkunft – das Klischee von der »reaktionären« Parodie in das der »progressiven« Parodie umkippt. Die mangelnde Aussagekraft wird mehr noch dadurch deutlich, daß der »Kampf« der Anti-

29 Hermann Helmers, *Lyrischer Humor. Strukturanalyse und Didaktik der komischen Versliteratur*, Stuttgart 1971, S. 101.

30 Winfried Freund, *Die literarische Parodie*, Stuttgart 1981, S. 20.

31 Richard M. Meyer, *Deutsche Parodien*, München 1913, S. 200 f. (Anm.).

32 Auch Walter Dietzes Unterscheidung zwischen einer »defensiven« und »aggressiven« Parodie beruht auf der Einsicht, daß die Parodie den Zwekken des ›Alten‹ wie des ›Neuen‹ dienen kann; vgl. Dietze, »Versuch über die Parodie«, S. 824 f.

Xeniasten, also der angeblich »einheitlichen reaktionären Masse«, aus verschiedenen Interessen und ganz unterschiedlichen ideologischen Voraussetzungen geführt worden ist: wofür hier Fuldas und Claudius' Distichen exemplarische Beispiele sein können (vgl. S. 177f. und S. 192–194).

Adäquater scheint uns daher eine Funktionsbeschreibung der Parodie zu sein, die sich an dem Bild vom Probierstein orientiert, das Shaftesbury im Zusammenhang mit der Beantwortung der Frage verwendet hat, ob das Lächerliche der Probierstein der Wahrheit sei: »Wie ist es dann zu erklären, daß wir so feige im vernünftigen Denken erscheinen und uns davor fürchten, die Probe des Lächerlichen zu bestehen? O, sagen wir, die Gegenstände sind zu ernst. Vielleicht. Aber zuerst laßt uns betrachten, ob sie wirklich wichtig sind oder nicht. Denn in der Art, wie wir sie ansehen, mögen sie vielleicht sehr wichtig und schwer in unserer Einbildung sein, jedoch sehr lächerlich und hohl an sich [...]. Nun, was gibt es für eine Regel oder ein Maß in der Welt, wenn man von der Betrachtung der echten Natur der Dinge absieht, um herauszufinden, was wahrhaft ernst, was wahrhaft lächerlich sei? Und wie kann es anders geschehen, als indem man die Probe des Lächerlichen anstellt, um zu sehen, wo es erträglich bleibt?«[33] Als Konsequenz dieses Bildes vom Probierstein bleibt nur noch der Prozeß einer ständig geforderten Bewährung übrig, in dem weder das Parodierte noch das Parodierende »von der Betrachtung der echten Natur der Dinge« ausgeschlossen ist. Insofern kann die parodistische Destruktion so gut wie das ihr Ausgesetzte sich als unterlegen erweisen. Wie die Parodie in der Regel eine Rezeptionserschwernis bzw. ein Abwehren des Anspruchs der Vorlage sein will, so trägt sie nicht selten wider ihre Absicht gerade zur Bestätigung des Anspruchs der Vorlage bzw. ihrer Rezeption bei.

Die Einseitigkeit der eben kurz skizzierten Funktionsbe-

33 Anthony Ashley-Cooper [Earl of] Shaftesbury, *Ein Brief über den Enthusiasmus. Die Moralisten*, übers. von Max Frischeisen-Köhler, Leipzig 1909, S. 6f. Vgl. dazu Verweyen/Witting, *Die Parodie*, S. 80.

stimmungen ist nicht zuletzt die Folge einer zwar oft geforderten, aber noch immer fehlenden Geschichte der Parodie. Fragen wie beispielsweise die nach der Beziehung von ästhetischen Umbruchzeiten und Häufigkeit der Parodien sind bislang nur intuitiv und dilatorisch beantwortet worden. (Das nicht-parodistische Werk Hanns Gumppenbergs oder Robert Neumanns dürfte dabei einer allzu schnellen Antwort einige Schwierigkeiten bereiten.) Ebenso ist es keineswegs selbstverständlich, daß totalitäre Ideologien unbedingt ein ›günstiges‹ Klima für die Parodie schaffen. Daß sich darauf für den Satiriker auch andere Antworten finden lassen, wissen wir von Karl Kraus; aber auch Robert Neumanns Auffassung, daß die völlig miserable Vorlage, wie etwa Hitlers *Mein Kampf*, nicht mehr parodiert, sondern nur noch zitiert werden kann, scheint dem zu widersprechen – doch auch das sind nur Vermutungen.

Nicht einmal eine Vermutung wollen wir als Erklärung für die auffällige Bevorzugung eines der Parodie-Typen in den verschiedenen Jahrhunderten äußern: Im 18. und 19. Jahrhundert herrscht jedenfalls eindeutig die primär mit Untererfüllung arbeitende Parodie vor – freilich mit dem Unterschied, daß im 19. Jahrhundert Invektive und Polemik auffällig zurücktreten. Ende des Jahrhunderts gewinnt demgegenüber der mit Übererfüllung operierende – d. h. sich auf die spezifischen Formen der Textkonstitution stärker einlassende – Typ ein solches Gewicht, daß er die noch heute geltende Vorstellung vom Parodieren weitgehend bestimmt. Das führt bisweilen sogar zu merkwürdigen Widersprüchen. So spricht beispielsweise Ludwig Marcuse einer Reihe von Heine-Parodien ihren parodistischen Charakter nachgerade ab, weil sie keine relevanten Stileigentümlichkeiten Heines vor Augen führten, lobt aber zugleich *Unterwelt* als die einzige »außerordentliche Parodie« Heines – einen Text also, bei dem nun allerdings aufgrund des zu Schillers *Klage* hinzugefügten Kontextes die Untererfüllung dominiert.

Wenn wir eben sagten, daß im 20. Jahrhundert die primär mit Untererfüllung arbeitende Parodie an Bedeutung verliert, so darf nicht übersehen werden, daß eine ihrer Unterarten, nämlich die sogenannte Blödel-Parodie, erst jetzt voll zur Entfaltung kommt. Auch bei ihr herrscht die thematische Substitution vor, sie bevorzugt gleichfalls oder in noch stärkerem Maße den Kalauer, und das Moment der Herabsetzung ist hier wohl kaum weniger ausgeprägt. Dennoch gibt es einen wichtigen Unterschied etwa zwischen Ringelnatz' *Volkslied* oder Gernhardts *Zu zwei Sätzen von Eichendorff* und der – trotz ihrer Tristesse so gut zum Beispiel geeigneten – Parodie Röllers: Wenn Röller sein Küchenthema zur Abwehr Schillerscher Idealismen substituiert, folgt er dabei noch immer den Wahrscheinlichkeitsforderungen der neuen Thematik – und in der Tat liest sich die Parodie ja über weite Strecken wie eine (schon beim Vorbild angelegte) Gebrauchsanweisung, hier allerdings für eine durchaus alltägliche Handlung zusammen mit den von solcher Banalität stimulierten Aufschwüngen ›ins Allgemeine‹. Auch Gernhardts Text ist zwar eine Art von Gebrauchsanweisung, freilich für eine haarsträubende Form des Reisens, bei dem – wie man mit Dieter Wellershoff sagen kann – »das Realitätsprinzip außer Kraft gesetzt ist«.[34] Gleiches gilt auch für die jeglicher logischen Ordnung spottenden Variationen Ringelnatz'. Die »bodenlose Freiheit«, die Wellershoff beim Blödeln zu beobachten glaubte, gibt es hier freilich nicht; was wie »bodenlose Freiheit« aussieht, ist lediglich die Befreiung von allgemein für verbindlich angesehenen »Verpflichtungen und Normen vernünftigen sprachlichen Handelns«,[35] die gegen neue, allerdings selbstauferlegte konstruktive Erfordernisse eingetauscht werden.

Daß Blödeln literaturfähig wurde, und zwar nicht nur in der Form der Parodie, ist immerhin ein bemerkenswertes Zeitindiz. Vielleicht ist es sogar ein Zeichen einer – zumindest

34 Dieter Wellershoff, »Infantilismus als Revolte oder das ausgeschlagene Erbe – Zur Theorie des Blödelns«, in: *Das Komische*, hrsg. von Wolfgang Preisendanz und Rainer Warning, München 1976, S. 340.

35 Wolf-Dieter Stempel, »Blödeln mit System«, ebd., S. 450. Stempel hat zu Recht den konstruktiven Faktor beim Blödeln betont.

auf der Ebene der symbolischen Interaktion erkennbaren – gewachsenen »Toleranz gegenüber regressiven und anarchischen Strebungen und Tendenzen«,[36] von dem auch die Parodie insgesamt profitiert.

Die Beschränkung unserer Sammlung auf Lyrik-Parodien geschah aus zwei Gründen: Einmal wäre im Rahmen dieses Buches der Abdruck von Prosa- und noch mehr von Dramen-Parodien allenfalls auszugsweise möglich gewesen, was selbst bei Parodien zu einem fragwürdigen Resultat geführt hätte. Zum anderen wollten wir nach Möglichkeit auch die jeweiligen Vorlagen zu den Parodien wiedergeben, zusammen mit einer ausführlicheren Kommentierung (wobei wir für die Viten der Autoren zunächst konsultiert haben: Gero von Wilpert, *Deutsches Dichterlexikon*, Stuttgart 1963). Im übrigen bemühen auch wir den Topos der Anthologisten von der unausweichlichen Subjektivität allen Auswählens.

Wir danken für wertvolle Mitarbeit Thomas Grethlein, Rolf Schlachter, Thomas Stauder und Thomas Wörtche; ein besonderer Dank gilt Erika Steigerwald für die sorgfältige Betreuung des Manuskriptes.

36 Vgl. Wellershoff, »Infantilismus als Revolte oder das ausgeschlagene Erbe – Zur Theorie des Blödelns«, S. 352.

Literaturhinweise

Anthologien in Auswahl

Carl Friedrich Solbrig (Hrsg.): Das Buch der Parodieen und Travestien. Leipzig 1816.

Gottfried Günther Röller (Hrsg.): Almanach der Parodieen und Travestien. Zweyter Almanach. Leipzig 1818.

Karl Müchler (Hrsg.): Parodieen. Neue Ausgabe. Berlin 1820.

Z. Funck [d. i. Carl Friedrich Kunz] (Hrsg.): Das Buch deutscher Parodieen und Travestieen. Erster und Zweyter Cyclus. Erlangen 1840–41.

Richard M. Meyer (Hrsg.): Deutsche Parodien. Deutsches Lied im Spottlied von Gottsched bis auf unsere Zeit. München 1913.

David Haek (Hrsg.): Parodien und Travestien. Leipzig [1921].

Friedrich Umlauft (Hrsg.): Das Buch der Parodien und Travestien aus alter und neuer Zeit. Wien ^{3}1928.

Ernst Heimeran (Hrsg.): Hinaus in die Ferne / Mit Butterbrot und Speck. Die schönsten Parodien auf Goethe bis George. Nebst einem Kapitel zeitgenössischer Selbstparodien und einem Bilderanhang. München 1943.

Erwin Rotermund (Hrsg.): Gegengesänge. Lyrische Parodien vom Mittelalter bis zur Gegenwart. München 1964.

Walter Dietze (Hrsg.): Die respektlose Muse. Literarische Parodien aus fünf Jahrhunderten. Berlin 1968.

Elisabeth Pablé (Hrsg.): Ad absurdum. Parodien dieses Jahrhunderts. München 1968.

Hans Reinhard Schatter (Hrsg.): Scharf geschossen. Die deutschsprachige Parodie von 1900 bis zur Gegenwart. Bern/München/Wien 1968.

Günter de Bruyn (Hrsg.): Das Lästerkabinett. Deutsche Literatur von Auerbach bis Zweig in der Parodie. Leipzig 1972.

Manfred Ach / Manfred Bosch (Hrsg.): Gegendarstellung. Autoren korrigieren Autoren. Lyrische Parodien. Andernach 1974.

Sekundärliteratur

Dietze, Walter: Versuch über die Parodie. In: W. D. (Hrsg.): Die respektlose Muse. Literarische Parodien aus fünf Jahrhunderten. Berlin 1968. S. 799–838.

Freund, Winfried: Die literarische Parodie. Stuttgart 1981.
Grellmann, Hans: Parodie. In: Reallexikon der deutschen Literaturgeschichte. Hrsg. von Paul Merker und Wolfgang Stammler. Bd. 2. Berlin 1926/28. Sp. 630–653.
Hempel, Wido: Parodie, Travestie und Pastiche. Zur Geschichte von Wort und Sache. In: Germanisch-Romanische Monatsschrift N. F. 15 (1965) S. 150–176.
Hüttner, Johann: Literarische Parodie und Wiener Vorstadtpublikum vor Nestroy. In: Maske und Kothurn 18 (1972) S. 99 bis 139.
Karrer, Wolfgang: Parodie, Travestie, Pastiche. München 1977.
Kuhn, Hans: Was parodiert die Parodie? In: Neue Rundschau 85 (1974) S. 600–618.
Liede, Alfred: Parodie. In: Reallexikon der deutschen Literaturgeschichte. 2. Aufl. Hrsg. von Werner Kohlschmidt und Wolfgang Mohr. Bd. 3. Berlin 1966. Sp. 12–72.
Markiewicz, Henryk: On the Definitions of Literary Parody. In: To Honour Roman Jacobson. Essays on the Occasion of his 70th Birthday. Bd. 3. Den Haag / Paris 1967. S. 1264–1272.
Meyer, Richard M.: Parodiestudien. In: R. M. M.: Aufsätze literarhistorischen und biographischen Inhalts. Bd. 1. Berlin 1911. S. 35–77.
Pöhlmann, Egert: Parodia. In: Glotta 50 (1972) S. 144–156.
Riha, Karl: Durch diese hohle Gasse muß er kommen, Es führt kein andrer Weg nach Küßnacht. Zur deutschen Klassiker-Parodie. In: Germanisch-Romanische Monatsschrift N. F. 23 (1973) S. 320–342.
Rose, Margret A.: Parody – Meta-Fiction. An Analysis of Parody as a critical Mirror to the Writing and Reception of Fiction. London 1979.
Rotermund, Erwin: Die Parodie in der modernen deutschen Lyrik. München 1963. [Zit. als: Rotermund.]
– Einleitung. In: E. R. (Hrsg.): Gegengesänge. Lyrische Parodien vom Mittelalter bis zur Gegenwart. München 1964. S. 11–36.
Šklovskij, Viktor: Der parodistische Roman. Sternes *Tristram Shandy*. In: Jurij Striedter (Hrsg.): Russischer Formalismus. Texte zur allgemeinen Literaturtheorie und zur Theorie der Prosa. München 1971. S. 245–299.
Stackelberg, Jürgen von: Literarische Rezeptionsformen. Übersetzung – Supplement – Parodie. Frankfurt a. M. 1972.
Tynjanov, Jurij: Dostoevskij und Gogol' (Zur Theorie der Parodie). In: Jurij Striedter (Hrsg.): Russischer Formalismus. Texte zur

allgemeinen Literaturtheorie und zur Theorie der Prosa. München 1971. S. 301–371.
Verweyen, Theodor: Eine Theorie der Parodie. Am Beispiel Peter Rühmkorfs. München 1973.
Verweyen, Theodor / Witting, Gunther: Die Parodie in der neueren deutschen Literatur. Eine systematische Einführung. Darmstadt 1979. [Zit. als: Verweyen/Witting.]

Autorenregister

Erfaßt sind ausschließlich die Namen der Parodisten und der Verfasser der parodierten Vorlagen. Nachgestelltes A verweist auf den Anhang.

Parodisten

Verfasser der parodierten Vorlagen

Verzeichnis der Gedichtüberschriften

Erfaßt sind ausschließlich die Titel der parodistischen und parodierten Texte. Nachgestelltes A verweist auf den Anhang. Texte, die keinen Titel haben, sind mit ihrer Anfangszeile verzeichnet und in eckige Klammern gesetzt.

Parodistische Texte

Parodierte Vorlagen